MESSER MAGAZIN WORKSHOP

David Hölter

Messerscheiden

Band 3

WIELAND

David Hölter

Messerscheiden Band 3

Rahmengenähte Scheiden mit Druckknopf und Mexican Loop

1. Auflage, 2013

ISBN 978-3-938711-67-5

Wieland Verlag GmbH, Rosenheimer Straße 22, D-83043 Bad Aibling
Telefon 08061/38998-0, Fax 08061/38998-20
Internet: www.wieland-verlag.com
E-Mail: info@wieland-verlag.com

Fotos: Peter Fronteddu (S. 66-67, 144-149), Hans Joachim Wieland (übrige Fotos)
Umschlaggestaltung und Layout: Caroline Wydeau

Druck: L.E.G.O. SpA

Printed in Italy

INHALT

	Ein paar Sätze vorab	**5**
	Vorwort	**6**
	Einleitung	**7**
1.	**Projekt I: Mexican-Loop-Scheide**	**8**
1.1	Planung und Gestaltung der Scheide	8
1.2	Herstellung des Schnittmusters	11
1.3	Anfertigen der Bauteile	30
1.3.1	Herstellung des vorderen Blatts mit Punzierung	31
1.3.2	Einpassen des Keders	39
1.3.3	Verkleben und Versäubern des Scheidenkörpers	43
1.3.4	Anpassen des Mexican Loops	45
1.4	Nähen der Scheide	64
1.5	Anbringen der Sicherungsschlaufe	75
1.6	Färben der Scheide	83
1.7	Schnittkantenversiegelung und Imprägnierung	86
2.	**Projekt II: Rahmengenähte Scheide mit Druckknopfverschluss**	**90**
2.1	Planung und Gestaltung der Scheide	90
2.2	Herstellung des Schnittmusters	93
2.3	Vorbereitung der Bauteile	102
2.3.1	Herstellung des hinteren Blatts	104
2.3.2	Herstellung des vorderen Blatts	111
2.3.3	Einpassen des Keders	117
2.4	Verkleben und Vernähen der Scheide	119
2.5	Versäubern der Schnittkanten	125
2.6	Zurichten der Verschlusslasche	129
2.7	Kantenversiegelung und Imprägnieren	137
	Anhang	**142**
	Materialauswahl	142
	Werkzeugkunde	147
	Mini-Lexikon	150
	Lieferanten	152

EIN PAAR SÄTZE VORAB

Das Messermachen als Hobby hat sich einen breiten Freundeskreis geschaffen. Viele Menschen haben bereits entdeckt, wie viel Freude es machen kann, einen so schönen und praktischen Gegenstand wie ein Messer selbst anzufertigen. Und zu einem schönen Messer gehört natürlich auch eine Scheide – zumindest bei einem feststehenden Messer. Dazu kommt, dass viele industriell gefertigten Messer nur mit relativ einfachen Scheiden ausgestattet sind. Mit einer hochwertigen, handgefertigten Scheide kann man jedes Messer aufwerten.

Das Arbeiten mit Leder macht viel Freude und stellt keine großen Anforderungen an die Werkstattausrüstung. Man braucht dazu auch keine besonderen Vorkenntnisse. Jeder, der ein minimales handwerkliches Geschick hat, kann selbst eine Lederscheide anfertigen. Was Sie wissen müssen, erfahren Sie hier. Der Rest ist Übung.

Dieser Band ergänzt das Thema Messerscheiden, das mit dem Band 1 begonnen und mit Band 2 fortgesetzt wurde. Wir stellen Ihnen hier wieder zwei verschiedene Scheidenmodelle vor, die unterschiedliche Designs und technische Lösungen aufweisen. Dabei handelt es sich um sogenannte rahmengenähte Scheiden.

Am Ende dieses Bands finden Sie die wichtigsten Grundlagen zu den Materialien und Werkzeugen. So können Sie auch bei diesem Band in die Serie einsteigen, ohne die anderen Bände vorher gelesen zu haben.

Mit der MESSER MAGAZIN Workshop-Reihe wollen wir Ihnen Hilfestellung in allen technischen Fragen geben und Ihnen so manchen Fehler ersparen. Diese Buchreihe stellt eine Vielzahl von Themen rund ums Messermachen dar – so aufbereitet, dass Sie jeden einzelnen Schritt nachvollziehen und auch nachmachen können. Dabei haben wir besonders auf die Praxis- und Werkstatttauglichkeit Wert gelegt.

Deshalb sind alle Bände der Reihe mit einer sogenannten Wire-O-Bindung verarbeitet. Auf diese Weise bleibt das Buch aufgeschlagen so liegen, wie Sie es hinlegen. Außerdem haben wir bei der Größe der Bilder und Schriften darauf geachtet, dass Sie noch alles lesen und erkennen können, wenn Sie arbeiten und das Buch neben sich liegen haben.

Wir haben versucht, jeden Arbeitsschritt so verständlich wie möglich darzustellen. Trotzdem sollten Sie, bevor Sie zum Werkzeug greifen, die Beschreibungen in diesem Buch vollständig durchlesen. Dann wissen Sie, was auf Sie zukommt und erleben nicht mitten in der Arbeit unangenehme Überraschungen. Anhand der Material- und Werkzeugübersichten können Sie sich vorab alles zusammenstellen, was Sie benötigen.

Und nun wünsche ich Ihnen bei der Arbeit viel Freude und gutes Gelingen!

Hans Joachim Wieland
Chefredakteur
MESSER MAGAZIN

VORWORT

Das Handwerk gerät in der Dienstleistungsgesellschaft von heute immer mehr in Vergessenheit. Es kommt oft nicht mehr auf handwerkliche Qualität und Langlebigkeit der Produkte an. So verwundert es nicht, dass in den letzten Jahrzehnten immer mehr Handwerksbetriebe aus den Straßen und Gassen unserer Städte verschwunden sind.

Es freut mich deshalb um so mehr, miterleben zu dürfen, dass immer mehr Menschen umdenken und den Weg weg von der Massenware suchen. Sie investieren dabei Zeit und Geduld, um mehr über alte Handwerke und vergessene Techniken in Erfahrung zu bringen. Und manche setzen das erworbene Wissen in eigenen Arbeiten um.

Dieser Band setzt die Bauart der rahmengenähten Lederscheiden aus „Messerscheiden Band 2“ fort. Wir haben zwei sehr interessante und durchaus nicht ganz alltägliche Projekte ausgearbeitet, um die Konstruktionsvielfalt und technischen Möglichkeiten aufzuzeigen.

Der Band kann als Einzelwerk oder als Ergänzung zu den beiden bereits erschienen Bänden genutzt werden. Für Einsteiger haben wir die Grundlagen zu Material und Werkzeugen im Anhang beigefügt. Auch die wichtigsten Fachbegriffe werden in einem kleinen Mini-Lexikon erklärt.

Ich wünsche Ihnen viel Spaß beim Lesen und hoffe, dass wir Ihnen damit für Ihre nächsten Projekte viele Anregungen und Tipps mitgeben können. Ein besonderer Dank geht an Hans Joachim Wieland, der diesmal nicht nur hinter den Kulissen tätig war, sondern auch die fabelhaften Bilder zu diesem Band in Szene gesetzt hat.

David Hölter

EINLEITUNG

Für den Bau und die Konstruktion einer Lederscheide für ein feststehendes Messer gibt es verschiedene Möglichkeiten. Je nach Art des Messers muss man dabei auf bestimmte Gegebenheiten Rücksicht nehmen, um die Lederscheide so optimal wie möglich anzufertigen. Wir werden in diesem Buch ausführlich auf die Herstellung von zwei rahmengenähten Lederscheiden, ihre Konstruktionsmerkmale und die Fertigungsmethoden eingehen. Wir stellen unterschiedliche Varianten vor, um ein System aufzuzeigen, mit dem für alltägliche, aber auch ausgefallene Klingenformen eine zweckmäßige Lederscheide gebaut werden kann.

Bei der Fertigung zeigen wir die Ausführung der einzelnen Arbeitsschritte überwiegend in reiner Handarbeit, denn keine Maschine kann das feine Fingerspitzengefühl ersetzen, das bei der Verarbeitung von Leder erforderlich ist. Wir zeigen den Umgang mit Lederverarbeitungswerkzeugen sowie die Grundlagen der Lederverarbeitung. Die konkrete Ausführung bleibt aber jedem Messerscheiden-Macher selbst überlassen. Wir sehen dieses Buch deshalb auch nicht als eine Anleitung für ganz bestimmte Lederscheiden. Vielmehr wollen wir dem Leser eine Grundlage vermitteln, auf der er seine eigenen Ideen umsetzen kann.

Messerscheiden sind mehr als nur Transport- und Aufbewahrungshilfen für Messer. In vielen Fällen sind sie individuelle, auf den Träger, sein Messer und dessen Bedürfnisse abgestimmte Kunstwerke. In diesem Buch werden wir nur auf die Grundlagen eingehen, da die unbegrenzten Möglichkeiten der Individualisierung den Rahmen dieses Bandes bei weitem übersteigen würden. Wir laden Sie dennoch dazu ein, Ihrer Kreativität freien Lauf zu lassen und Ihre eigenen Ideen frei umzusetzen. Die Grundanforderung an eine Messerscheide ist die sichere und zuverlässige Unterbringung des Messers. Sie soll den Träger vor unbeabsichtigten Verletzungen durch die scharfe Klinge schützen und gleichzeitig dem Messer Schutz vor äußeren Einflüssen bieten. Daraus ergeben sich einige wichtige Aspekte, die in der Konstruktion und Ausführung zu beachten sind.

PROJEKT I:

Mexican-Loop-Scheide

1.1 Planung und Gestaltung der Scheide

Für dieses etwas aufwändige Projekt haben wir uns ein Bowie-Messer ausgesucht, für das wir eine sogenannte Mexican-Loop-Scheide bauen werden. Die Mexican-Loop-Scheide besteht aus einem rahmengenähten Scheidenkörper, der die Klinge aufnimmt, und einem angesetzen Loop, der die Gürtelschlaufe bildet.

Das Besondere an dieser Konstruktion ist der Loop. Der Scheidenkörper ist im unteren Bereich mit Hilfe einer Schlaufe in den Loop eingeschoben. So lässt sich die Gürtelbreite variieren. Bei Bedarf kann man den Scheidenkörper ausfädeln und die Scheide vom Gürtel nehmen, ohne diesen aus den Schlaufen der Hose ziehen zu müssen.

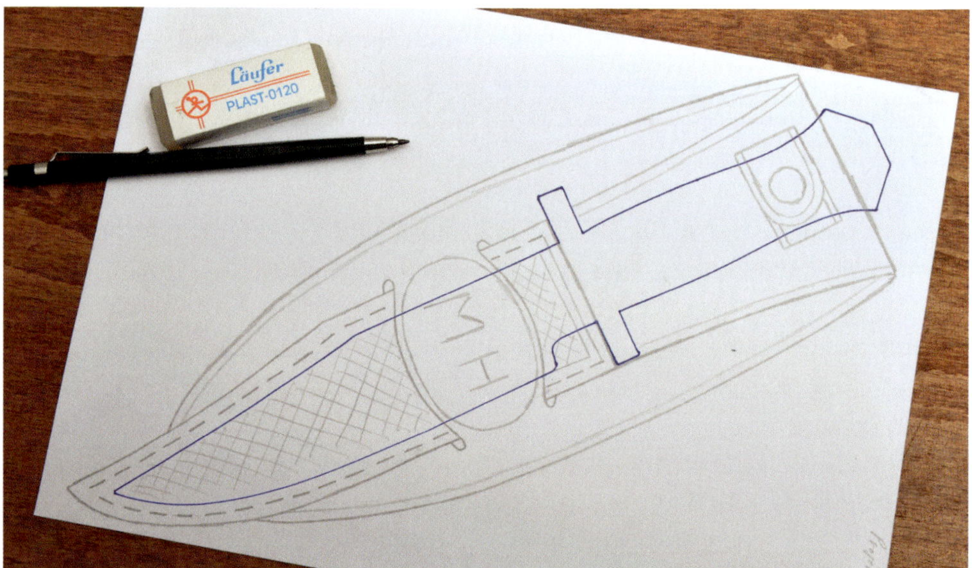

Basis für die Arbeit ist eine Konstruktionszeichnung. Dazu zeichnen wir zunächst den Umriss des Messers ab, legen die Konturen der Scheide fest und zeichnen die Details ein.

Der Scheidenkörper soll eine Flechtpunzierung bekommen. Auf der Schlaufe des Mexican-Loops wollen wir zudem die Initialen des Besitzers einprägen. Die Scheide werden wir in einem dunklen Rotbraun einfärben, passend zum Cocobolo-Griff des Messers.

Unsere Konstruktion wird für einen Linkshänder angefertigt. Falls Sie Ihr Projekt für einen Rechtshänder planen, dann arbeiten Sie einfach spiegelverkehrt zu dieser Anleitung. Wir beginnen mit der Planung der Scheide und fertigen eine Skizze an, in die wir die Details einzeichnen.

MATERIALIEN UND WERKZEUGE

Material:
Kartonpapier, DIN A3
Klebeband
Blankleder, Stärke ca. 3,5-4,0 mm
Ziegenleder, Stärke 0,2-0,5 mm
Kunstsehne
Kontaktkleber
Lederfarbe auf Spiritusbasis, Farbe Tan
Antiklederfarbe, Farbe
Kantenfarbe transparent
Frischhaltefolie
Lederfett mit Bienenwachs

Werkzeug:
1 Bleistift
1 Radiergummi
1 Geodreieck
1 Kurvenlineal
1 Schieblehre
1 Maßband
1 Papierschere
1 Schneidbrett (Kunststoff oder Holz)
1 Schustermesser
1 Falzbein oder selbstgebautes Hornwerkzeug
1 Modelliereisen
2 Sattlernadeln Gr. 2
1 Einstellbarer Nahtversenker
1 Kantenschneider Größe 3
1 Kantenschneider Größe 4
1 Zirkel mit Doppelspitze
1 Lochpfeife 4 mm
1 Lochpfeife 5 mm
1 V-Eisen
1 Schwertahle, ca. 3 mm breit
1 Ahlenheft
1 Stechunterlage
2 Schwämme
1 Feuerzeug
1 Muschelpunze
1 Flechtpunze
1 kleine Kreispunze
1 Satz Schlagbuchstaben
1 Satz Ornamentpunzen
1 Steinunterlage
1 Rohhauthammer (oder Holz- bzw. Kunststoffhammer)
1 Schusterhammer (oder Schlosserhammer mit polierter Bahn)
1 Zange mit glattem Maul
2 Pinsel, ca. 10-20 mm breit
4 Einmalhandschuhe
1 Schuhbürste
1 Baumwolltuch

Schnittmuster (nicht in Originalgröße)

1: Vorderes Blatt
2: Hinteres Blatt
3: Mexican Loop
4: Keder
5: Sicherungslasche
6: Druckknopf
7: Hohlniete

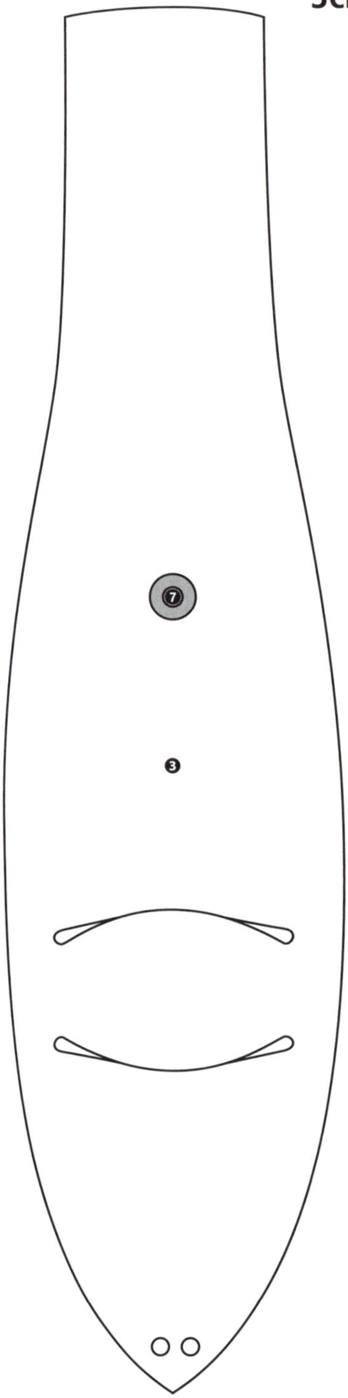

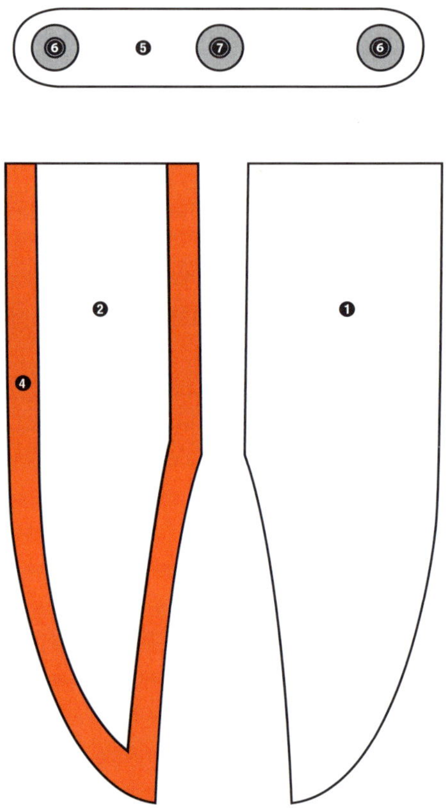

1.2 Herstellung des Schnittmusters

Der Zeichenplatz wird zunächst vorbereitetet. Wir beginnen damit, das Schnittmuster der Mexican-Loop-Scheide anzufertigen. Dazu zeichnen wir den Umriss des Bowie-Messers auf ein Stück Kartonpapier. Der Scheidenköper kommt zuerst an die Reihe.

In die Umrisszeichnung wird der Abschluss des Parierelements zur Klinge hin eingezeichnet. Hier wird die Scheide später anliegen. Da die Messerform im hinteren Bereich parallel ist, zeichnen wir an der Schneide und am Rücken jeweils eine parallele Linie im Abstand von etwa acht Millimetern ein. Zur Klingenspitze verlaufend, führen wir die beiden Linien – der Schneidenform folgend – im Abstand von etwa acht Millimetern fort, bis sich die beiden kreuzen. So erhalten wir die Grundform unseres späteren Scheidenkörpers.

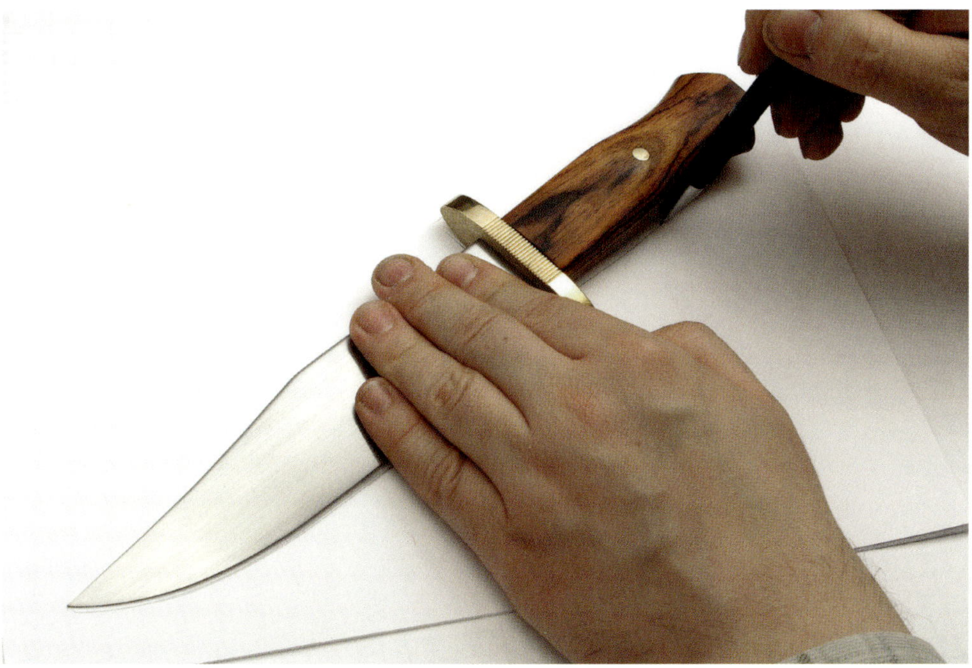

Zur Anfertigung unserer Mexican-Loop-Scheide haben wir uns ein Bowie-Messer ausgesucht. Wir legen das Messer auf ein Stück Karton und zeichnen den Umriss mit einem Bleistift ab.

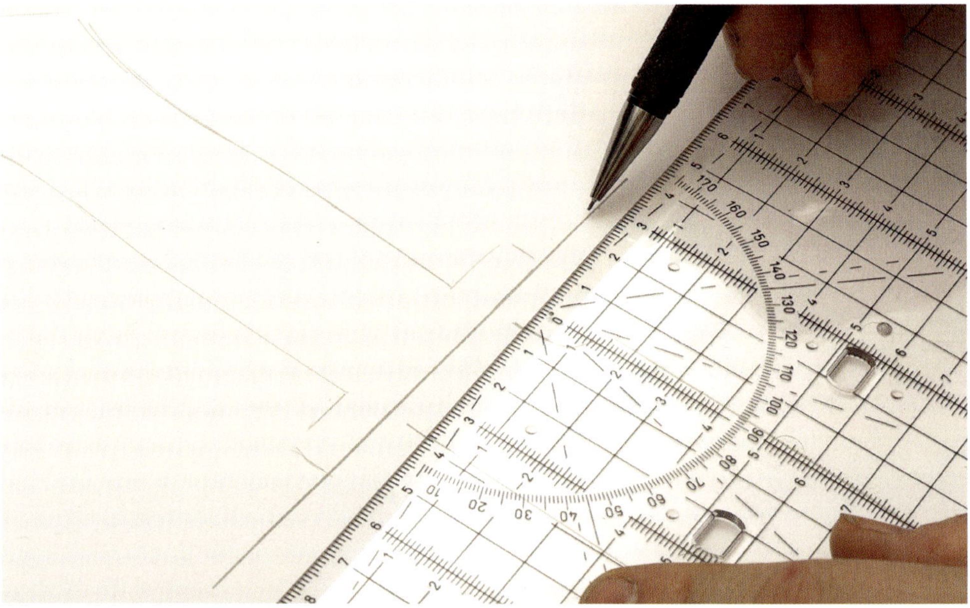

Mit dem Geodreieck zeichnen wir den oberen Abschluss der Scheide auf unserer Skizze ein. Diese wird später am Parierelement anliegen.

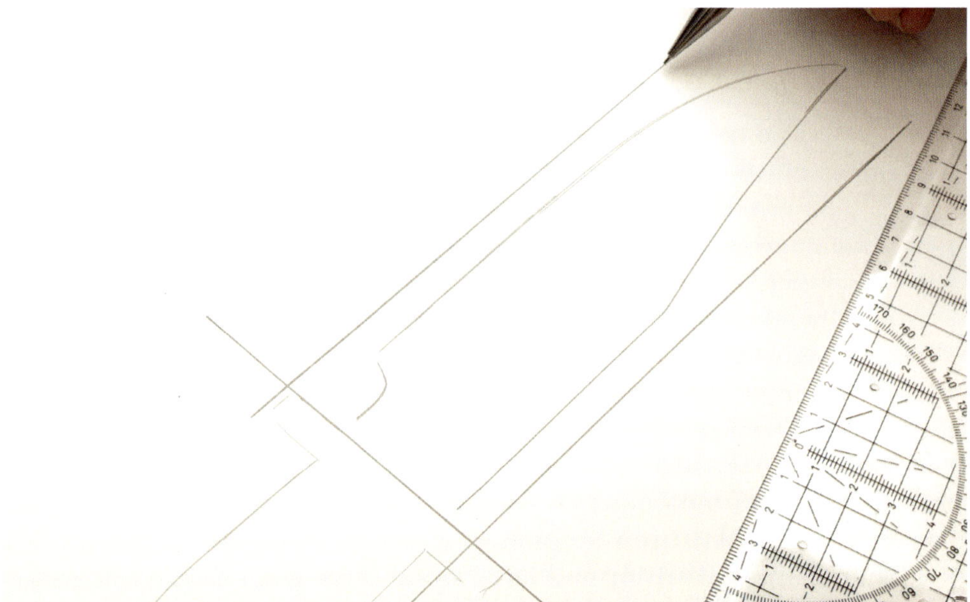

Wir zeichnen den Umriss der späteren Scheide auf. Dabei muss man einrechnen, dass der Keder etwa acht Millimeter Platz benötigt.

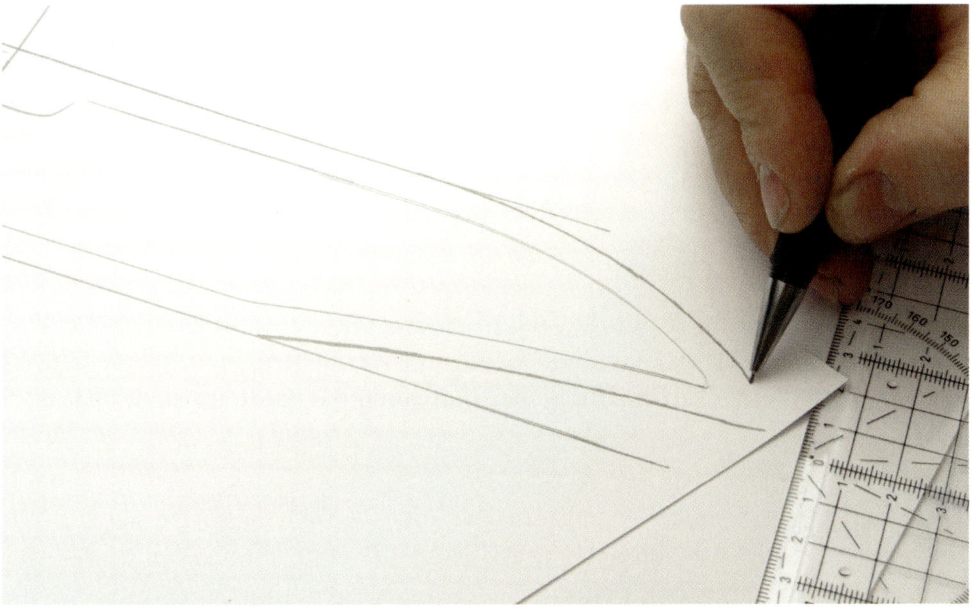

Der Verlauf der Scheidenspitze wird auf unserer Skizze eingezeichnet.

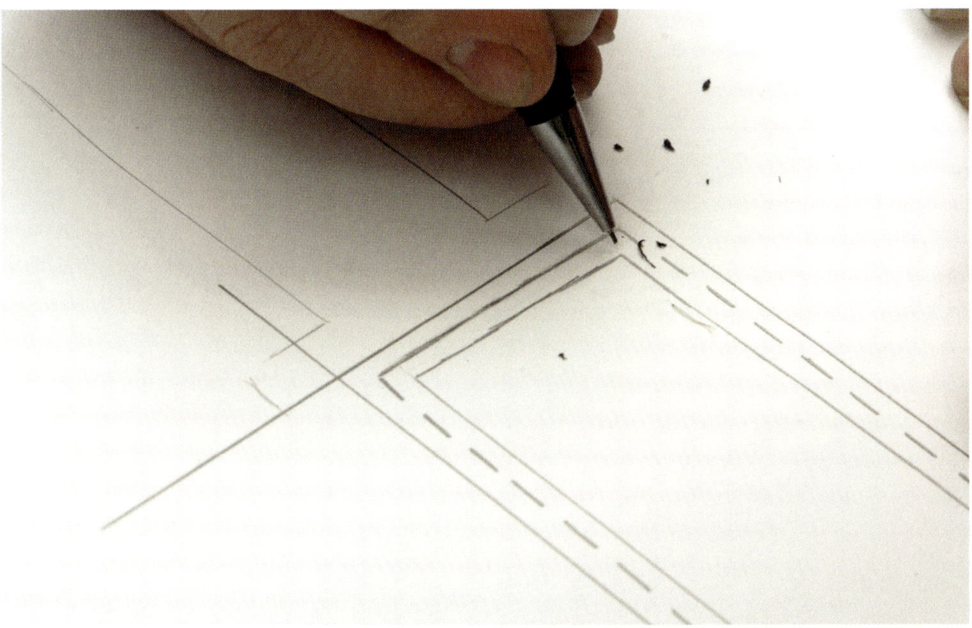

Mit dem Bleistift zeichnen wir den späteren Nahtverlauf und die Zierlinien ein. In der Mitte des vorderen Blatts sehen wir zudem eine Fläche für die Punzierung vor.

Der spätere Nahtverlauf wird eingezeichnet. Die Naht wird später im Abstand von etwa vier bis fünf Millimetern am Außenrand der Scheide verlaufen. Am oberen Abschluss der Scheide zeichnen wir eine Zierlinie im Abstand von etwa vier Millimetern zum Rand ein. Als Fläche für die geplante Flechtpunzierung folgen wir dem Umriss der Klinge, so dass wir nur im oberen Bereich der Scheide eine zweite Linie im Abstand von etwa acht Millimetern einzeichnen müssen.

Das Schnittmuster wird mit der Schere ausgeschnitten. Für die weitere Planung und Erstellung der anderen Schnittmuster übertragen wir den Umriss des Scheidenkörpers auf Kartonpapier und zeichnen den Umriss des Messergriffs ein.

Der Loop soll später bis knapp an das Ende des Messergriffs gehen. Wir zeichnen uns deshalb mit Hilfe des Geodreicks eine Parallele ein, von der Oberkante des Scheidenkörpers ausgehend, bis etwa einen Zentimeter vor Ende des Griffs reichend.

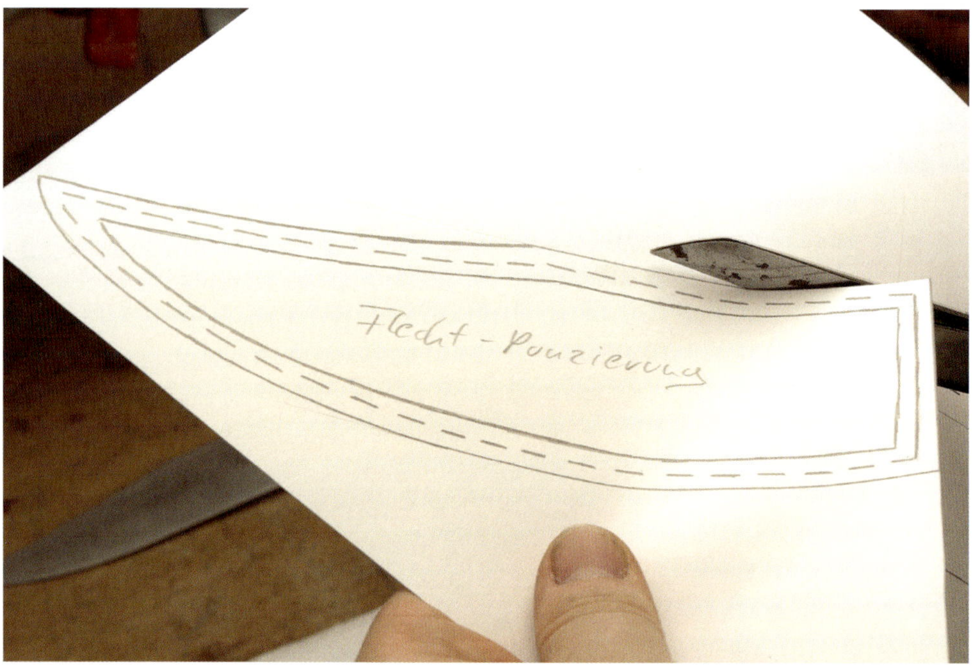

Die Schablone für das vordere Blatt wird mit der Schere ausgeschnitten.

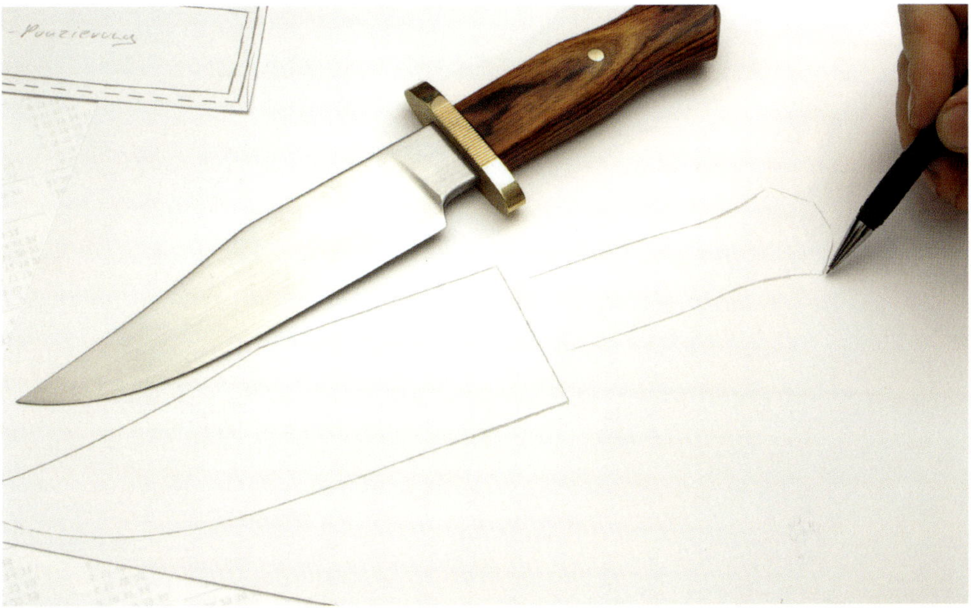

Wir übertragen den Umriss des vorderen Blatts auf den Karton und zeichnen den Griff des Messers nach.

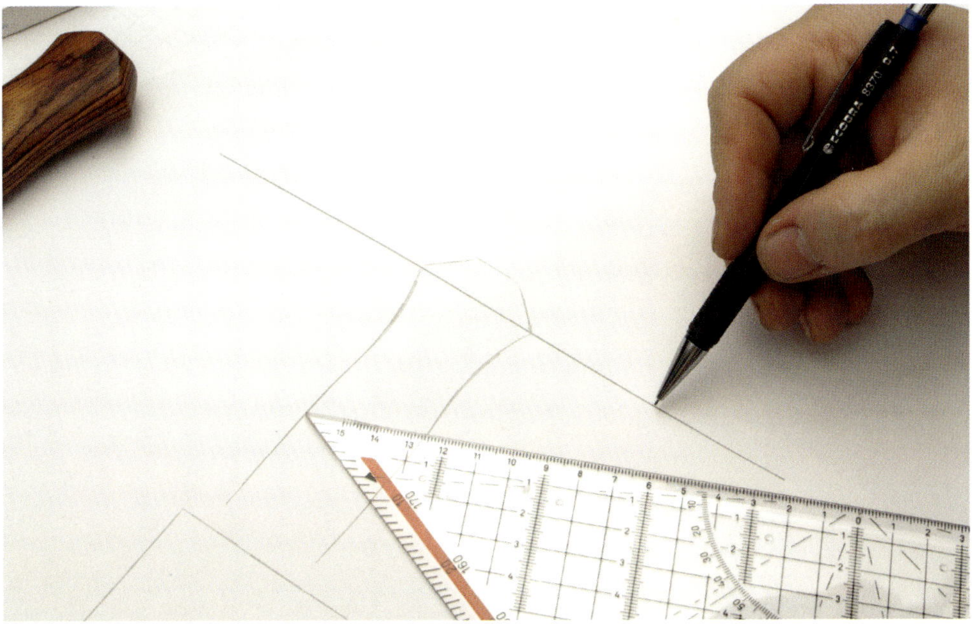

Der obere Abschluss der Gürtelschlaufen wird parallel zum oberen Abschluss der Scheide mit dem Geo-Dreieck und dem Bleistift eingezeichnet.

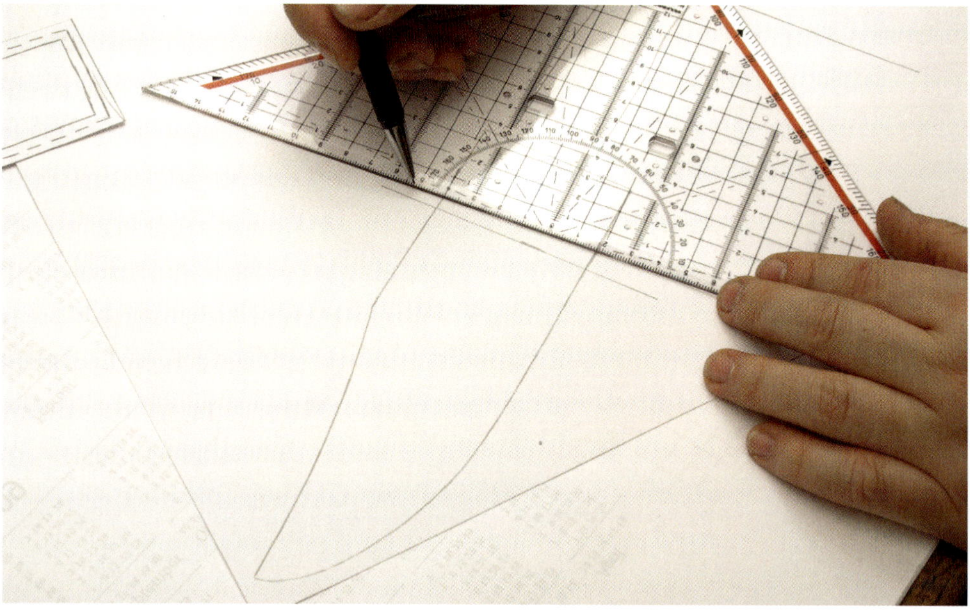

Mit dem Geodreieck zeichnen wir eine parallele Linie zur Oberkante der Scheide ein. Diese platzieren wir in der Mitte der oberen Hälfte des Scheidenkörpers.

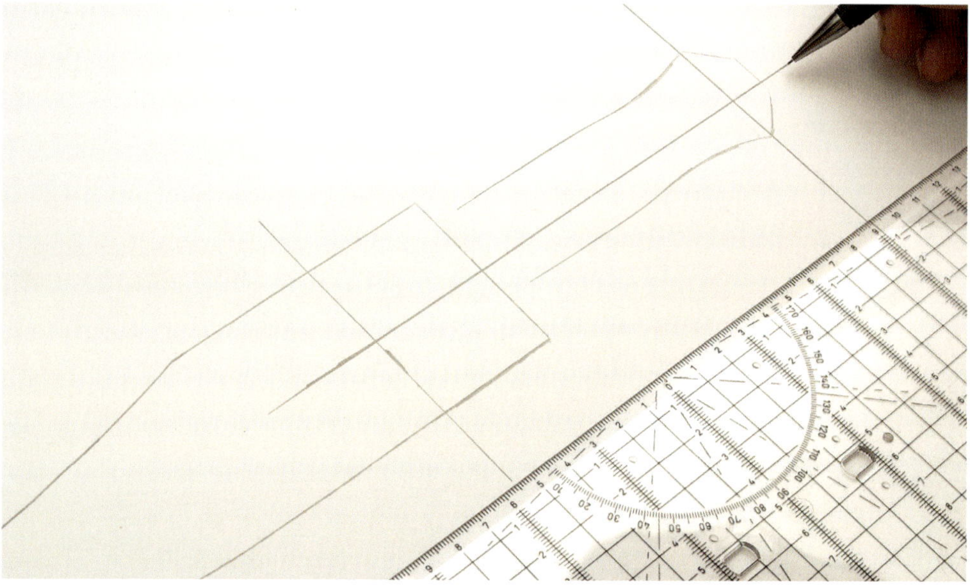

Wir zeichnen die Mittellinie durch die Scheide ein und ziehen diese bis über den Griff hinaus. Parallel zum oberen Scheidenabschluss zeichnen wir auf Höhe des Knaufs den Abschluss der späteren Gürtelschlaufen ein.

Als nächstes wird der Mittelpunkt der späteren Schlaufe am Loop festgelegt. Die Schlaufe sollte etwa in der Mitte der oberen Hälfte des Scheidenkörpers platziert sein. Wir zeichnen die Mittellinie durch den Scheidenkörper und erhalten am Schnittpunkt der Linien den Mittelpunkt der späteren Schlaufe.

Dann zeichnen wir den Verlauf des Loops zwischen der Oberkante des Scheidenkörpers und der Oberkante des Loops ein. Da der Loop später symmetrisch sein soll, zeichnen wir zunächst nur eine Seite ein und spiegeln diese dann. Unser Scheidenkörper hat eine Breite von etwa sechs Zentimetern. Wir benötigen später für den Loop eine Zugabe von etwa zwei Zentimetern rechts und links, wodurch der Loop an seiner breitesten Stelle später insgesamt etwa zehn Zentimeter breit sein wird.

Wir gestalten den Übergang von der Oberkante des Scheidenkörpers zur Oberkante des Loops fließend. Deshalb machen wir an der Oberkante eine Zugabe von je einem Zentimeter nach rechts und links. Wir zeichnen also einen Abstand von etwa vier Zentimetern an der Oberkante des Loops ein.

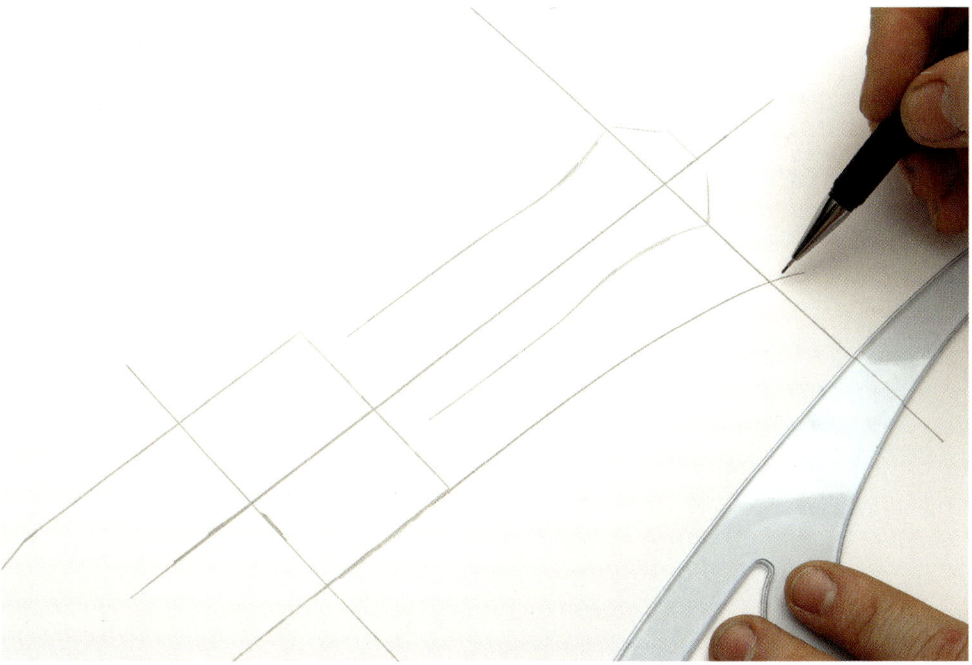

Mit dem Kurvenlineal wird der Umriss der Gürtelschlaufe eingezeichnet.

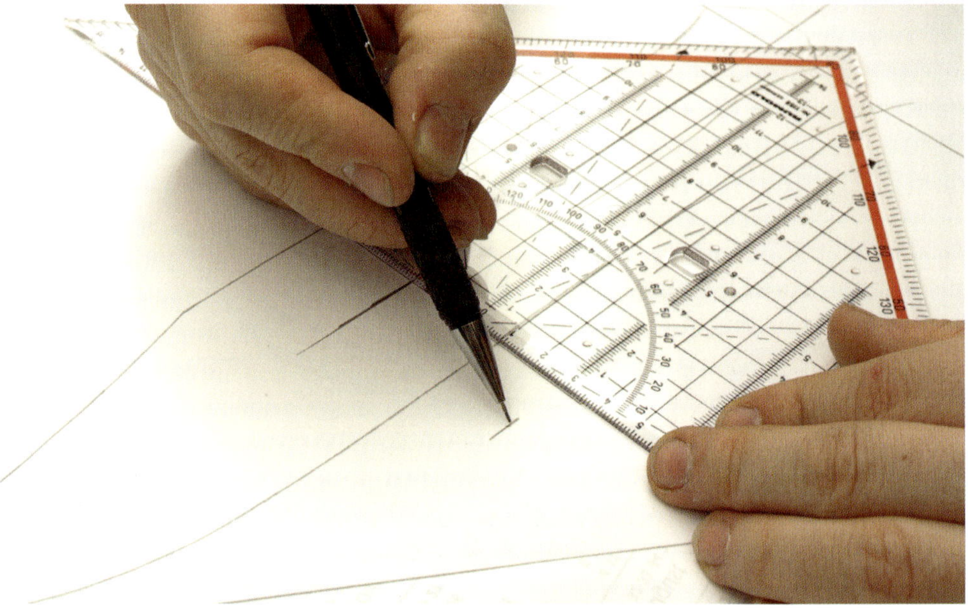

Nun setzen wir die Markierungen für den Mexican Loop. Dazu zeichnen wir einen Abstand von etwa 20 Millimetern vom Scheidenrand ein. Das wird später die breiteste Stelle des Mexican Loops sein.

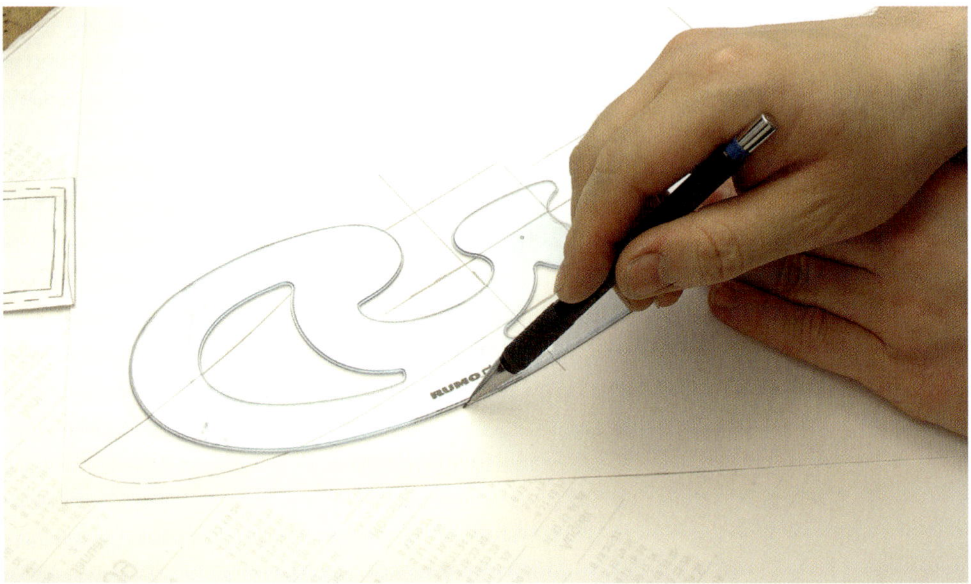

Jetzt zeichnen wir den Umriss des Mexican Loops mit dem Kurvenlineal ein, zunächst von unserer Markierung zur Spitze der Scheide hin.

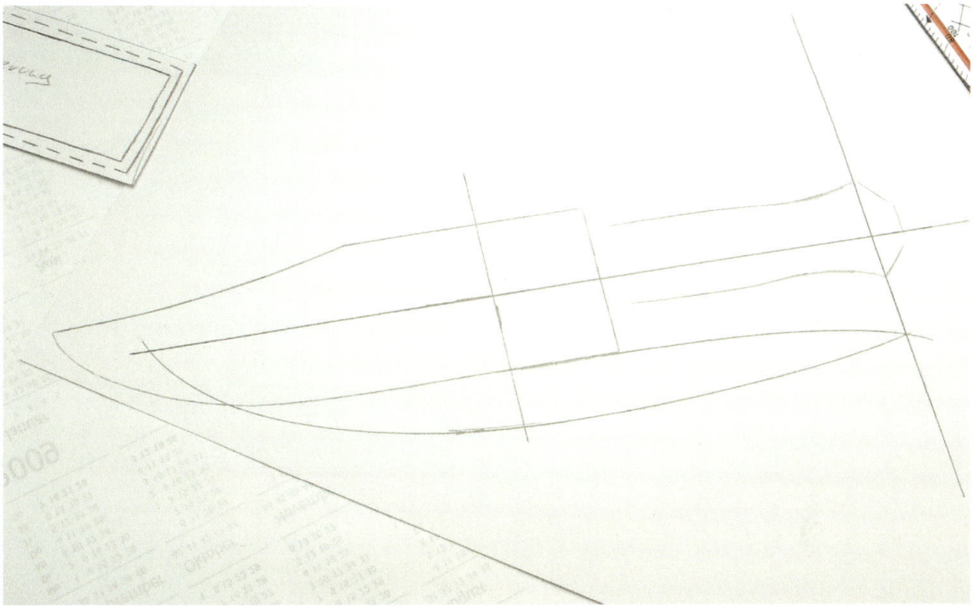

Dann führen wir die Linie zur Oberkante der Gürtelschlaufe weiter. So haben wir den Umriss des halben Mexican Loops aufgezeichnet.

Nun wird die Oberkante des Scheidenkörpers und die Oberkante des Loops mit einem feinen Schwung verbunden. Dazu nutzen wir das Kurvenlineal. Als nächstes markieren wir die breiteste Stelle des Loops, die an der Position der späteren Schlaufe liegt, und markieren unsere Zugabe von etwa zwei Zentimetern. Mit dem Kurvenlineal wird der Schwung von der Oberkante des Loops über die Markierung der breitesten Stelle zur Scheidenspitze hin fortgeführt. Der Loop wird etwa zwei Zentimeter vor der Klingenspitze enden. Der Gestaltung sind jedoch keine Grenzen gesetzt.

Nun beginnen wir, den Verlauf und die Form der Schlaufe einzuzeichnen. Dazu setzen wir zunächst zwei Markierungen etwa fünf Millimeter vom Scheidenkörper entfernt und jeweils 18 Millimeter von der Mittellinie entfernt. Die Schlaufe soll später eine ovale Form bekommen und eine mit einem Oval eingerahmte Monogrammprägung erhalten. Wir machen uns dafür eine Markierung von jeweils 25 Millimetern auf der Mittellinie. Unsere Markierungspunkte verbinden wir mit einem passenden Schwung mit dem Kurvenlineal.

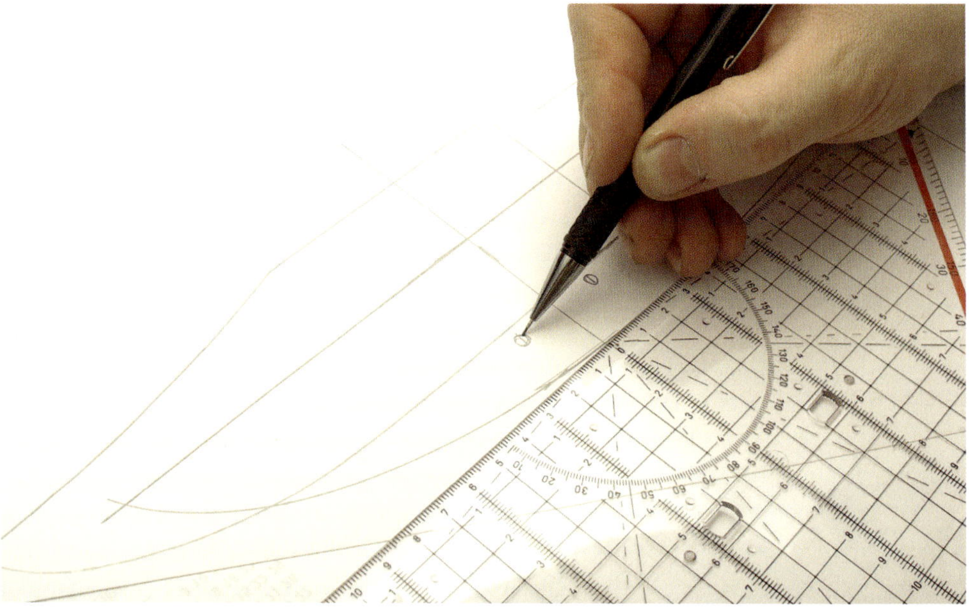

Wir markieren in unserer Skizze die Punkte, an denen wir später die Schlaufe für den Mexican Loop ausschneiden werden.

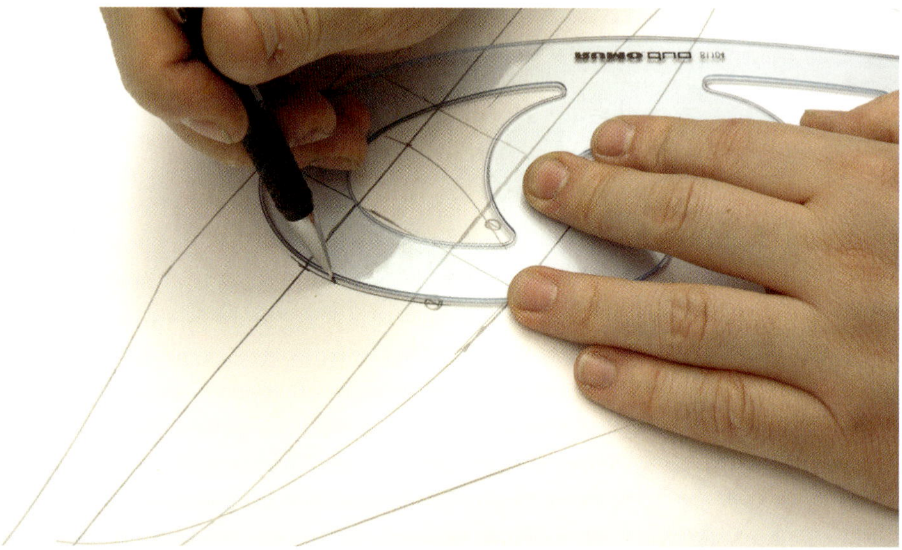

Um später ein Monogramm auf die Schlaufe bringen zu können und es etwas schöner aussehen zu lassen, wollen wir die Schlaufe des Mexican Loops oval gestalten. Dazu nehmen wir das Kurvenlineal zur Hand und zeichnen jeweils ein Vierteloval oben und unten in der Skizze ein.

Nun haben wir die Skizze des halben Mexican Loops vor uns. Das Kartonpapier wird entlang der Mittellinie gefaltet. Damit das Kartonpapier eine scharfe Kante bildet, drücken wir diese mit dem Falzbein flach. Dann schneiden wir den Umriss des Loops aus. Noch im gefalteten Zustand stanzen wir die Markierungspunkte für die Schlaufe mit dem 4-Millimeter-Locheisen aus dem Kartonpapier aus.

Um den Verlauf der Schlaufe auf unser endgültiges Schnittmuster übertragen zu können, wird der aufgezeichnete Umriss mit dem Schustermesser ausgeschnitten. Das Schnittmuster wird aufgefaltet, und wir haben den ersten Teil des Loops vor uns. Zur Kontrolle der Form schieben wir das Schnittmuster des Scheidenkörpers durch die Schlaufe.

Es fehlt noch der Übergangsbereich des Loops, der den Loop mit dem Scheidenkörper verbindet. Deshalb übertragen wir den Umriss des Schnittmusters des Loops auf Kartonpapier. Auch unsere Markierungspunkte für die Schlaufe und der Umriss der Schlaufe werden durch die Schlitze im Kartonpapier übertragen.

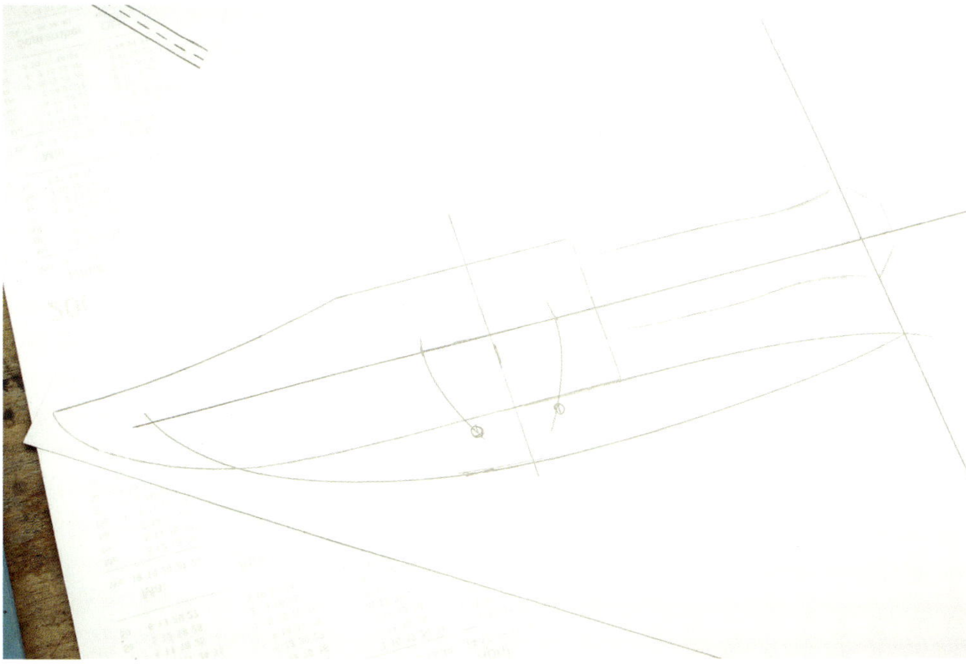

Der Umriss der Scheide sowie der halbe Mexican Loop in der Übersicht.

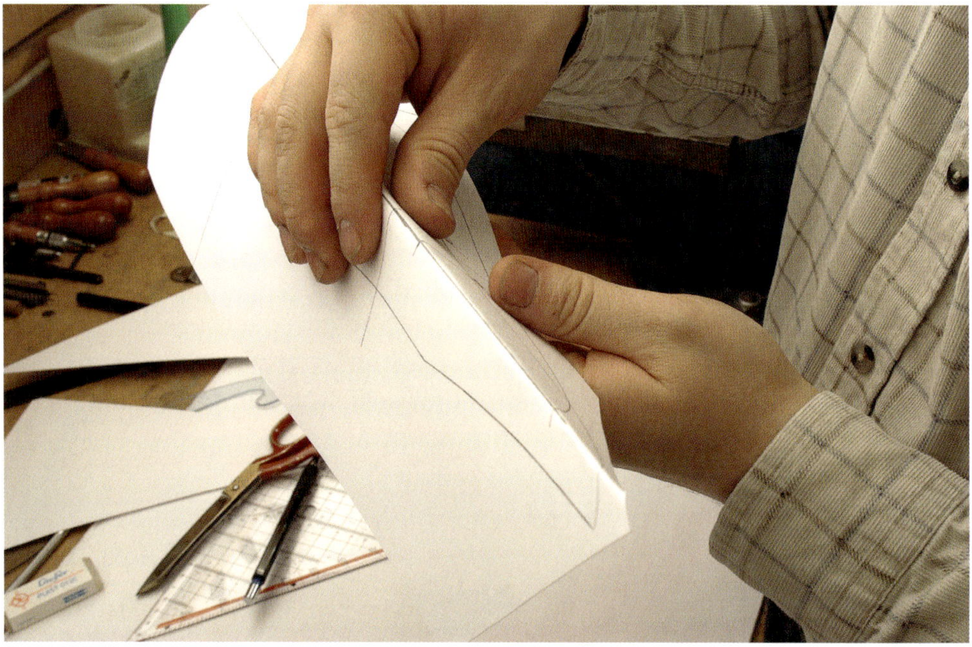

Die Skizze wird entlang der Mittellinie gefaltet.

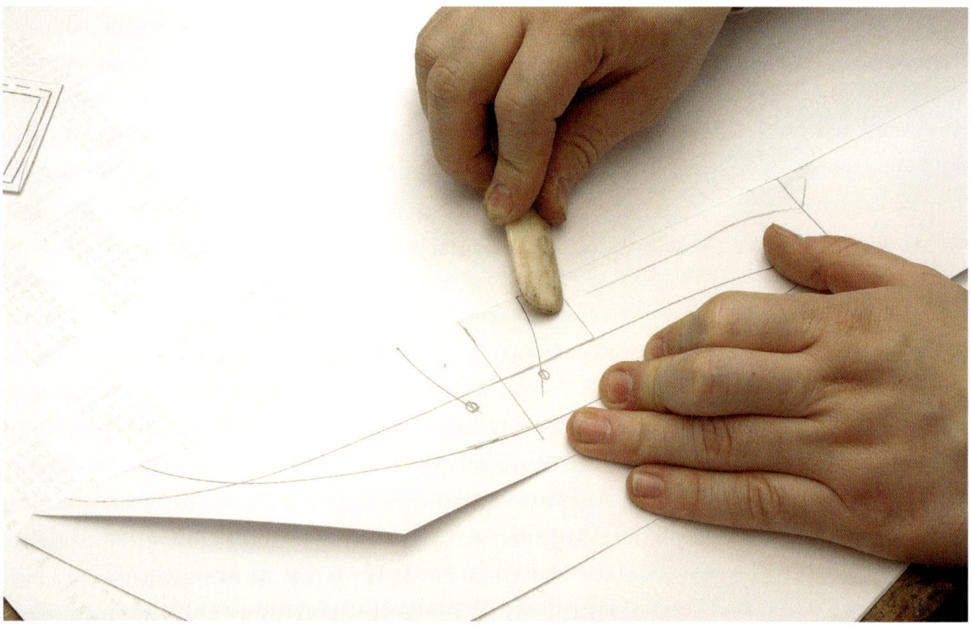

Mit dem Falzbein ziehen wir die Kante nach, um ein möglichst gleichmäßiges Schnittmuster zu erhalten.

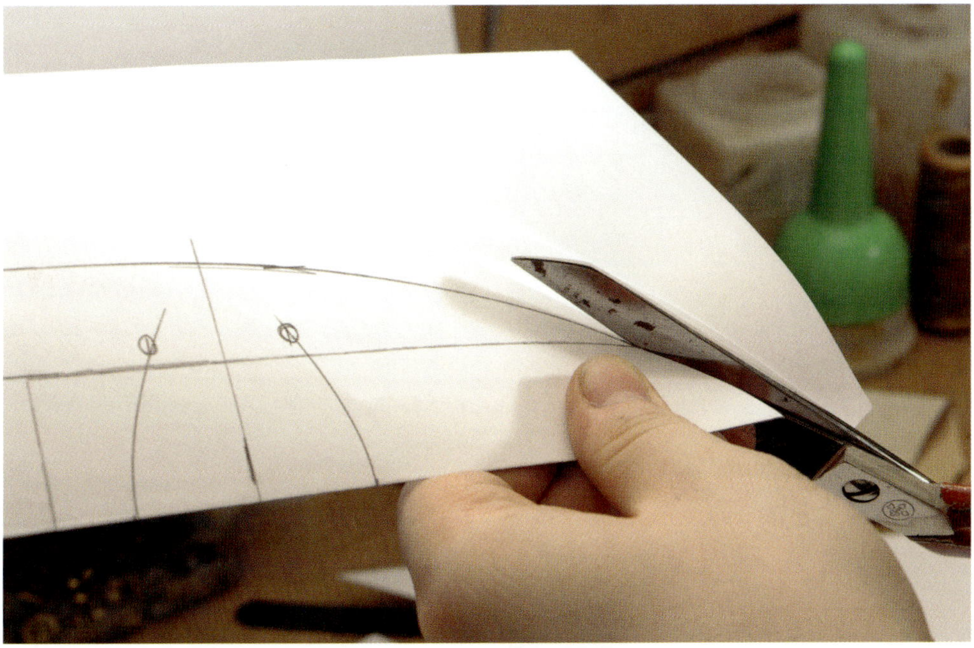

Die Schere kommt zum Einsatz: Der Umriss des Schnittmusters wird ausgeschnitten.

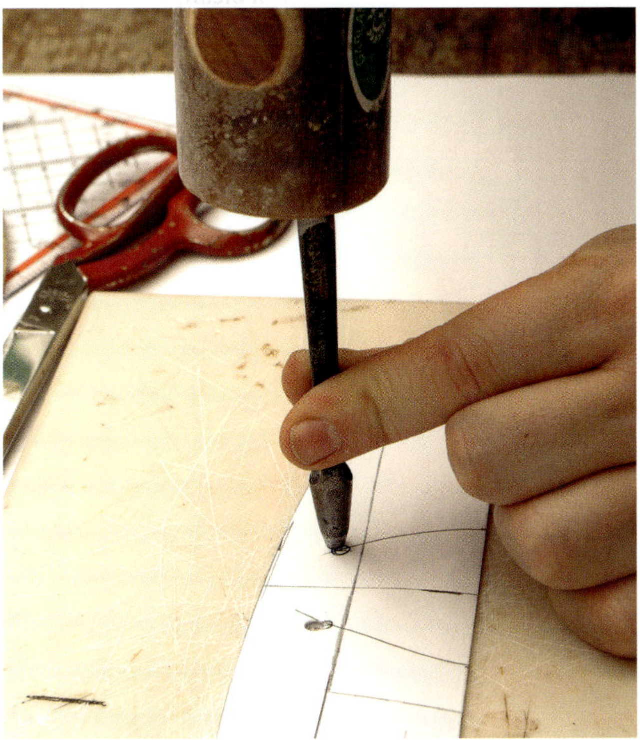

Mit dem Locheisen schlagen wir die Punkte für den späteren Übergang der Mexican-Loop-Schlaufe aus unserer Schablone.

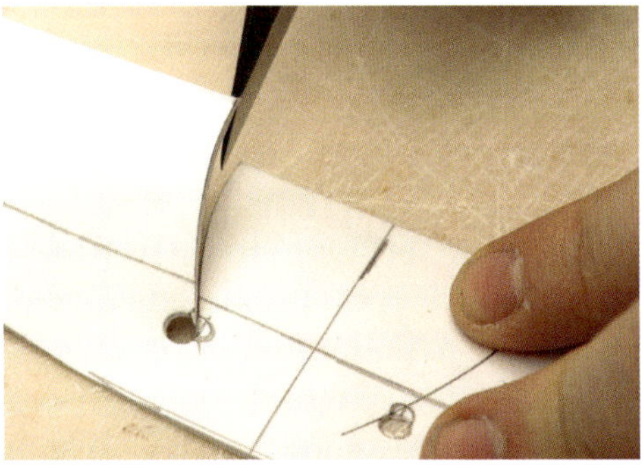

Mit dem Schustermesser schneiden wir entlang unserer Markierung den Verlauf der Schlaufe aus.

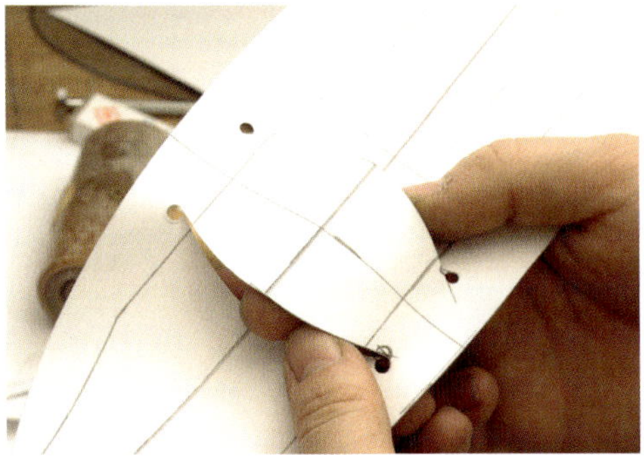

Durch die Schlaufe des Mexican Loops wird später die Scheide zur Fixierung am Gürtel eingeschoben.

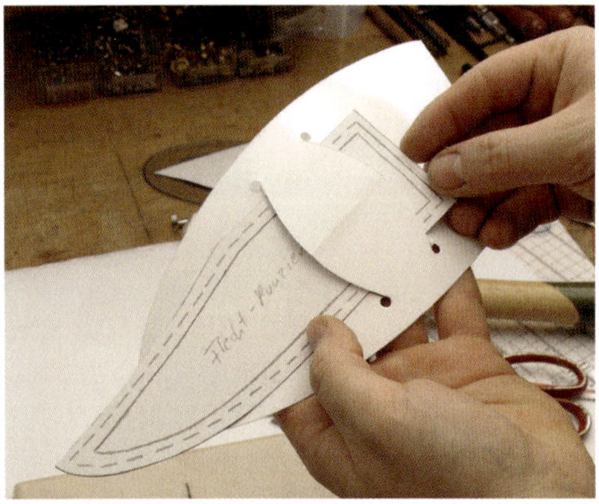

Zur Kontrolle schieben wir das vorher erstellte Schnittmuster der Scheide durch die Mexican-Loop-Schlaufe. Dabei ist gut zu erkennen, dass rechts und links der Scheide noch etwas Spielraum bleibt, da die spätere Scheide wesentlich dicker sein wird. Sie besteht aus dem vorderen und hinteren Blatt sowie dem Keder.

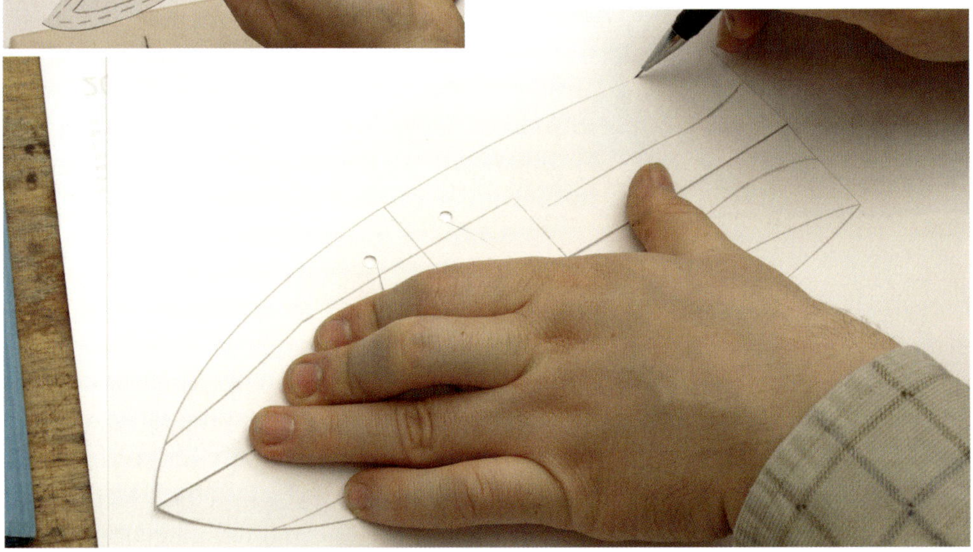

Wir zeichnen den Umriss der bisher erstellten Schablone auf ein großes Stück Karton.

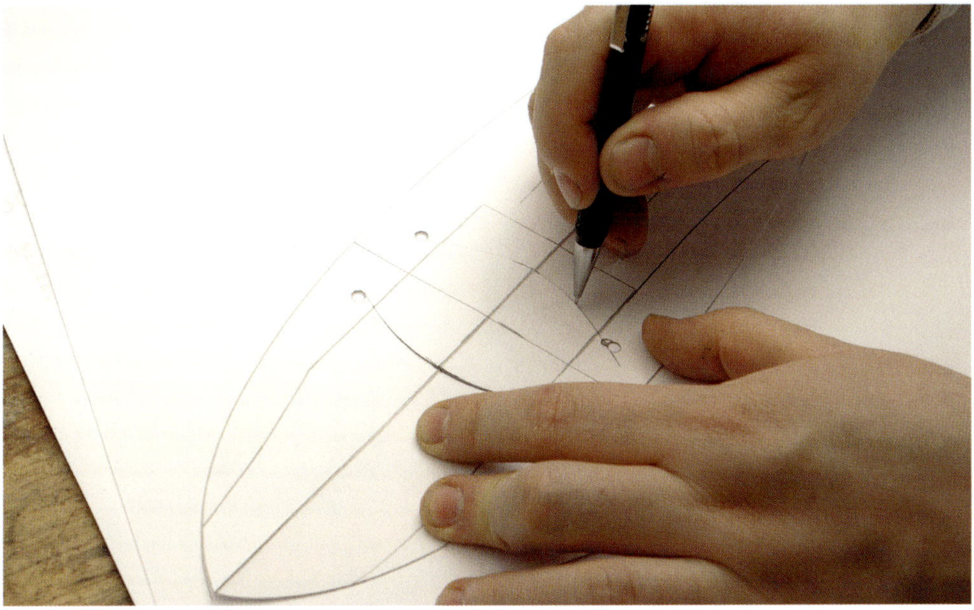

Auch die Konturen der späteren Mexican-Loop-Schlaufe werden übernommen.

Nun kleben wir die Schlitze der Schlaufe unseres Schnittmusters von der Rückseite mit Klebeband zu. Das Schnittmuster wird auf der Mittellinie gefaltet und auf der Mittellinie der Schlaufe mit der Schere durchgeschnitten. Dann schneiden wir den Verlauf des Loops vom Scheidenkörper zur Oberkante verlaufend aus.

Das so entstandene Schnittmuster setzen wir an der Oberkante des aufgezeichneten Schnittmusters an und übertragen den Umriss. Nun haben wir den kompletten Umriss des Loops vor uns.

Wir benötigen noch das Schnittmuster für den Keder. Dazu zeichnen wir zunächst den Umriss des Schnittmusters für den Scheidenkörper ab. Danach schneiden wir dem Klingenverlauf folgend den Keder aus unserem Schnittmuster aus.

Auch die Schnittmuster für den Mexican Loop und den Scheidenkörper werden aus dem Kartonpapier ausgeschnitten. Nun haben wir alle Schnittmuster vorbereitet, die wir für die Anfertigung der Scheide brauchen.

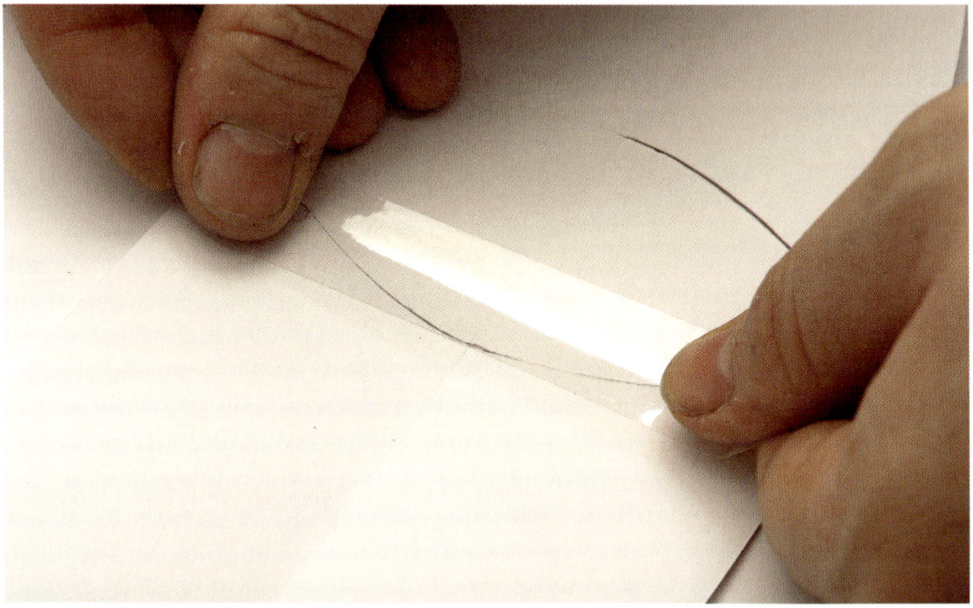

Wir verkleben die Ausschnitte für die Schlaufe mit Klebeband von der Rückseite.

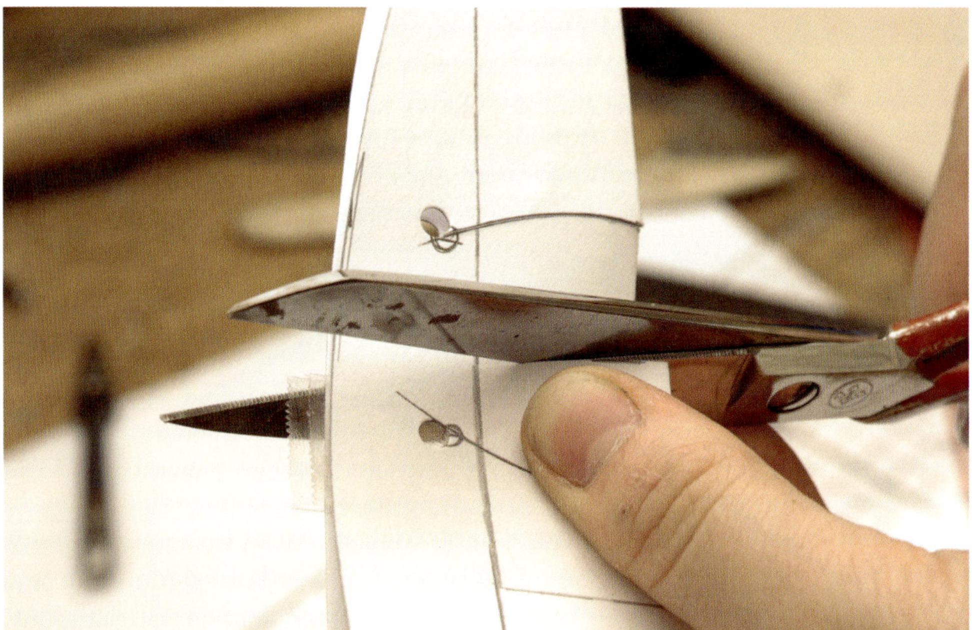

Mit der Schere schneiden wir auf der vorher eingezeichneten Mittellinie der Schlaufe unserer Schablone entlang.

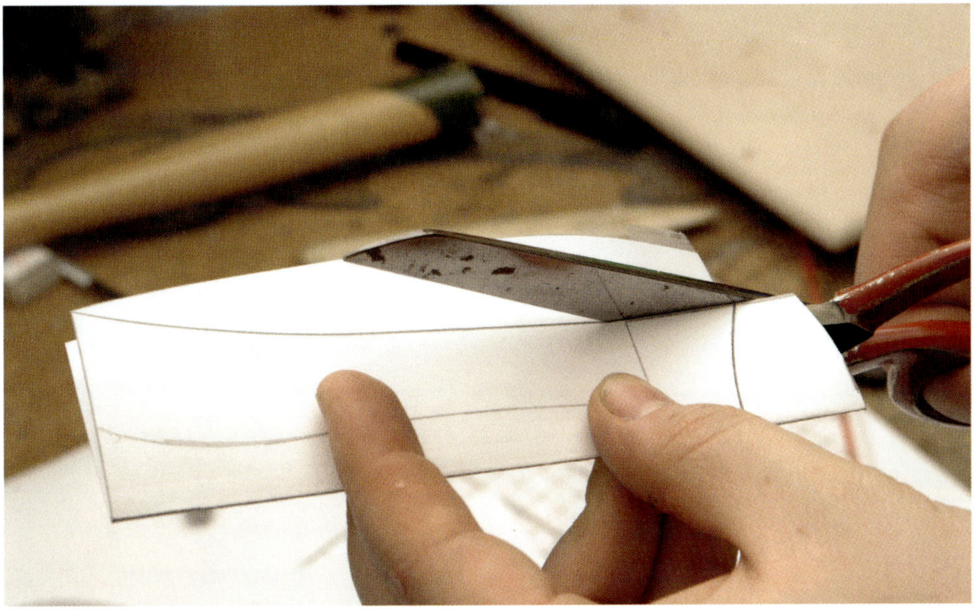

Nun schneiden wir mit der Schere den Umriss der später auf der Vorderseite verlaufenden Gürtelschlaufe aus, die wir uns als erstes aufgezeichnet hatten.

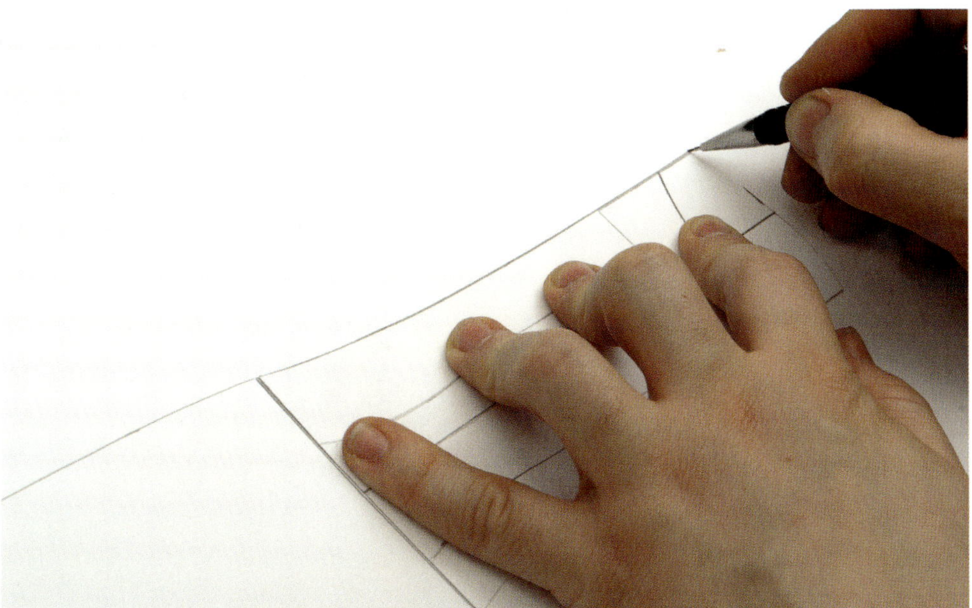

Die so entstandene Schablone legen wir am späteren Knickpunkt der Gürtelschlaufe auf unsere Skizze und übertragen den Umriss.

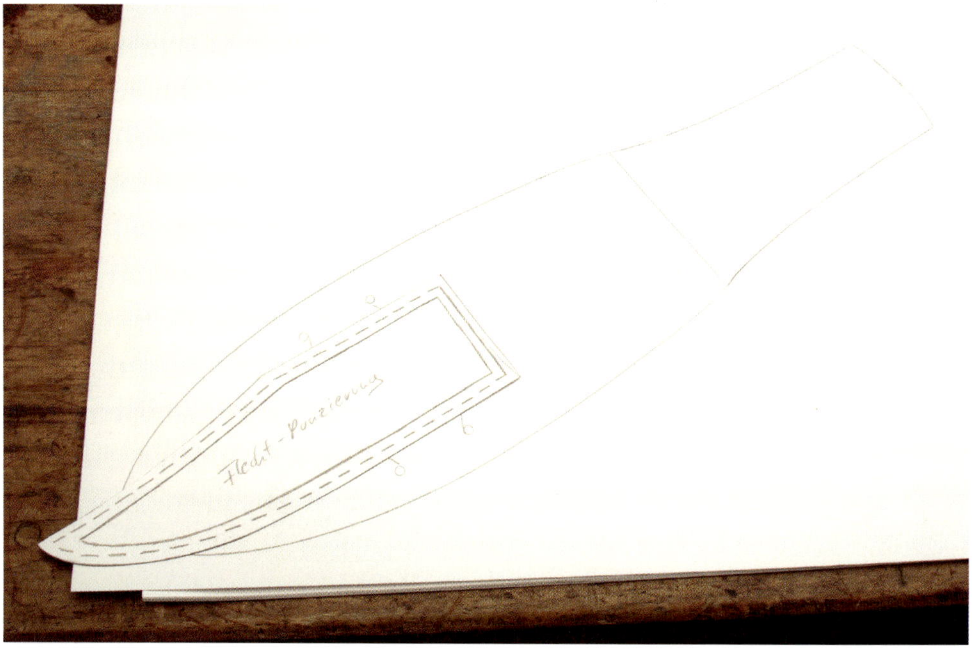

Jetzt ist unser Schnittmuster für den Mexican Loop soweit.

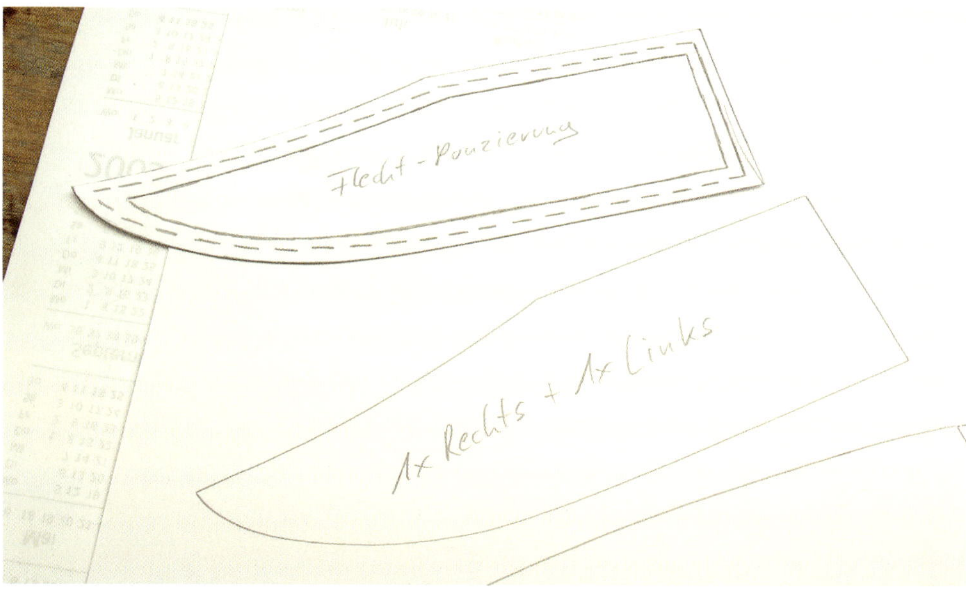

Um aus unserem Schnittmuster für die Scheide einen passenden Keder machen zu können, zeichnen wir das vorhandene Schnittmuster nochmals auf Karton. Wir benötigen es später für das vordere und hintere Blatt.

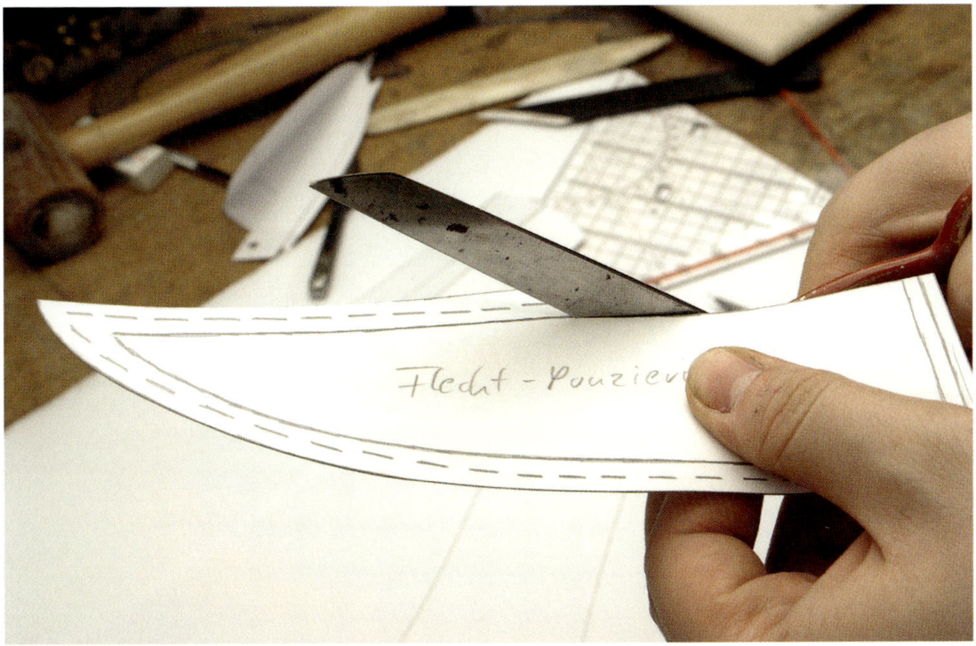

Das Schnittmuster für den späteren Keder wird nun aus der Schablone ausgeschnitten.

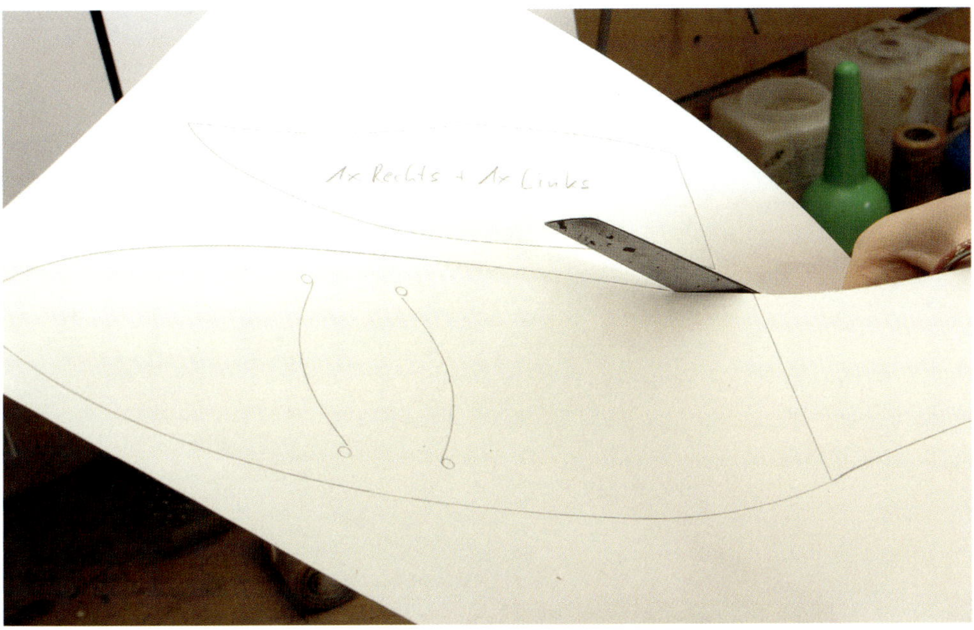

Auch die anderen Schablonen werden aus dem Karton ausgeschnitten. Nun haben wir alle Schnittmuster, die wir für unsere Mexican-Loop-Scheide benötigen.

1.3 Anfertigen der Bauteile

Für unsere Scheide haben wir kräftiges Blankleder in einer Stärke von etwa 3,5 bis 4,0 Millimetern ausgesucht. Beim Aufzeichnen der Bauteile müssen wir auf die Zugrichtung des Leders achten. Sie ist vor allem beim Loop sehr wichtig und muss so gewählt werden, dass sich das Leder in Laufrichtung des Loops nicht ziehen lässt. Wird der Loop entgegen der Zugrichtung ausgeschnitten, kann es passieren, dass er im Laufe der Zeit immer länger wird.

Zur besseren optischen Darstellung haben wir die Umrisse mit einem schwarzen Rollerball-Stift aufgezeichnet. Es empfiehlt sich jedoch, mit Bleistift zu arbeiten, um ungewollte Farbstreifen auf der Scheide zu vermeiden.

Zu beachten ist, dass wir für den Scheidenkörper sowohl für die Vorder- als auch für die Rückseite jeweils ein eigenes Blatt benötigen. Dazu zeichnen wir den Umriss des vorderen Blatts nochmal, jedoch spiegelverkehrt auf. Anschließend schneiden wir die einzelnen Bauteile mit dem Schustermesser aus. Dabei sollte ein Schneidbrett als Unterlage verwendet werden.

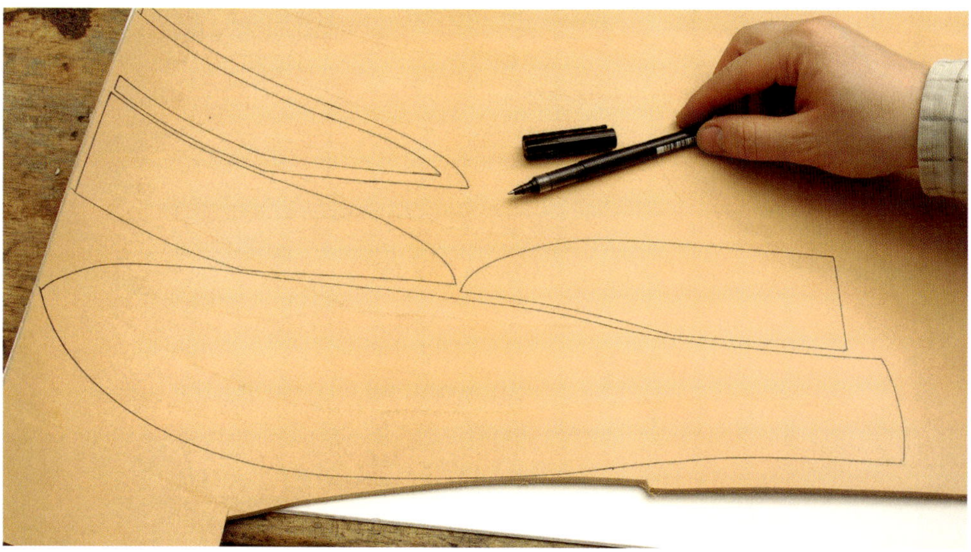

Zunächst zeichnen wir die Schnittmuster auf das Leder auf. Für das große Bowie-Messer haben wir Blankleder in einer Stärke von kräftigen 3,5-4,0 mm gewählt. Anschließend werden die Bauteile mit dem Schustermesser ausgeschnitten.

1.3.1 Herstellung des vorderen Blatts mit Punzierung

Wir beginnen mit der Herstellung des vorderen Blatts. Dazu nehmen wir das vorbereitete, ausgeschnittene Leder und das Schnittmuster des Keders zur Hand. Mit dem Nahtversenker, den wir auf etwa acht Millimeter Breite eingestellt haben, schneiden wir eine Ziernut entlang des Rands in die Oberseite des Leders. Sie wird später die Begrenzung unserer Punzierung werden.

Anschließend wird der Nahtversenker auf etwa fünf Millimeter Abstand eingestellt und eine zweite Nut gezogen. Sie wird später für die Naht benötigt. Wir haben beschlossen, die Vorderseite der Scheide mit einer Flechtpunzierung zu versehen. Dafür haben wir uns eine passende Flechtpunze ausgesucht, sowie eine Muschelpunze, mit der wir später den Übergang zu unserer Begrenzungsnut punzieren werden.

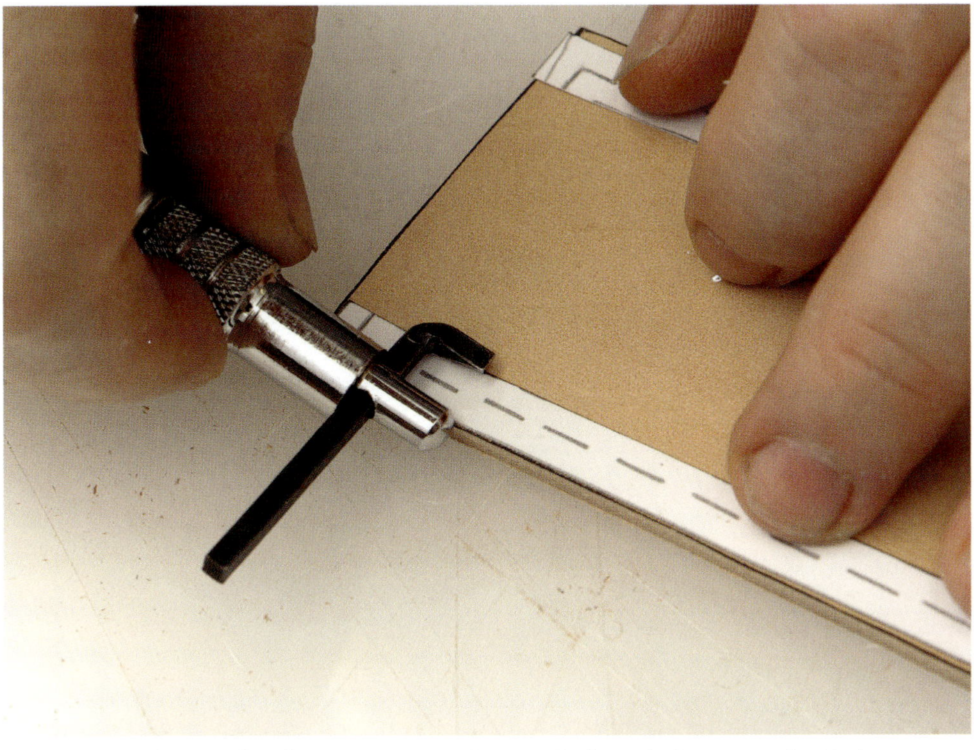

Das vordere Blatt wird vorbereitet. Dazu nehmen wir das Schnittmuster des Keders zur Hand und stellen den Nahtversenker auf die Breite des Keders ein.

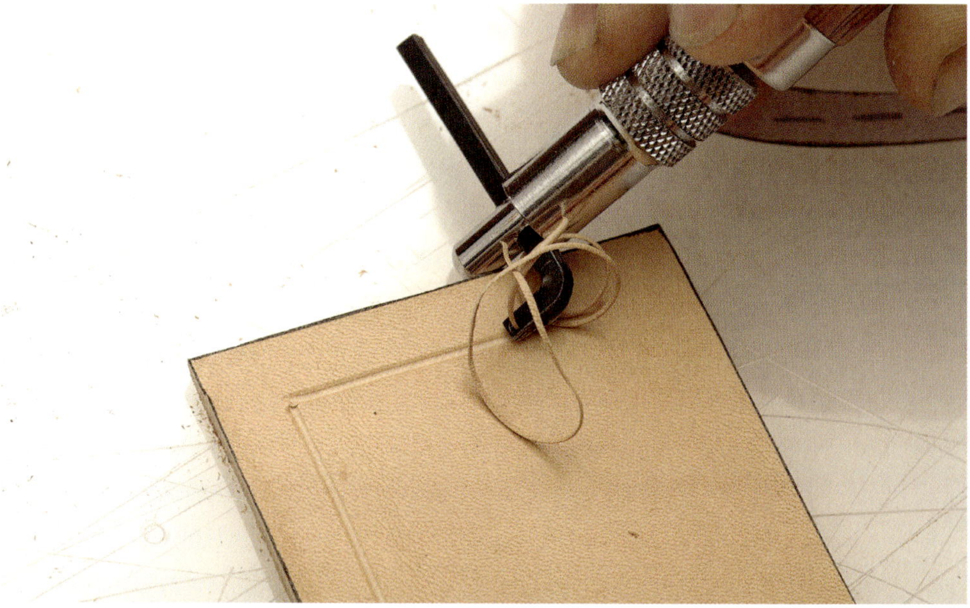

Mit dem so eingestellten Nahtversenker ziehen wir eine Nut auf der Außenseite des Leders, entlang der Kante.

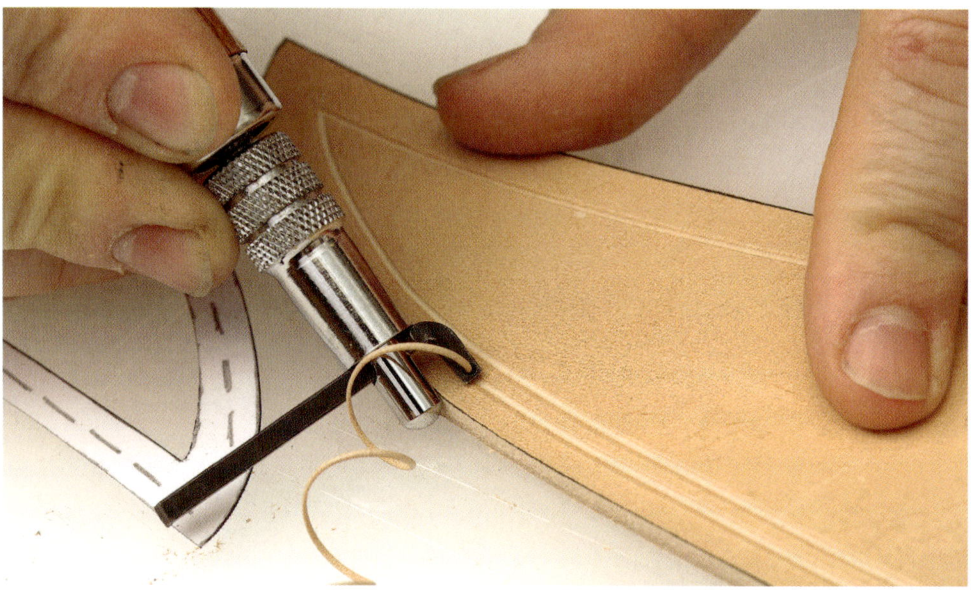

Nun stellen wir den Nahtversenker auf die Hälfte des zuvor gezogenen Nutabstands ein und ziehen parallel zur ersten Nut eine zweite. Auf dieser werden wir später unsere Naht setzen.

Die Lederoberfläche wird vorbereitet. Dazu feuchten wir sie gleichmäßig mit einem nassen Schwamm an. Zur Ausrichtung der Flechtpunzierung zeichnen wir eine Hilfslinie im Winkel von 45° zur Mittellinie der Scheide mit dem Hornwerkzeug auf das Leder. Nun setzen wir eine Punze an die andere, wobei wir uns an der Hilfslinie orientieren.

Wir benutzen dazu eine Steinunterlage und prägen die Punze mit Hilfe eines Rohhauthammers in das feuchte Leder. Ist kein Rohhauthammer zur Hand, kann auch ein Kunststoff- oder Holzhammer verwendet werden. Beim Punzieren des Flechtmusters wird überlappend gearbeitet. Das ergibt ein sehr gleichmäßiges Muster.

Wir haben uns dafür entschieden, die Vorderseite der Scheide mit einem Flechtmuster zu punzieren. Dafür haben wir eine Punze für die Flächen-Punzierung ausgesucht und eine weitere, mit der wir später den Rand verzieren werden.

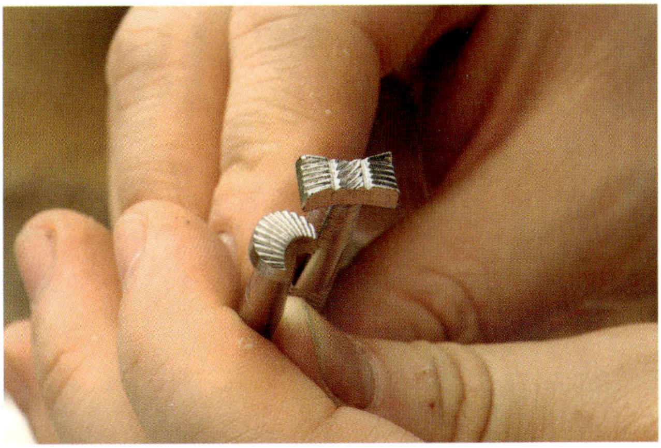

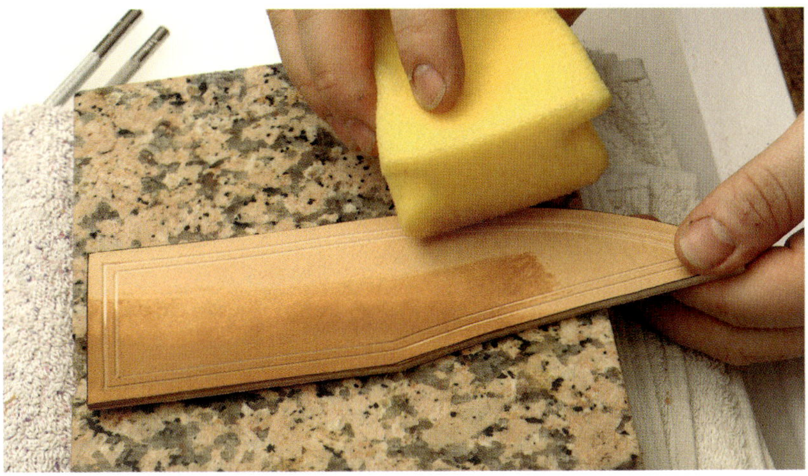

Mit dem Schwamm benetzen wir die Lederoberfläche mit Wasser. Dabei ist darauf zu achten, dass sie gleichmäßig angefeuchtet wird.

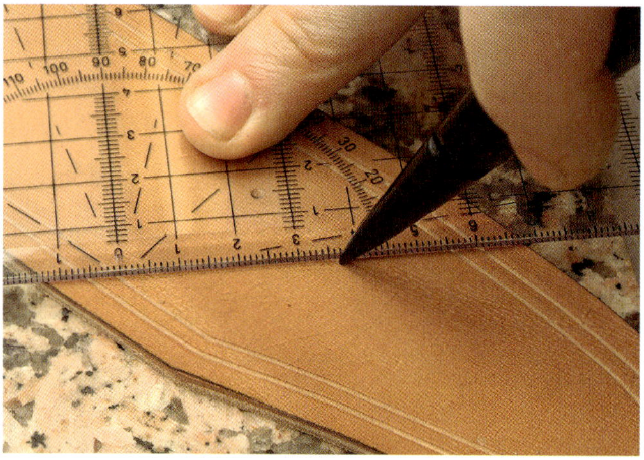

Mit dem Geodreieck zeichnen wir eine Hilfslinie ein, an der wir später die Flechtmuster-Punzierung ausrichten. Dazu wählen wir einen Winkel von etwa 45° und drücken die Hilfslinie leicht mit unserem Hornwerkzeug in die Oberfläche des Leders ein.

Entlang der Hilfslinie richten wir die Flechtpunze aus und schlagen diese mit dem Hammer ins Leder ein. Nun können wir die Flechtpunze an den bereits ins Leder eingeschlagenen Mustern ausrichten.

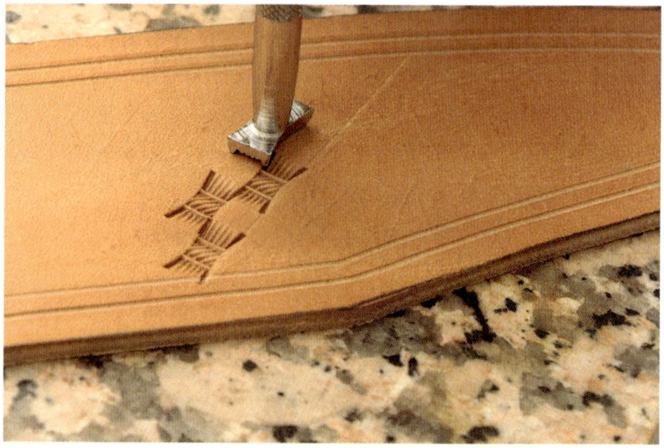

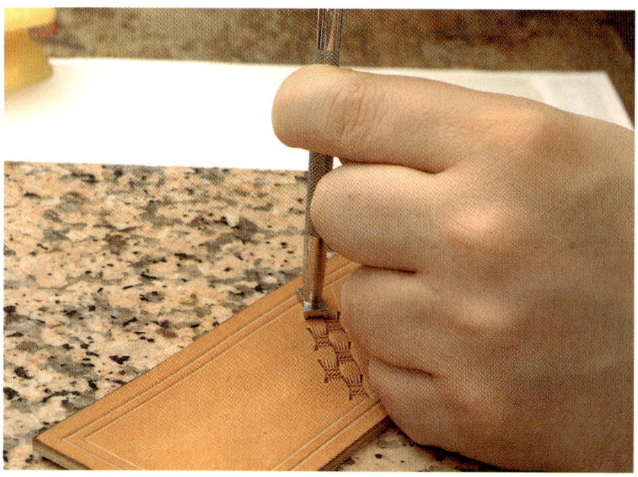

Beim Einschlagen der Punzen in das noch feuchte Leder muss man darauf achten, dass die Punze immer senkrecht eingeschlagen wird, um einen sauberen Abdruck und ein gleichmäßiges Muster zu erzeugen.

Die gesamte Innenfläche wird punziert. Dabei sollte nicht über die Begrenzungsnut hinaus punziert werden. Um nicht über die Nut hinaus zu kommen, kann die Punze auch leicht schräg gehalten werden, dabei sollte man jedoch sehr behutsam arbeiten. Am einfachsten ist das Punzieren großer Flächen von der Hilfslinie aus. Erst wird eine Hälfte bearbeitet und anschließend die zweite.

Wird das Leder zwischendurch zu trocken, feuchtet man es mit dem Schwamm nochmals an. Auch nachdem das Flechtmuster punziert ist, feuchten wir die Lederoberfläche ein weiteres Mal an. Wir beginnen damit, die Muschelpunzen an den drei Ecken einzuprägen. Je nach Geschmack kann direkt in die Ecke noch eine kleine Kreispunze gesetzt werden. Nun wird entlang der Begrenzungslinie, die Eckpunkte verbindend, Muschelpunze an Muschelpunze gesetzt, was einen eleganten Rahmeneffekt erzeugt.

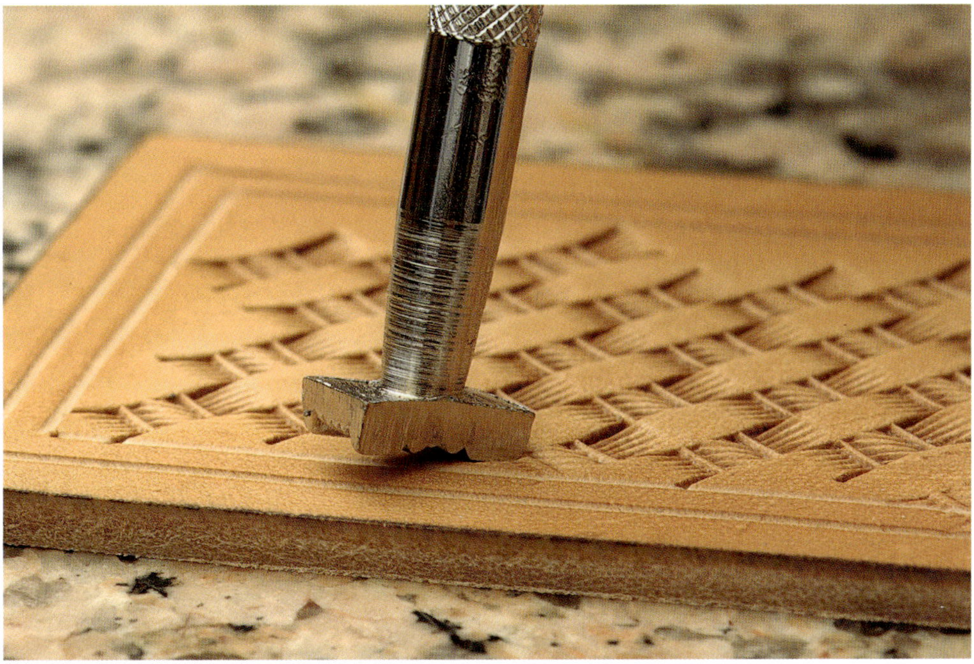

An den Kanten kann es hilfreich sein, die Punze etwas schräg zu halten, damit das Muster nicht über die vorher eingeschnittene Nut hinaus geht. Dabei muss man den Hammer mit Gefühl führen, um nicht durch die geringere Auflagefläche das Muster zu tief ins Leder einzuschlagen.

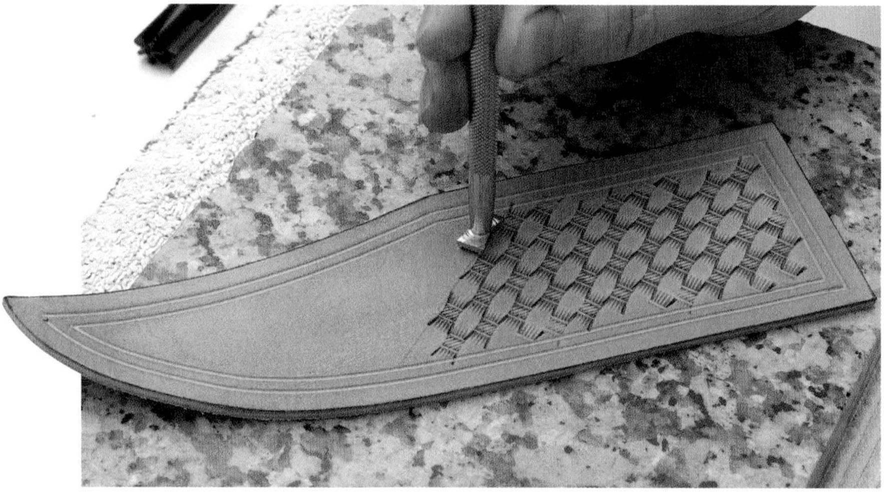

So wird Punze an Punze gesetzt und die Scheide mit einem gleichmäßigen Muster verziert.

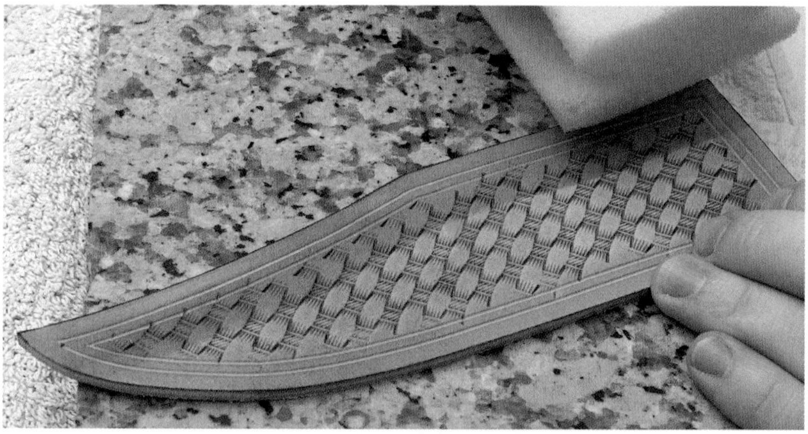

Es ist hilfreich, das Leder von Zeit zu Zeit wieder anzufeuchten, damit es gleichmäßig bearbeitet werden kann.

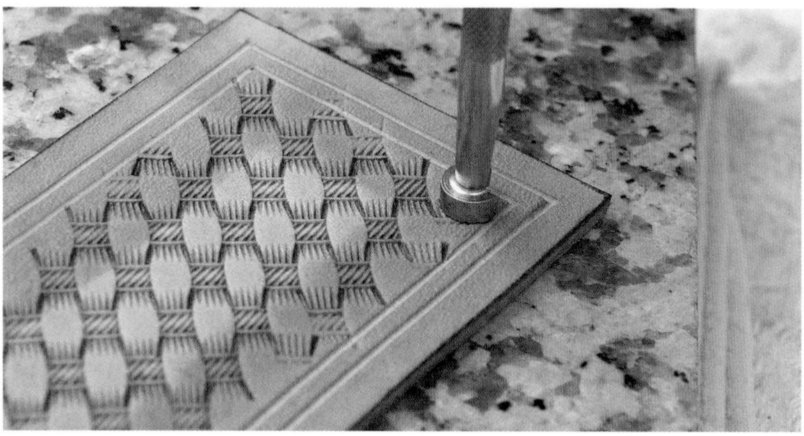

Nun bearbeiten wir den Rand der Punzierung, wofür die Muschel-Punze zum Einsatz kommt. Dabei beginnen wir in den Ecken.

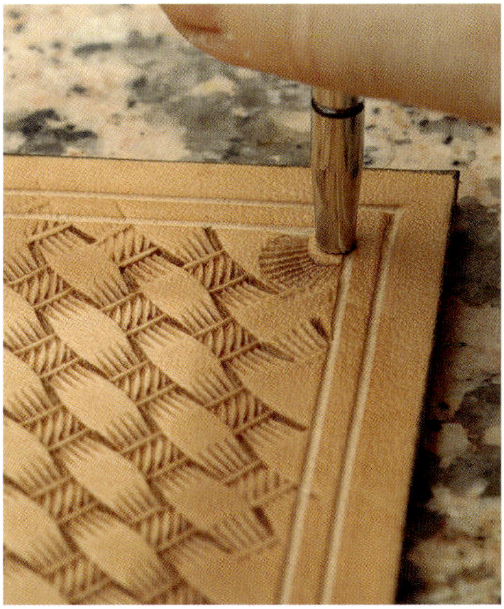

Direkt in die Ecke setzen wir eine kleine Kreis-Punze.

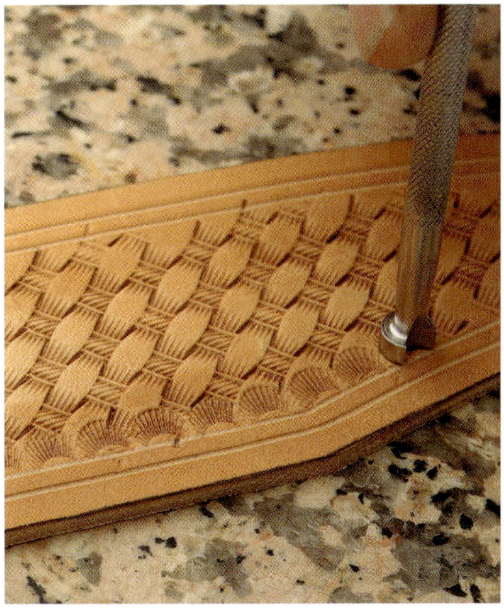

Wir setzen die Muschel-Punze mit gleichmäßigen Abständen entlang der Nut.

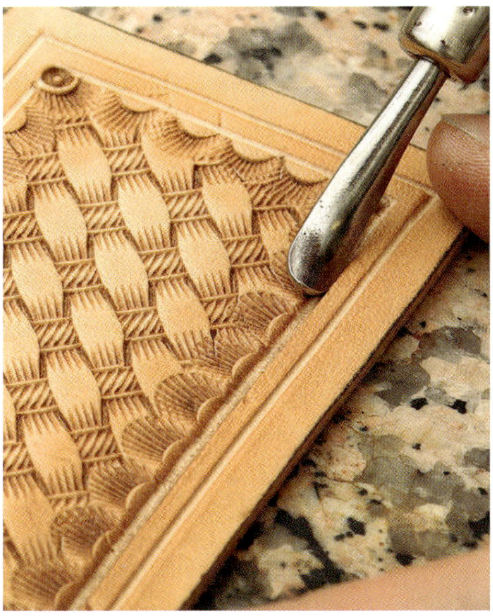

Mit dem Modellierwerkzeug arbeiten wir die Nut so aus, dass wir sie zuerst in Richtung der Punzierung abrunden.

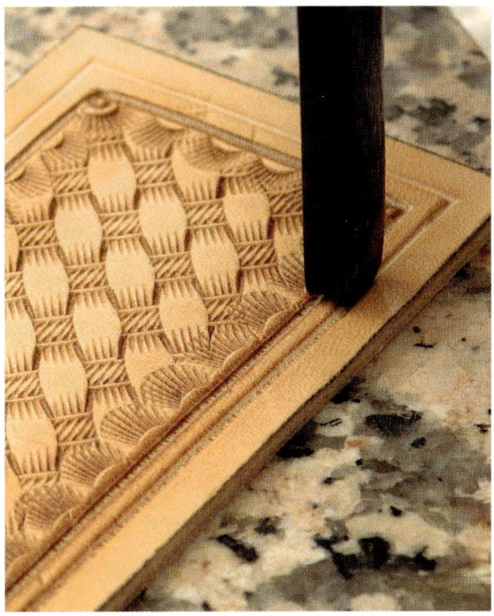

Jetzt kommt unser selbst gebautes Hornwerkzeug zum Einsatz, das wir passend zum Runden der Ziernuten vorbereitet haben.

Um einen schöneren Übergang an den Nuten zu erhalten, wird die Nut zur Punzierung hin mit dem Modellierwerkzeug gerundet. Anschließend benutzen wir unser selbstgebautes Hornwerkzeug, um den Zwischenraum der beiden Nuten zu runden. Die Ecken arbeiten wir mit der Spitze des Hornwerkzeugs nach. Unser vorderes Blatt ist dann für die Weiterbearbeitung fertig.

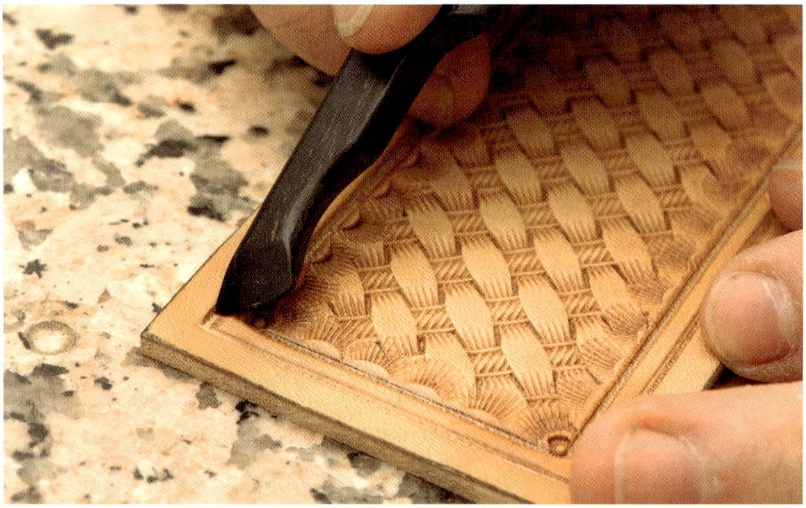

Die Kanten arbeiten wir vorsichtig mit der spitz angeschliffenen Seite des Werkzeugs aus.

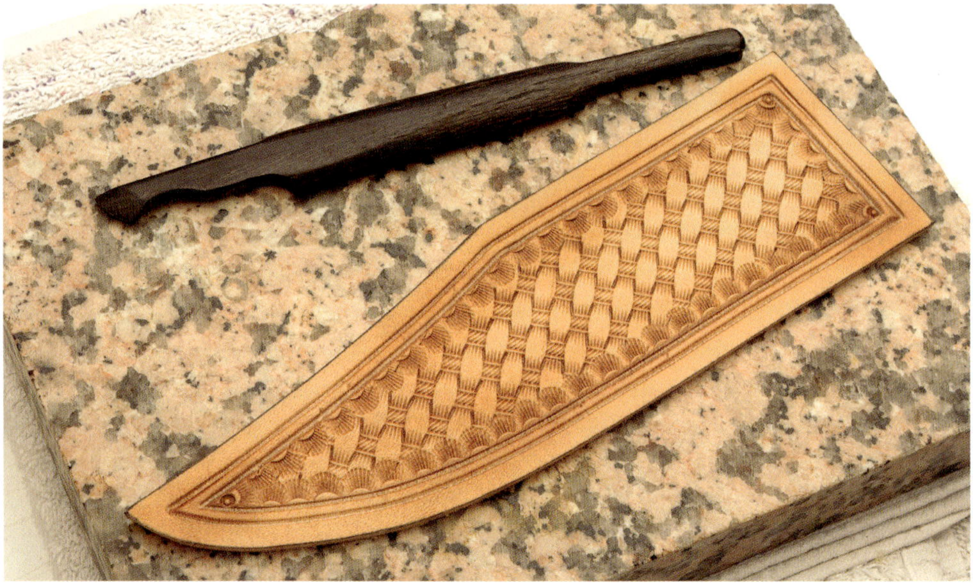

Fertig ist die Punzierung für die Vorderseite unserer Scheide.

1.3.2 Einpassen des Keders

Zum Anfertigen des Keders messen wir zunächst die Klingenstärke aus. Die Klinge ist am Ansatz fünf Millimeter stark und verjüngt sich dann zur Spitze hin auf weniger als einen Millimeter. Wir müssen den Keder, den wir aus 3,5 Millimeter starkem Leder ausgeschnitten haben, noch ein wenig verstärken. Dazu legen wir die Klinge in den Keder und zeichnen den Verlauf der Klingenstärke an.

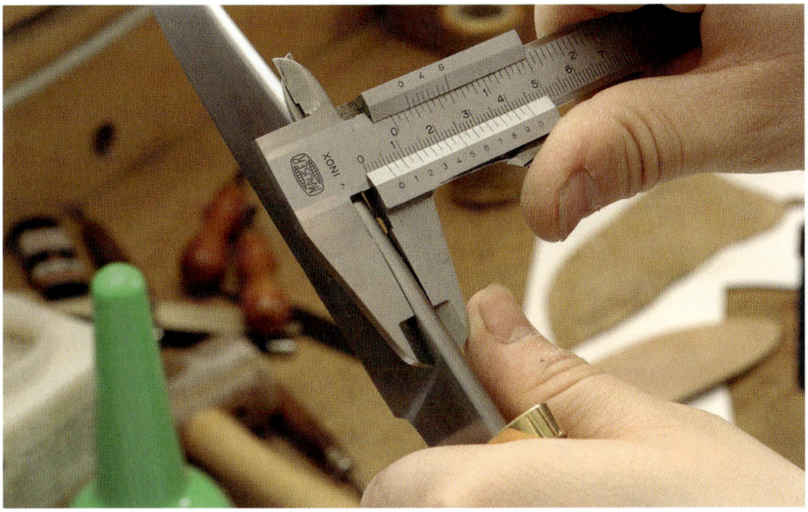

Für die Vorbereitung des Keders messen wir zunächst die Stärke der Messerklinge aus.

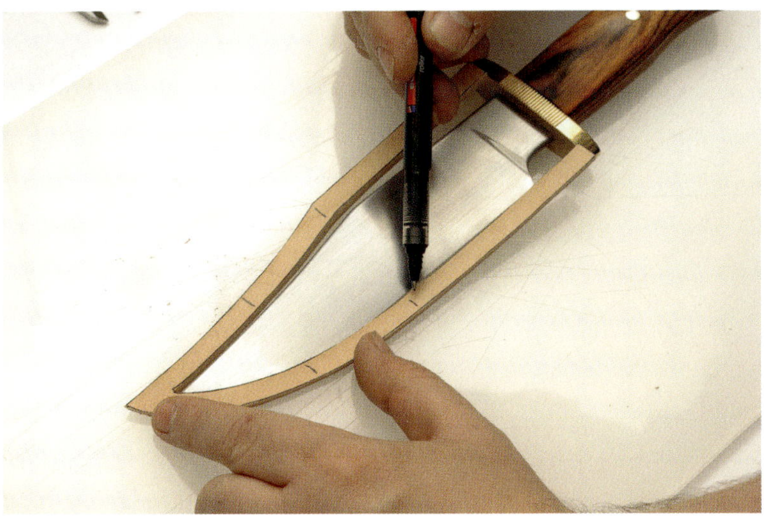

Da die Klinge etwa fünf Millimeter stark ist und sich zur Spitze verjüngt, müssen wir den bereits ausgeschnittenen Keder aus 3,5-4,0 mm dickem Blankleder noch ein wenig verstärken.

Wir nehmen Blankleder in 1,5 Millimeter Stärke aus der Restekiste. Für solche Arbeiten eigenen sich oft Lederstücke, die bei vorangegangen Arbeiten oder beim Zuschnitt der Bauteile übrig geblieben sind. Ist das Leder zu stark, kann es passend mit dem Schustermesser ausgedünnt oder am Bandschleifer flacher geschliffen werden.

Die beiden Lederstreifen werden mit Kontaktkleber aufgeklebt. Anschließend wird der Übergang zur Klingenspitze hin passend zur Klingenstärke ausgeschärft. Dabei schärfen wir das Leder zur Klingenspitze hin nicht extra aus, sondern behalten die Stärke von 3,5 Millimetern bei.

Nun nehmen wir das vordere und hintere Blatt zur Hand, legen die Klinge mittig auf und zeichnen den Klingenumriss auf die Fleischseite des Leders. Den so vorbereiteten Keder kleben wir mit Kontaktkleber auf die Fleischseite des vorderen Blatts. Passform und Ausrichtung des Keders werden durch Einlegen der Klinge nochmals kontrolliert. Die Klinge soll satt und spielfrei am Keder anliegen. Spannt der Keder zu stark, muss er nochmal nachgearbeitet werden.

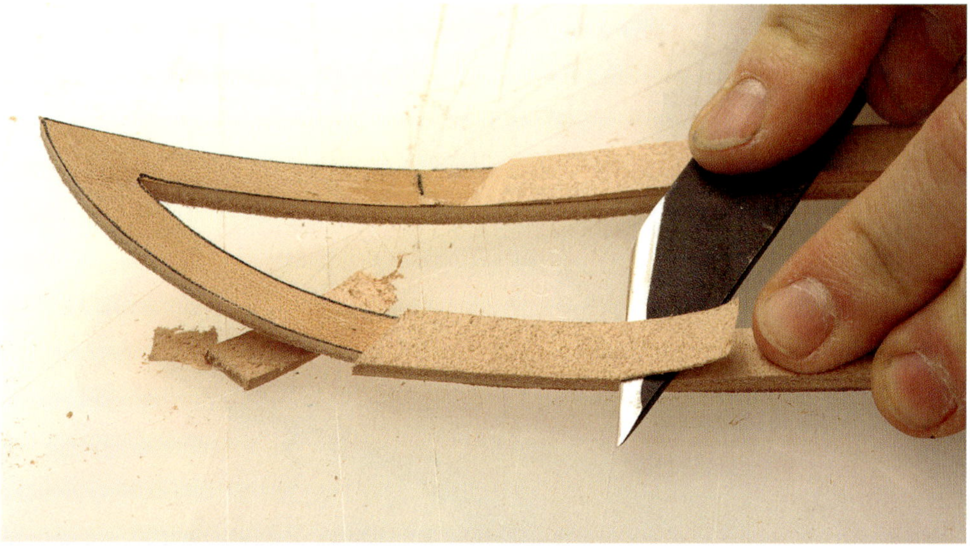

Zur Verstärkung kleben wir an den zu verstärkenden Stellen Blankleder auf und schärfen die Übergänge zur Klingenspitze hin mit dem Schustermesser aus.

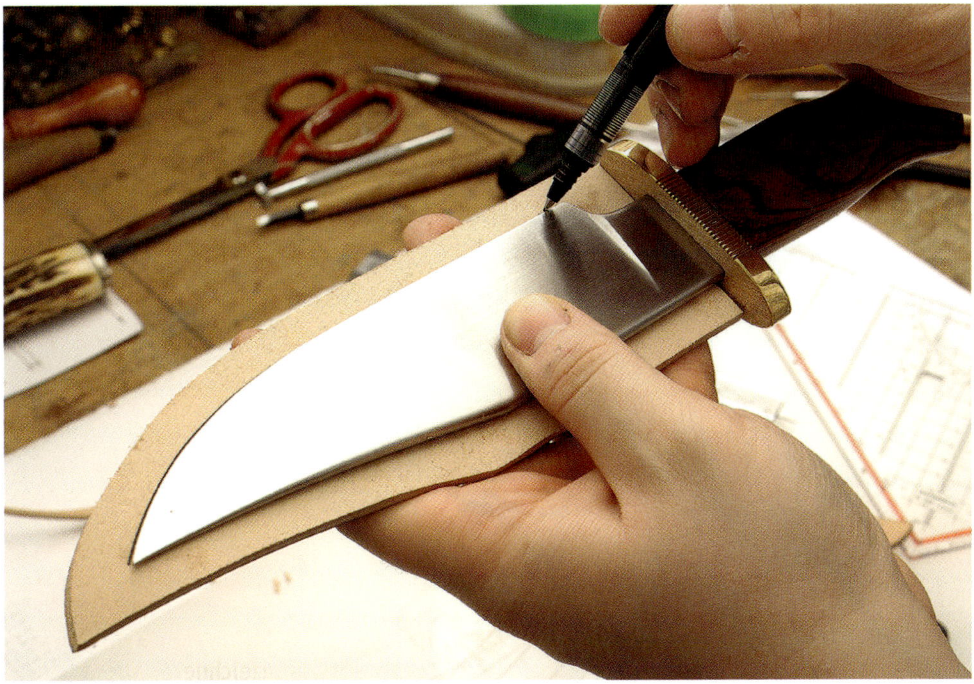

Nun übertragen wir den Umriss der Klinge auf die Rückseite des vorderen Blatts sowie auf die Rückseite des hinteren Blatts.

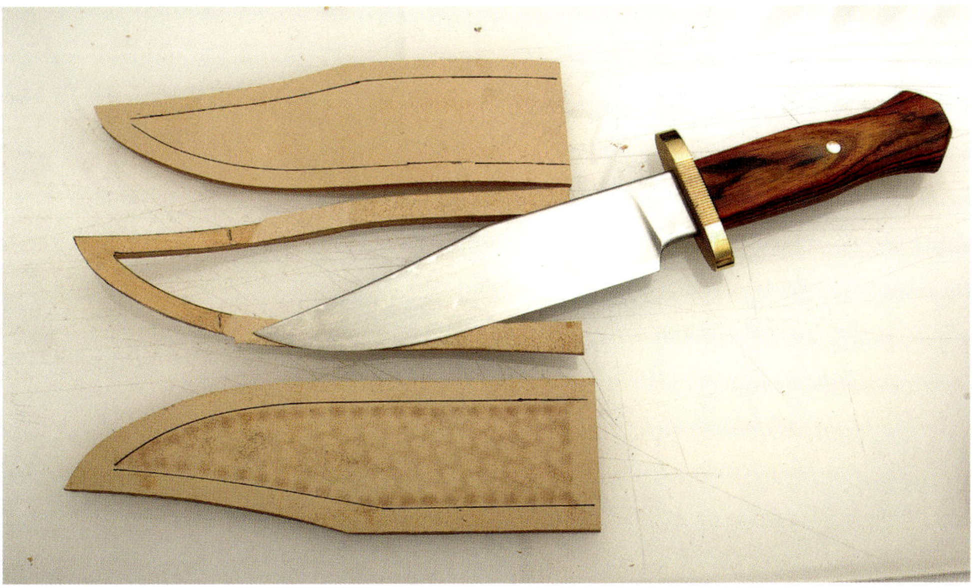

Unsere vorbereiteten Bauteile in der Übersicht.

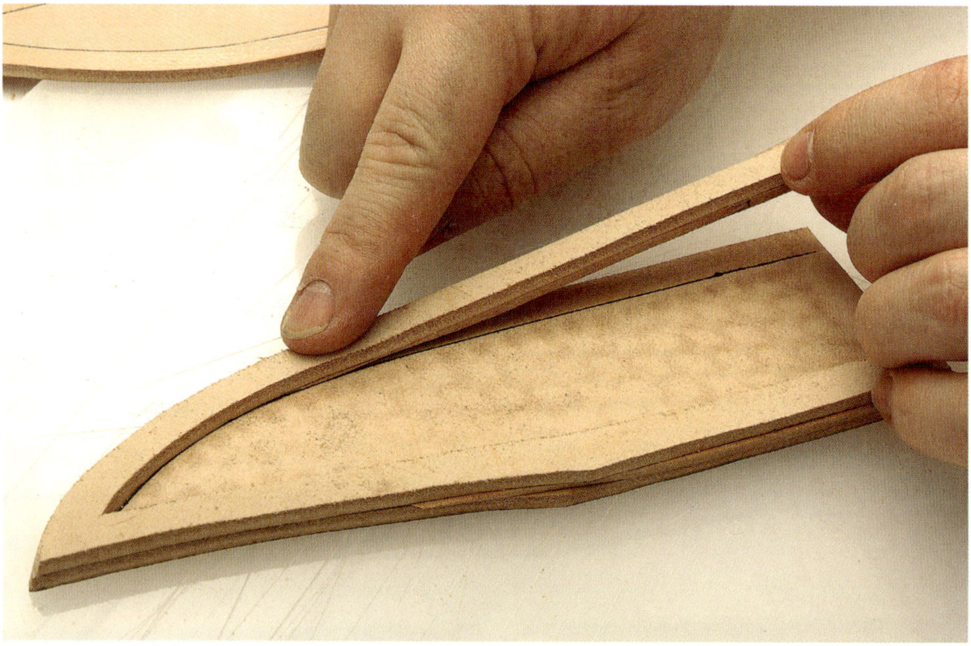

Wir kleben den Keder mit Kontaktkleber entlang der vorher aufgezeichneten Umrisslinie der Klinge auf das vordere Blatt.

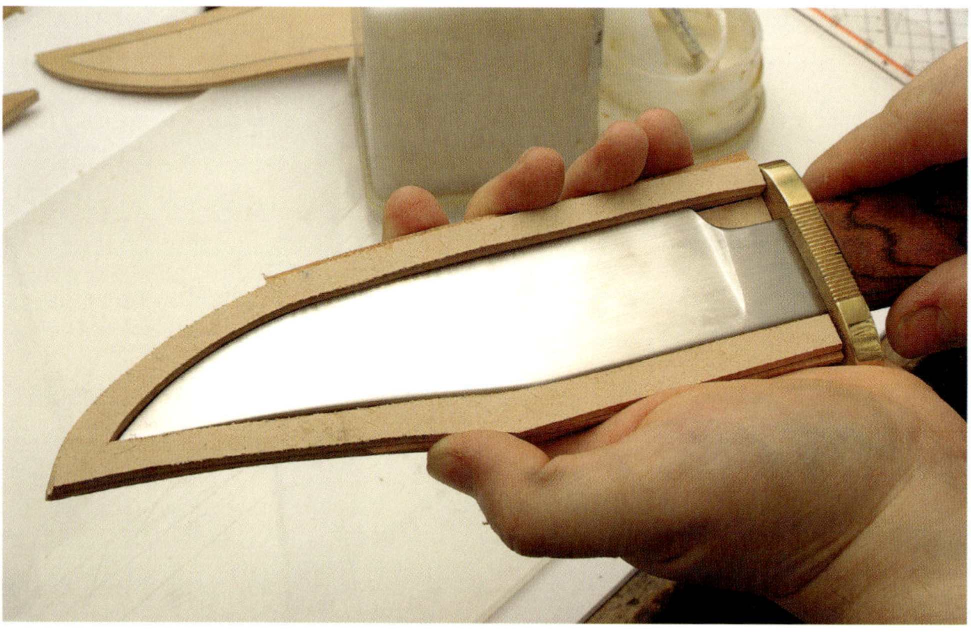

Der Sitz der Klinge wird nochmals kontrolliert.

1.3.3 Verkleben und Versäubern des Scheidenkörpers

Jetzt streichen wir den Keder und die Fleischseite des hinteren Blatts mit Kontaktkleber ein und fügen diese nach dem Ablüften zusammen. Liegen die Bauteile passgenau übereinander, drücken wir sie mit den Fingern zusammen und klopfen sie zusätzlich mit dem Schusterhammer auf einer festen Unterlage zusammen.

Die Außenkante der Scheide schleifen wir mit dem Bandschleifer bündig. Dabei sollte man immer auf frische, scharfe Schleifbänder und eine langsame Schleifgeschwindigkeit achten. Die Schnittkanten brechen wir an der gesamten Scheide mit dem Kantenschneider der Größe 4. Den Scheideneingang versäubern wir mit dem Kantenschneider der Größe 3. An unzugänglichen Stellen arbeiten wir freihand mit dem Schustermesser nach, damit alle Kanten gebrochen sind und keine groben Lederfasern mehr abstehen. Danach werden die Schnittkanten mit dem Schwamm gleichmäßig angefeuchtet. Mit unserem Hornwerkzeug runden wir die Schnittkanten, glätten sie und bringen sie zum Glänzen.

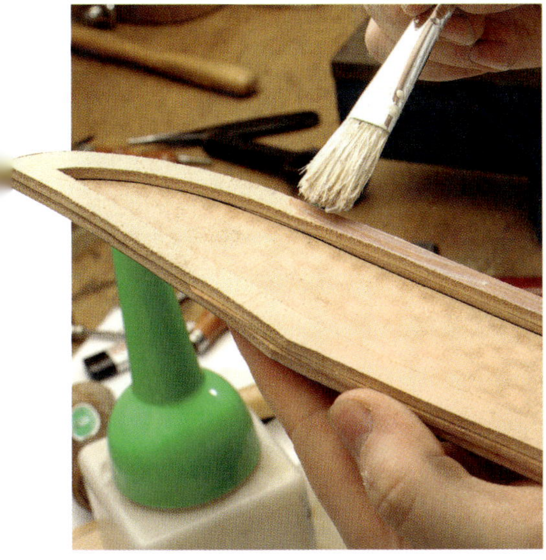

Der Keder und das hintere Blatt werden entlang der Markierungen mit Kontaktkleber eingestrichen.

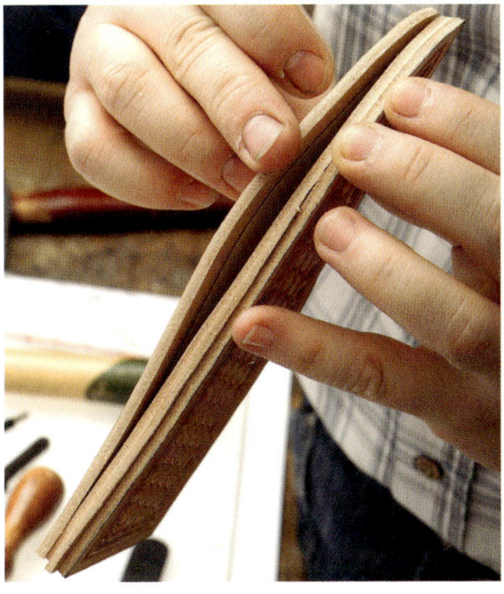

Anschließend werden die Bauteile des Scheidenkörpers passgenau zusammengeklebt.

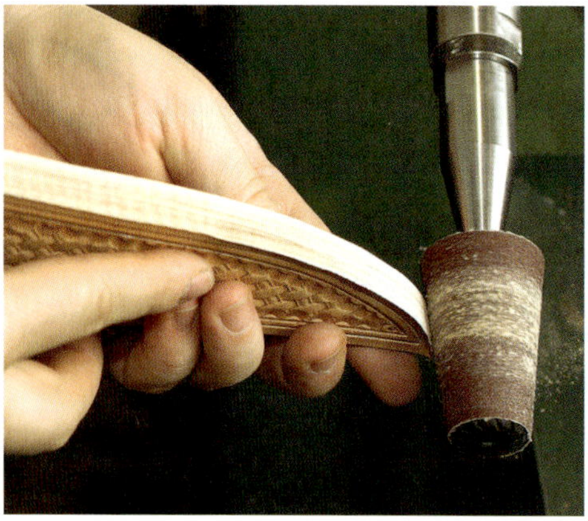

Mit Hilfe einer Schleifmaschine schleifen wir den Keder mit den anderen Bauteilen der Scheide bündig.

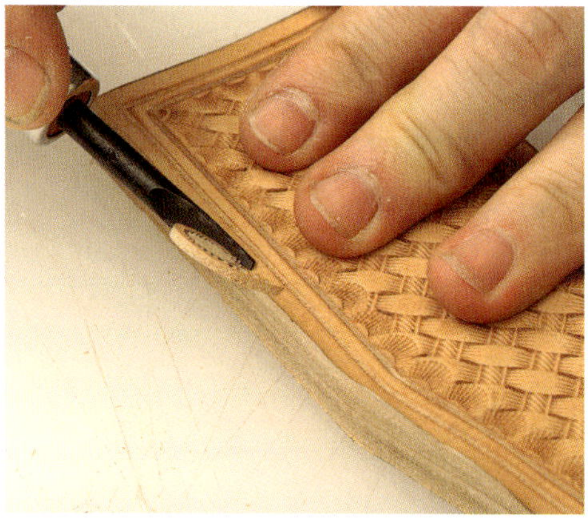

Die Kanten werden mit dem Kantenschneider der Größe 4 gleichmäßig gebrochen.

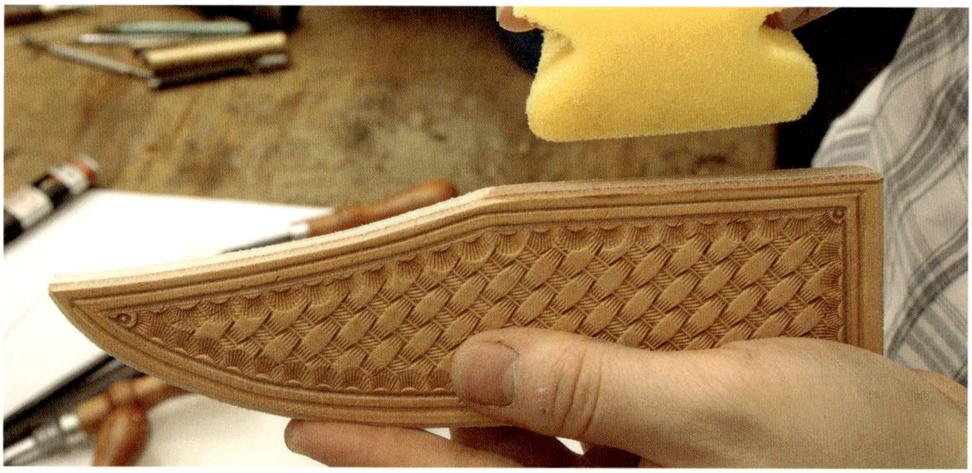

Mit dem Schwamm feuchten wir die frisch geschliffenen Schnittkanten gleichmäßig an.

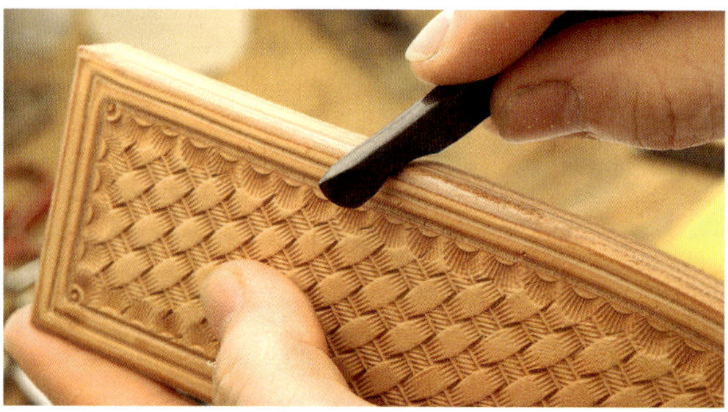

Wir glätten die Kanten mit unserem Hornwerkzeug, bis sie glänzen, und runden sie gleichmäßig ab.

1.3.4 Anpassen des Mexican Loops

Im nächsten Arbeitsgang wollen wir den Mexican Loop anpassen. Dazu drehen wir das ausgeschnittene Leder mit der Fleischseite nach oben, nehmen unser Schnittmuster zur Hand und übertragen die Markierung der Oberkante des Scheidenkörpers auf das Leder.

Der Bereich, an dem der Loop später mit dem Scheidenkörper verbunden werden soll, wird mit dem Schustermesser auf etwa einen Millimeter ausgeschärft. So gibt es später keinen zu schroffen Übergang zwischen den einzelnen Bauteilen.

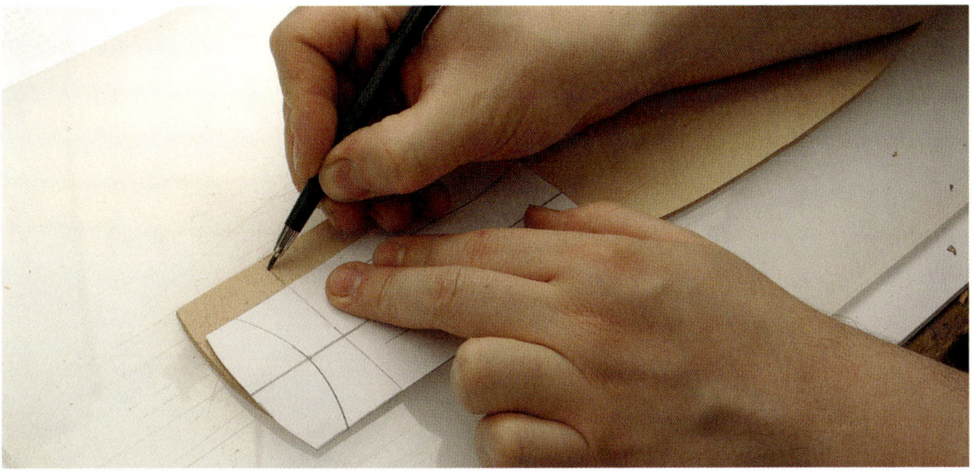

Wir beginnen damit, die Linie, an der sich der Loop mit der Scheide überlappt, von unserer Schablone auf die Fleischseite des Loops zu übertragen.

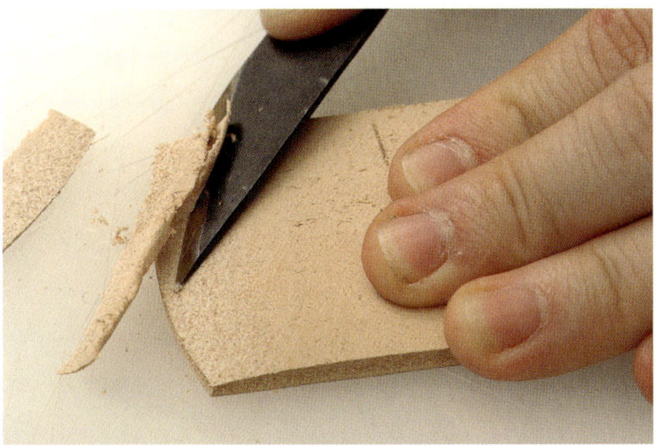

Mit dem Schustermesser wird der Übergang sauber bis auf etwa einen Millimeter Lederstärke ausgeschärft.

Nach dem Ausschärfen drehen wir den Loop um und ziehen eine Ziernut im Abstand von etwa vier Millimetern am ausgeschärften Ende des Loops. Die Schnittkante wird mit dem Kantenschneider der Größe 2 gebrochen und gleichmäßig angefeuchtet. Mit unserem Hornwerkzeug runden wir die Kante gleichmäßig ab und bringen sie auf Glanz. Den dabei auf der Fleischseite entstehenden Wulst schärfen wir vorsichtig mit dem Schustermesser aus.

Der Loop wird auf die Narbenseite gedreht und mit dem Nahtversenker eine Ziernut im Abstand von vier Millimetern gezogen.

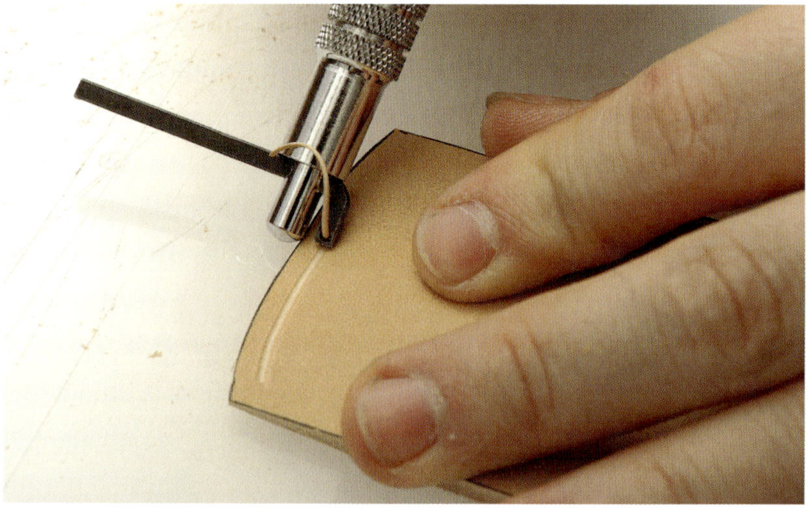

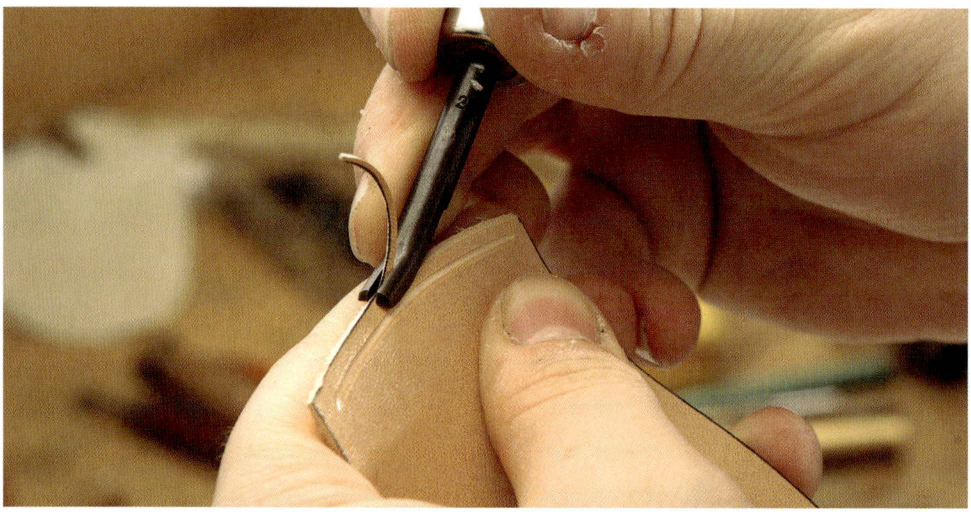

Mit dem Kantenschneider der Größe 2 brechen wir die Kante auf der Narbenseite des Leders.

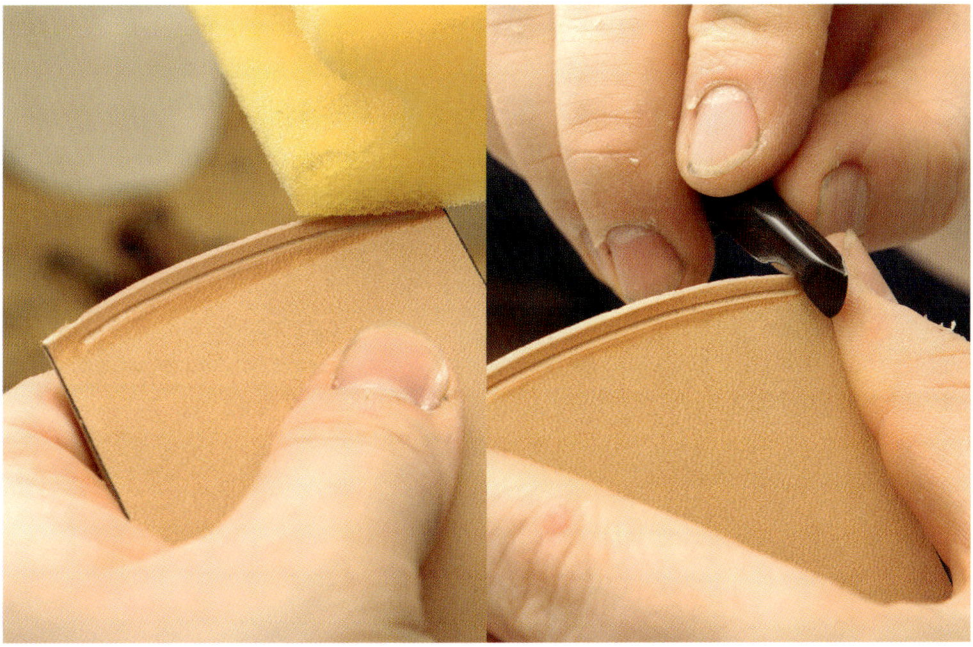

Die Kante wird angefeuchtet und mit dem Hornwerkzeug geglättet.

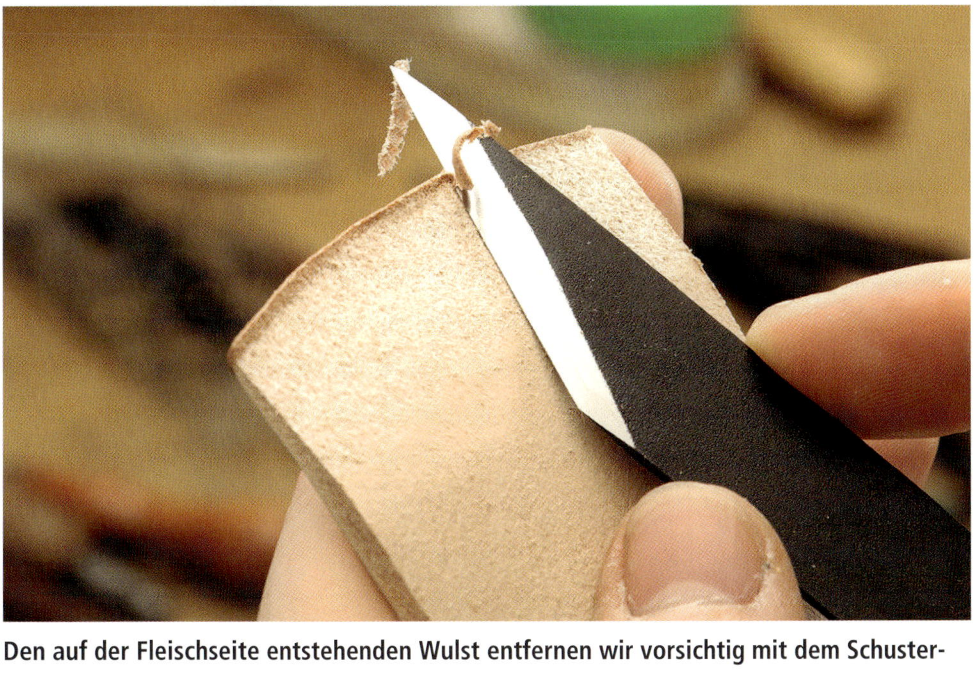

Den auf der Fleischseite entstehenden Wulst entfernen wir vorsichtig mit dem Schustermesser.

Nun geht es an den schwierigen Teil: das Anpassen der Schlaufe am Loop, die später den Scheidenkörper aufnehmen soll. Dazu nehmen wir den bereits vorbereiteten Scheidenkörper zur Hand und messen den Umfang an der Stelle, an der später die Schlaufe sitzen wird. Unser Scheidenkörper hat hier einen Umfang von 13,5 Zentimetern.

Wir nehmen das Schnittmuster des Loops zur Hand und berechnen die Breite der Schlaufe. Dazu teilen wir den Umfang der Scheide durch zwei und geben zwei bis drei Millimeter Aufmaß hinzu, damit der Scheidenkörper später leichter ein- und ausgefädelt werden kann. Die errechneten sieben Zentimeter für die Schlaufe werden mittig in das Schnittmuster eingezeichnet.

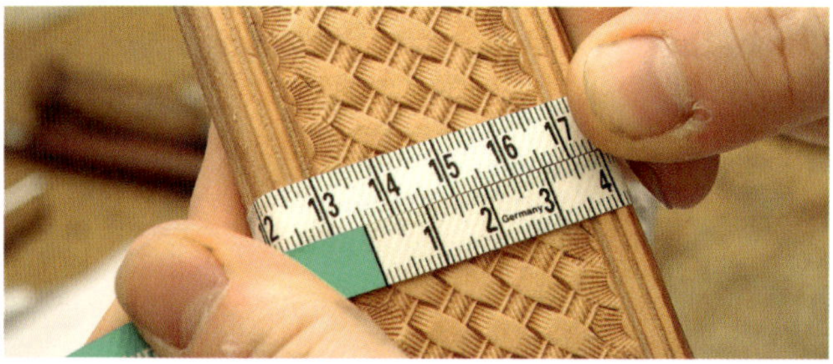

Zur Anpassung der Schlaufe, die später die Scheide aufnehmen soll, messen wir zunächst den Umfang der bereits vorbereiteten Scheide.

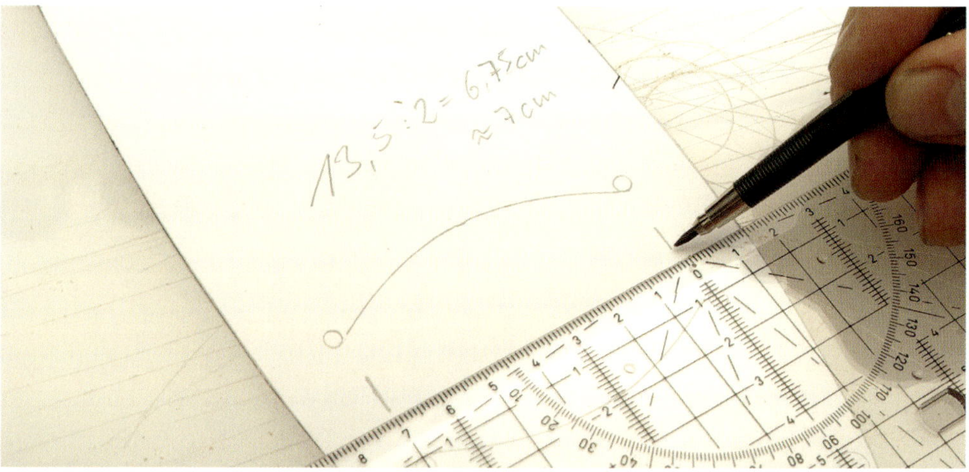

Den gemessenen Umfang von 13,5 cm teilen wir durch zwei und geben eine kleine Zugabe, damit sich die Scheide später einfacher ein- und ausfädeln lässt. Das so ermittelte Maß zeichnen wir symmetrisch in die vorbereitete Schablone ein, dort wo später die Schlaufe verlaufen soll.

Unsere vorläufigen Markierungen, die wir beim Erstellen der Schnittmuster eingezeichnet hatten, passen mit unseren ermittelten Maßen überein. Das ist nicht immer so, da die Klingenstärke und damit auch die benötigte Kederstärke sowie die verarbeitete Lederstärke für das vordere und hintere Blatt von Projekt zu Projekt anders sein können. Deshalb sollte dieser Schritt in der Anfertigung der Scheide keinesfalls ausgelassen werden.

Die so ermittelte Schlaufenbreite wird an den vier Eckpunkten markiert und mit der Ahle durch das Kartonpapier gestochen. Anschließend wird der obere und untere Verlauf der Schlaufe mit dem Schustermesser ausgeschnitten. Das Schnittmuster wird auf die Oberseite des Leders gelegt und der obere und untere Verlauf der Schlaufe, sowie die vier Eckpunkte übertragen.

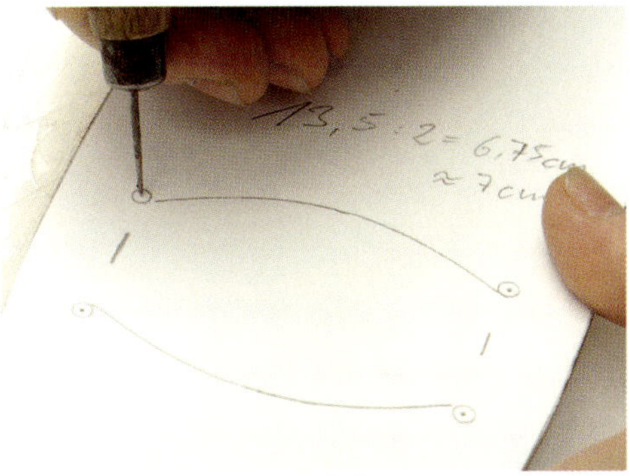

Mit der Ahle werden die Eckpunkte der Schlaufe durchstochen.

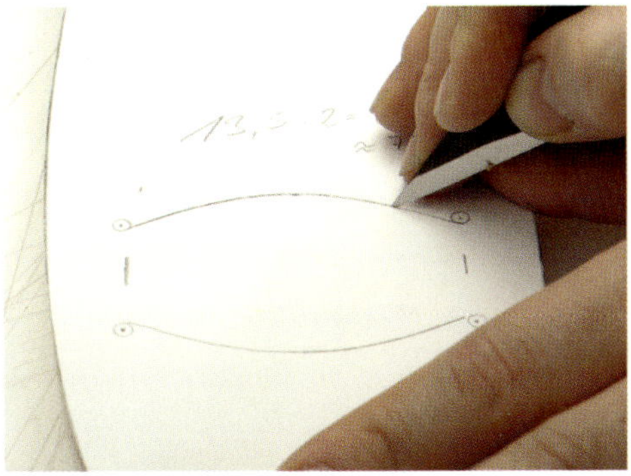

Der ovale Umriss der Schlaufe wird mit dem Schustermesser ausgeschnitten.

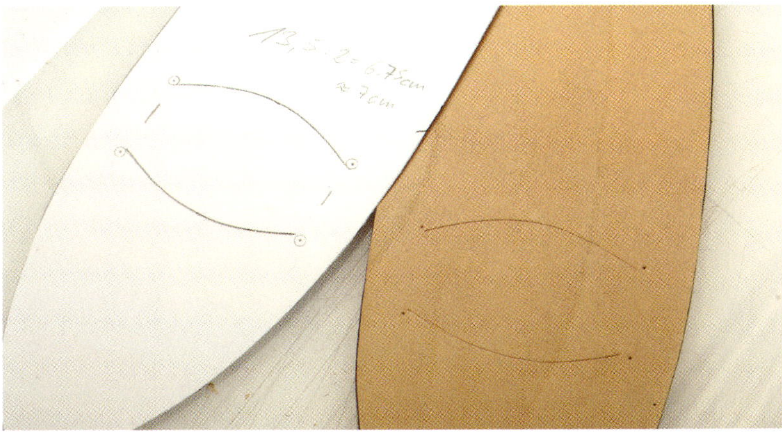

Die Schablone wird auf unseren vorbereiteten Mexican Loop gelegt und die Eckpunkte mit der Ahle sowie der Verlauf der Schlaufe markiert.

Mit der 5-Millimeter-Lochpfeife werden die vier Eckpunkte ausgestanzt. Den Verlauf der Schlaufe schneiden wir vorsichtig mit dem Schustermesser aus. Dabei beginnen wir jeweils an den Ecklöchern, schneiden bis etwas über die Mitte und schneiden dann den Rest vom gegenüberliegenden Loch aus. Dadurch vermeidet man es, unbeabsichtigt in den Randbereich des Loops zu schneiden.

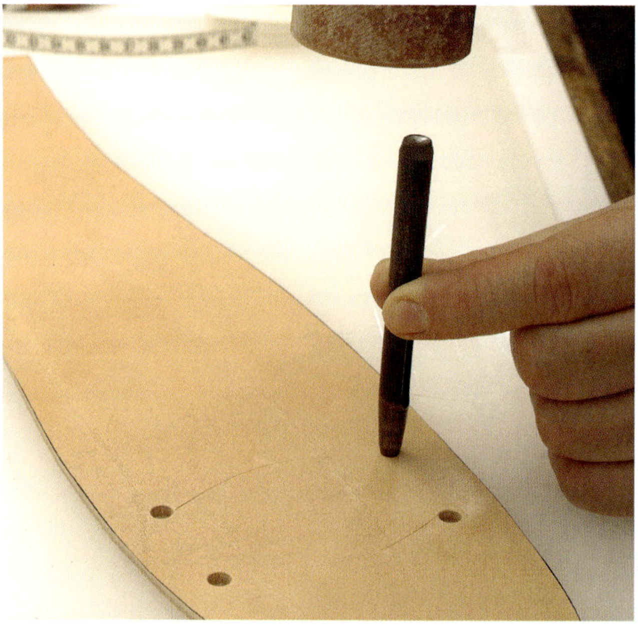

Mit einer 5-Millimeter-Lochpfeife schlagen wir die angezeichneten Ecklöcher heraus.

Nun schneiden wir mit dem Schustermesser die ovale Schlaufe aus.

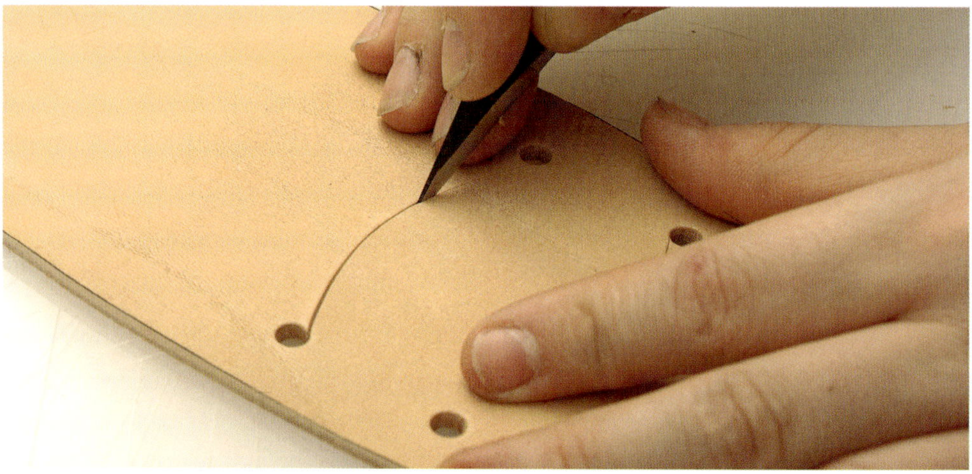

Beim Ausschneiden der Schlaufe muss unbedingt auf die Schnittführung geachtet werden. Sie sollte stets senkrecht, also im Winkel von 90° zur Lederoberfläche sein. An den ausgestanzten Eckpunkten schneiden wir jeweils einen kleinen Keil aus dem Leder. Das wirkt später optisch schöner. Anschließend werden die Schnittkanten auf Vorder- und Rückseite mit dem Kantenschneider der Größe 3 gebrochen.

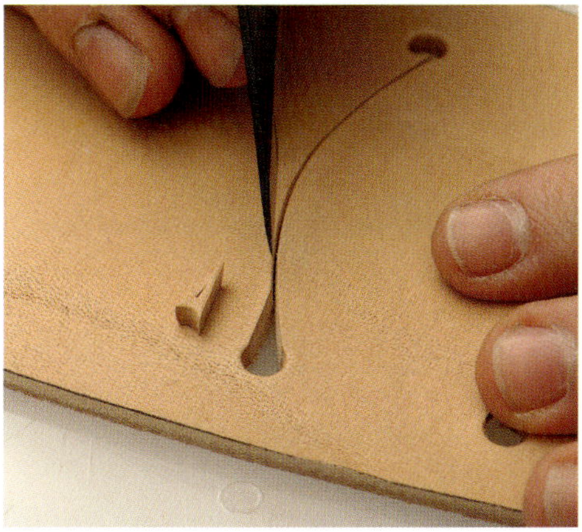

An den zuvor eingeschlagenen Ecklöchern schneiden wir jeweils einen kleinen Keil aus.

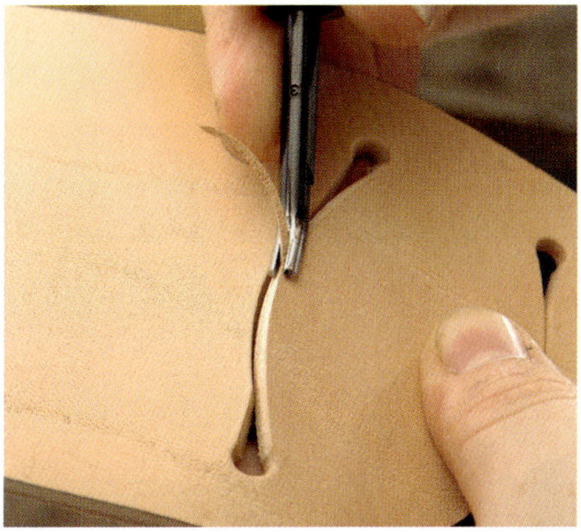

Die so entstandenen Schnittkanten werden mit dem Kantenschneider der Größe 3 gebrochen.

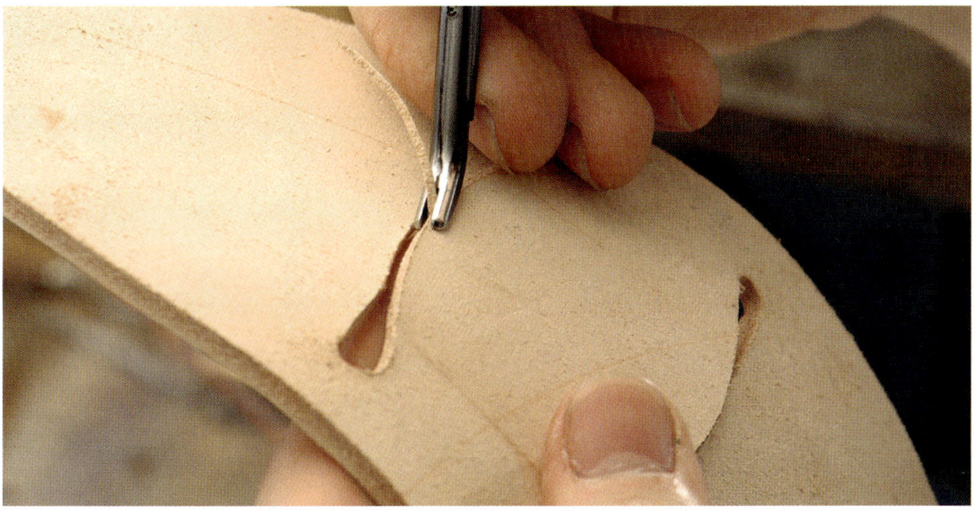

Auch die Kanten auf der Rückseite des Mexican Loops werden sauber gebrochen.

Nun kommen wir zu der ovalen Verzierung auf der Schlaufenmitte, in die später das Monogramm geprägt wird. Dazu schneiden wir die Schlaufe, die vier Eckpunkte verbindend, mit der Schere aus. An einem der vier Eckpunkte setzen wir das Kurvenlineal an und zeichnen einen feinen Schwung ein, der die Linie der Schlaufe aufnimmt und bis zur Mitte der Schlaufe an der Schablonenaußenkante fortführt.

Unsere Schlaufe falten wir zunächst mittig und dann noch einmal, so dass wir ein Viertel erhalten. Auf diese Weise können wir eine symmetrische Schablone in ovaler Form herstellen. Dazu schneiden wir zunächst den aufgezeichneten Schwung an allen vier Eckpunkten gleichzeitig ab. Da die Umrandung der Monogramme etwas kleiner sein sollte als die Schlaufe selbst, reduzieren wir die Größe um vier Millimeter, indem wir gleichmäßig einen Rand von vier Millimetern anzeichnen und diesen mit der Schere zurechtschneiden.

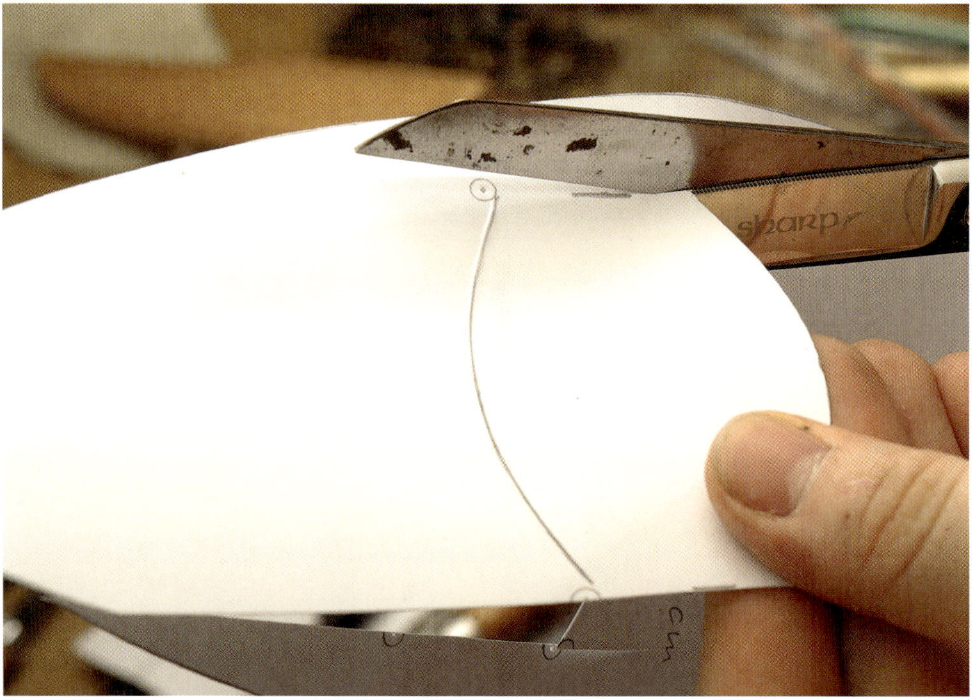

Wir nehmen die Papierschablone zur Hand und schneiden die Schlaufe aus.

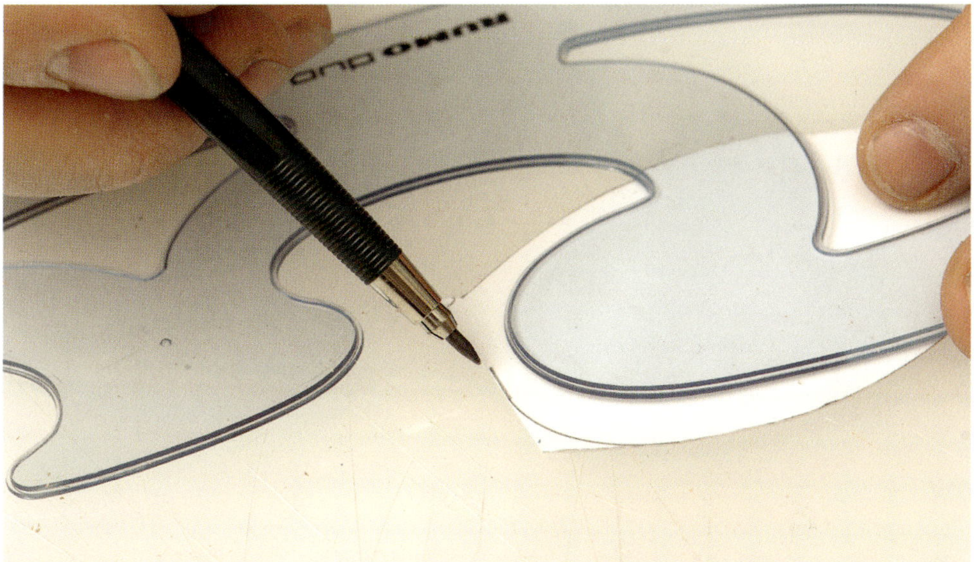

Um später ein perfektes Oval zu erhalten, zeichnen wir die Übergänge rechts und links an der Schablone ein.

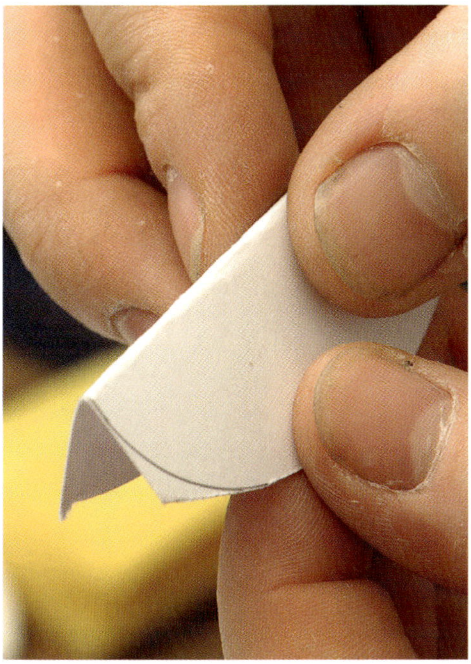

Die Schablone wird längs gefaltet.

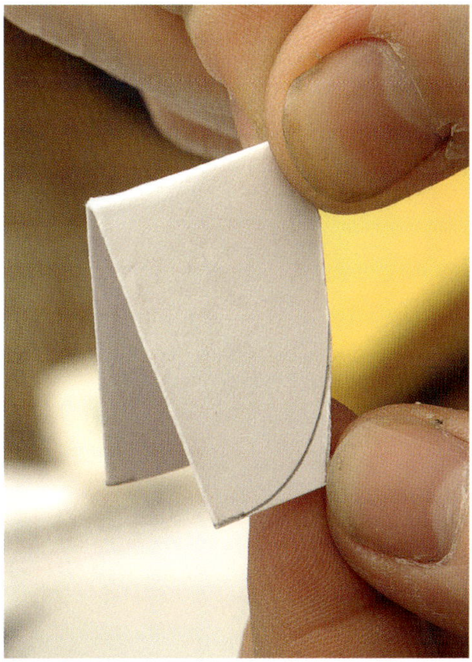

Anschließend wird sie noch einmal quer gefaltet.

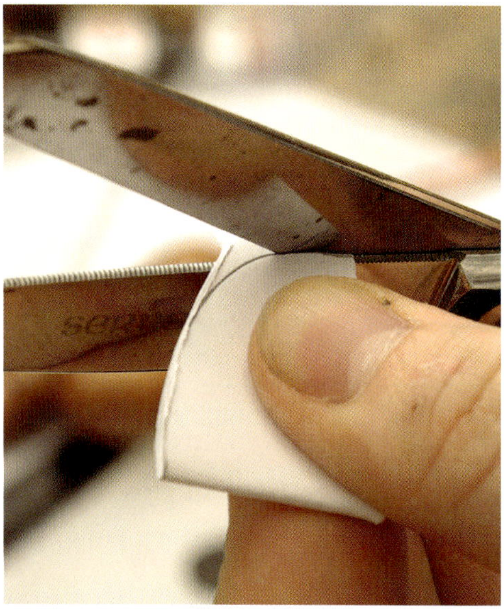

Nun schneiden wir unsere Schablone mit der Schere zu.

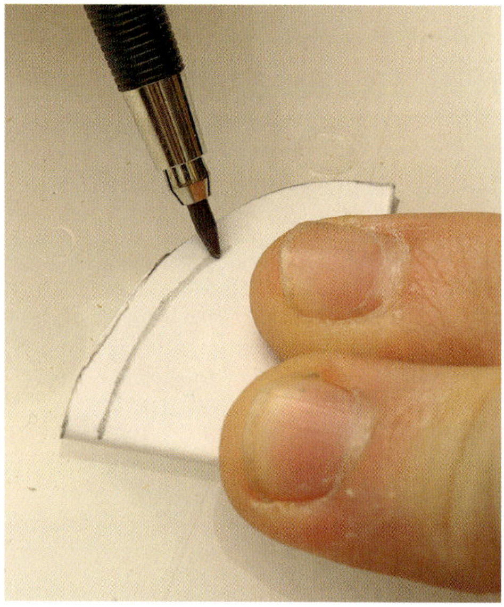

Wir zeichnen eine Schnittlinie im Abstand von etwa vier Millimetern ein.

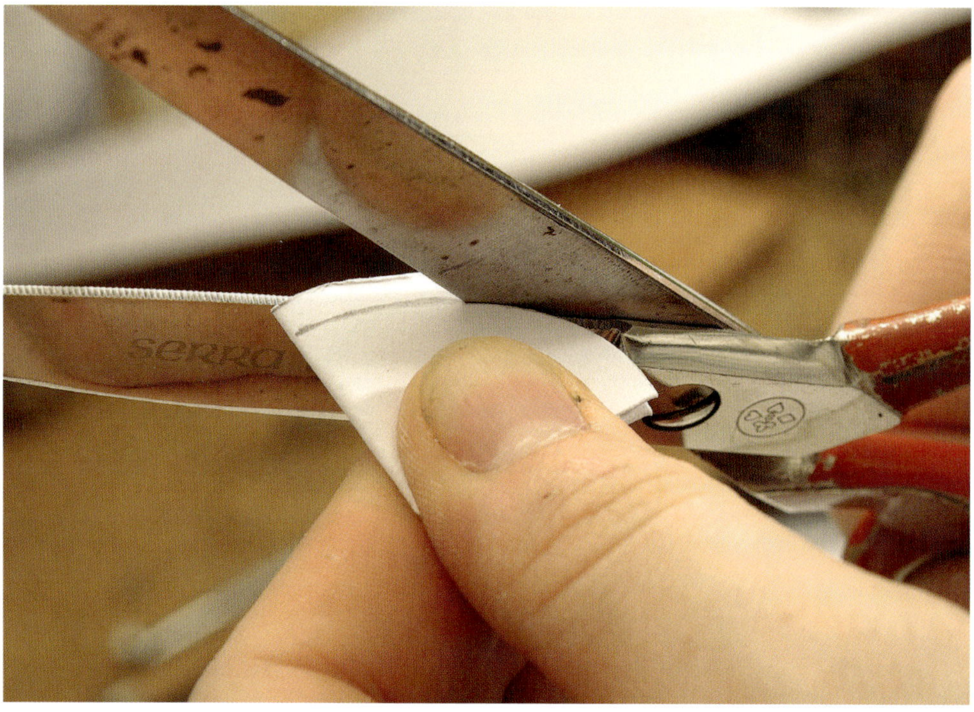

Dann schneiden wir die Schablone mit der Schere passend zu.

Wir falten die so erstellte Schablone auf und positionieren sie mittig auf der Schlaufenvorderseite, wobei die Faltlinien bei der Ausrichtung sehr nützlich sind. Mit dem Bleistift wird der Umriss der Schablone auf die Lederoberfläche übertragen.

Nun wird es wirklich schwierig. Der nächste Arbeitsgang erfordert viel Fingerspitzengefühl und scharfes Werkzeug. Mit dem V-Eisen wird eine gleichmäßige Nut entlang der Markierung in die Oberfläche des Leders geschnitten. Das sollte man vorher an einem Lederrest üben, da man sich keinen Ausrutscher mit dem V-Eisen erlauben darf. Für das Monogramm haben wir Buchstaben-Punzen im Westernstil besorgt. So etwas gibt es im Fachhandel als komplette Alphabete in verschiedenen Schriftarten und Buchstabengrößen.

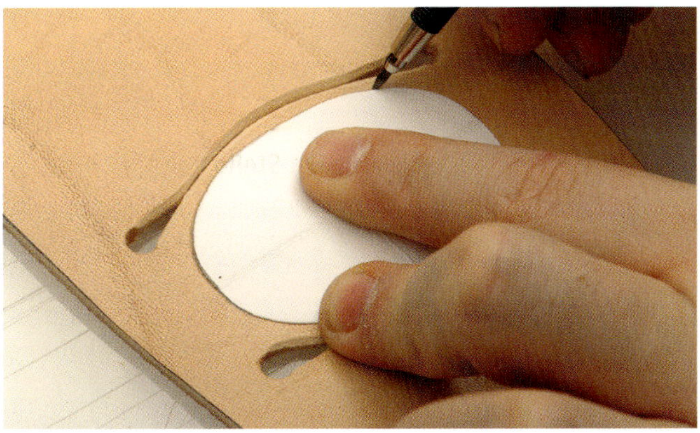

So erhalten wir ein perfektes Oval, das wir mittig auf der Schlaufe platzieren und mit dem Bleistift auf das Leder übertragen.

Mit dem V-Eisen wird eine Nut entlang des aufgezeichneten Ovals ins Leder geschnitten.

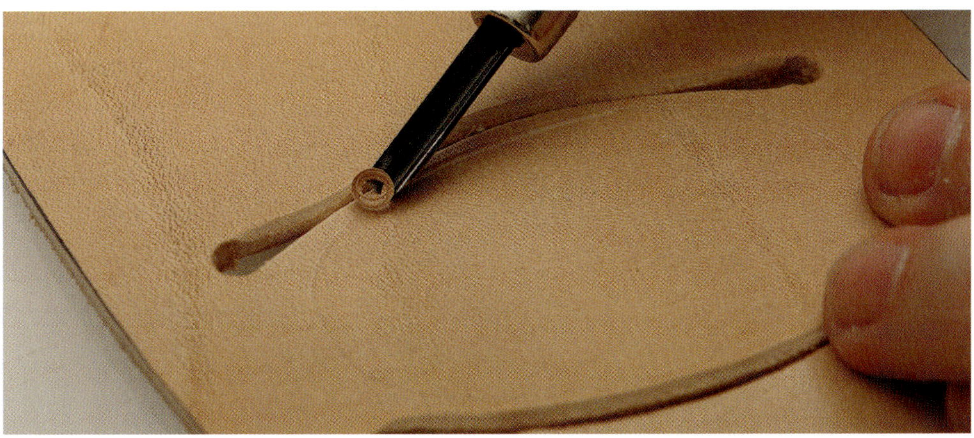

Die Fläche, auf die das Monogramm gesetzt werden soll, feuchten wir mit dem Schwamm gleichmäßig an. Die Buchstaben-Punzen verfügen über einen aufsteckbaren Griff, was das Platzieren erleichtert. Nun pressen wir eine Punze nach der anderen ins feuchte Leder. Dazu verpassen wir ihnen senkrecht einen festen Schlag mit dem Rohhauthammer. Wie beim Punzieren des vorderen Blatts verwenden wir eine Steinunterlage.

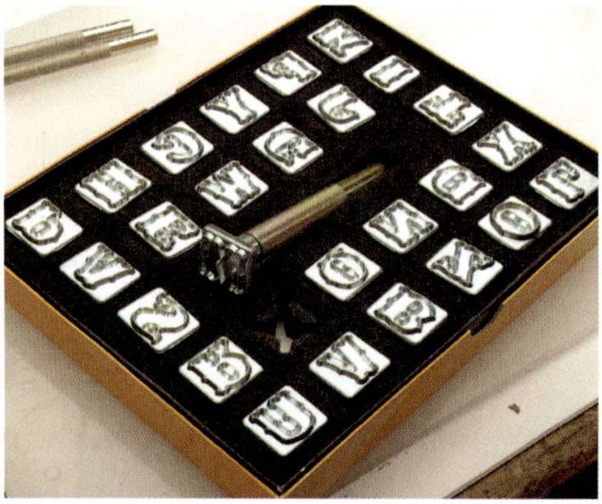

Wir wollen unsere Mexican-Loop-Scheide mit einem Monogramm verzieren. Dazu verwenden wir Buchstaben-Punzen im Western-Stil.

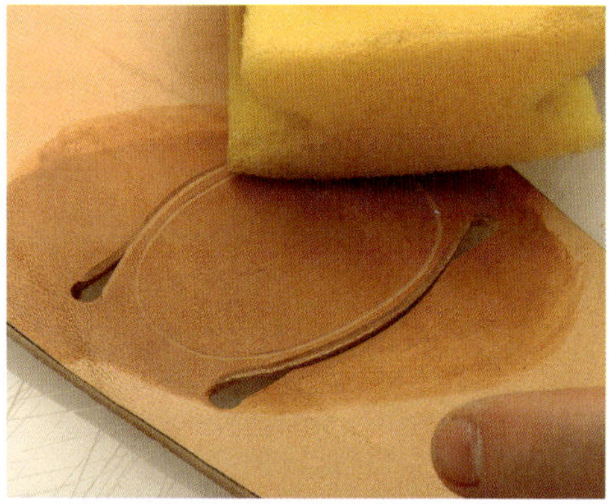

Die zu punzierende Stelle wird mit Wasser angefeuchtet.

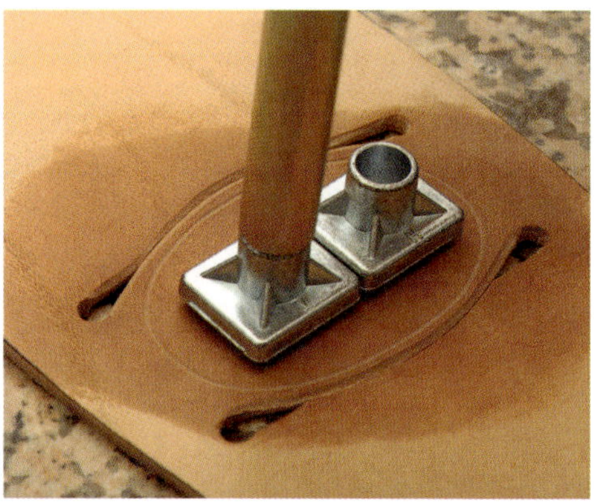

Da die Punzen einen abnehmbaren Griff haben, kann man sie zentrieren und ausrichten, bevor man sie ins feuchte Leder einschlägt.

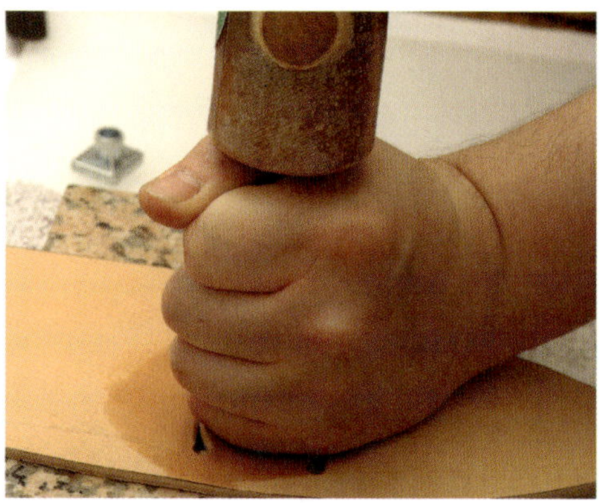

Dann schlagen wir die Punzen mit dem Rohhauthammer ein.

Unsere beiden Buchstaben haben sich sauber und gleichmäßig ins feuchte Leder eingeprägt. Um das Gesamtbild noch etwas abzurunden, setzen wir jeweils zwei Ornamentpunzen über und unter die Buchstaben. Geschafft!

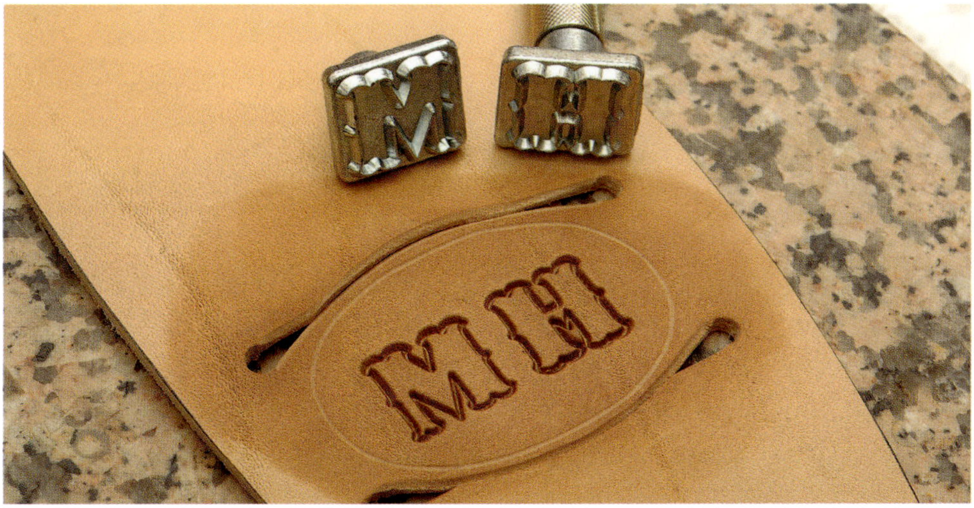

Die Initialen sind sauber in die Lederoberfläche eingeprägt.

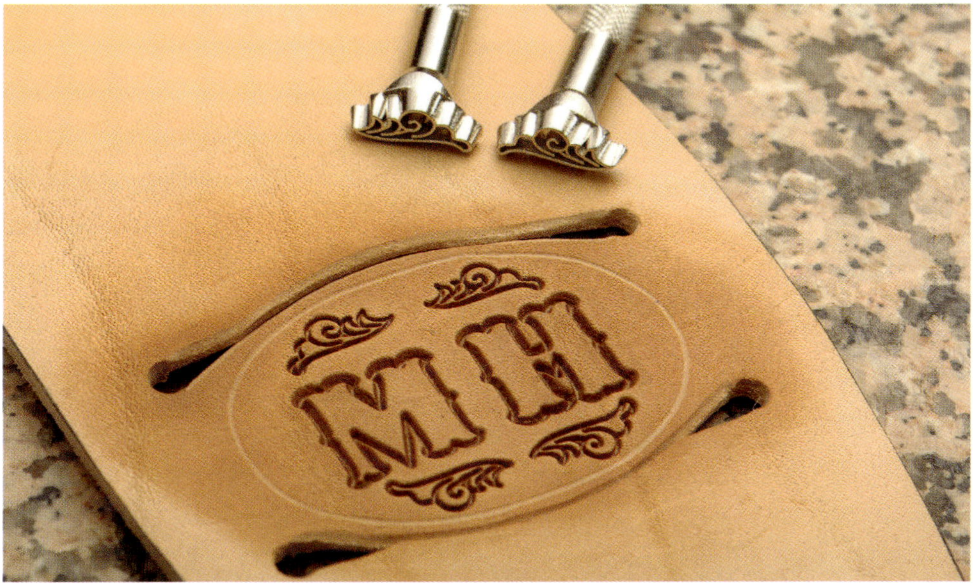

Zur Verzierung wählen wir zwei schön geschwungene Ornamente, die wir ebenfalls ins Leder punzieren.

Für die umlaufende Ziernut des Loops stellen wir den Nahtversenker auf die Breite des Nahtabstands des Scheidenkörpers ein. Die Ziernut wird auf der Narben- und Fleischseite ins Leder geschnitten. Anschließend werden die Schnittkanten ringsum mit dem Kantenschneider (Gr. 3) gebrochen.

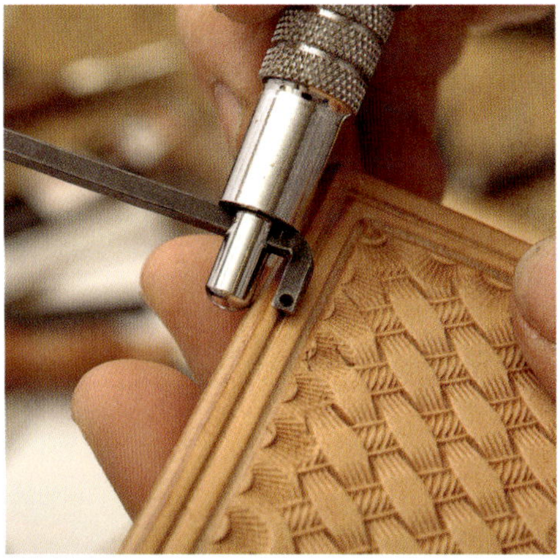

Wir stellen den Nahtversenker auf das selbe Maß ein, das wir für den Nahtabstand an der Scheide gewählt hatten.

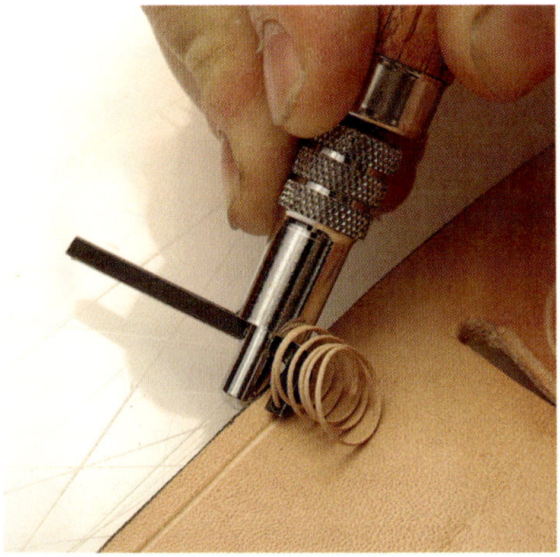

Nun ziehen wir eine Ziernut entlang der Außenkanten.

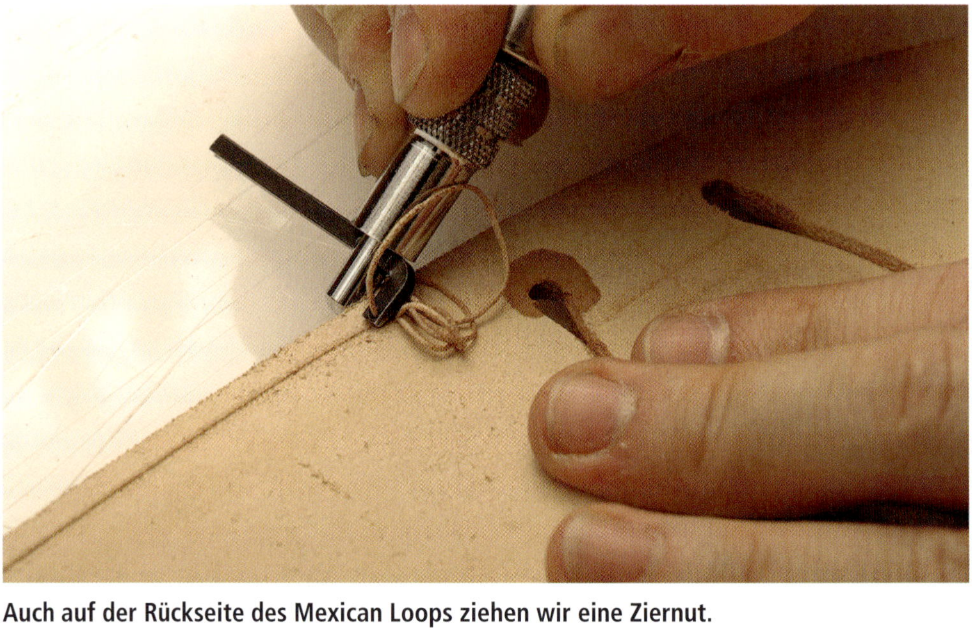

Auch auf der Rückseite des Mexican Loops ziehen wir eine Ziernut.

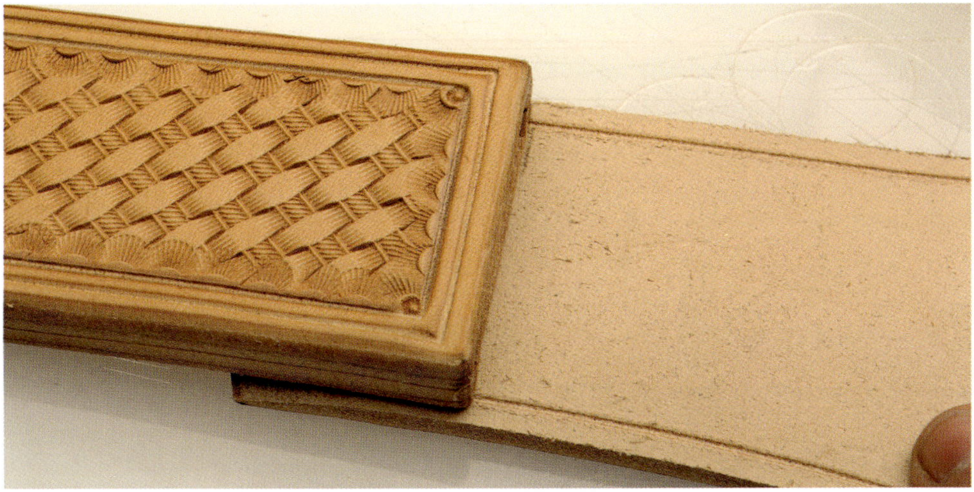

Wir kontrollieren nochmals die spätere Position des Loops.

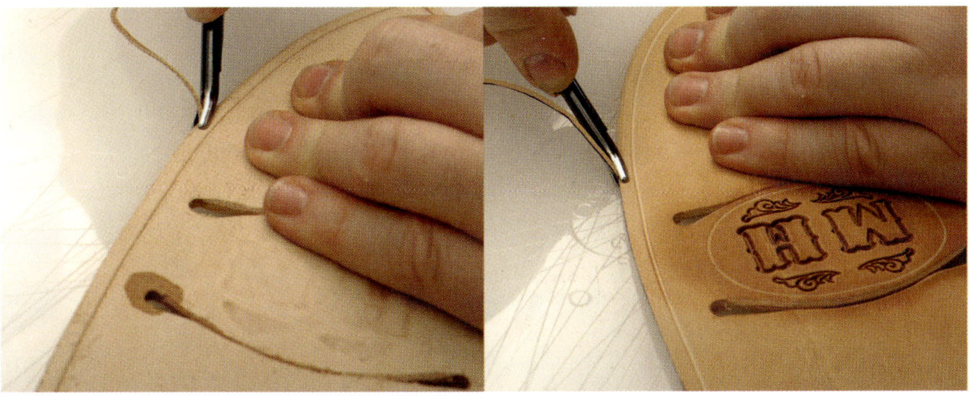

Mit dem Kantenschneider der Größe 3 werden die Außenkanten des Mexican Loops auf der Vorder- und Rückseite gebrochen.

An der Spitze des Loops stanzen wir mit der 5-Millimeter-Lochpfeife zwei nebeneinander liegende Löcher ins Leder. Dort wird später der Schenkelriemen eingefädelt. Wir machen uns ans Versäubern des Loops: Zunächst werden die Schnittkanten an der Schlaufe angefeuchtet und mit unserem Hornwerkzeug gerundet und geglättet, bis diese glänzen. Anschließend bearbeiten wir die äußere Schnittkante des Loops auf die selbe Weise, wobei wir das so genannte Burnishing-Wheel für die langen Schnittkanten nutzen. Das Burnishing-Wheel funktioniert ähnlich wie unser Hornwerkzeug.

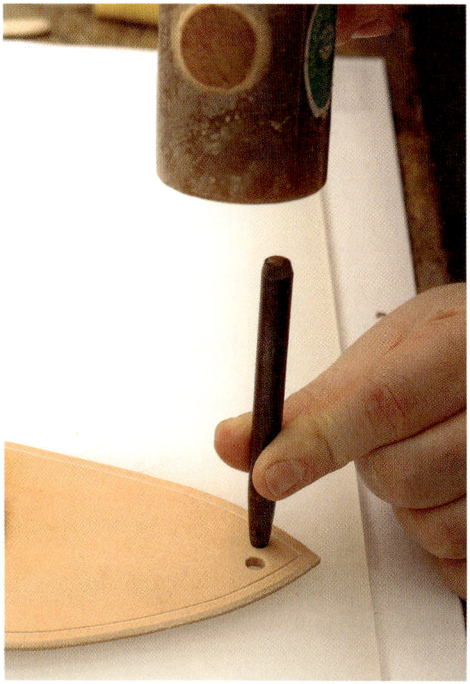

Am unteren Abschluss des Loops, der spitz zuläuft, schlagen wir zwei symmetrische Löcher ins Leder. An diesen Löchern wird später der Schenkelriemen befestigt.

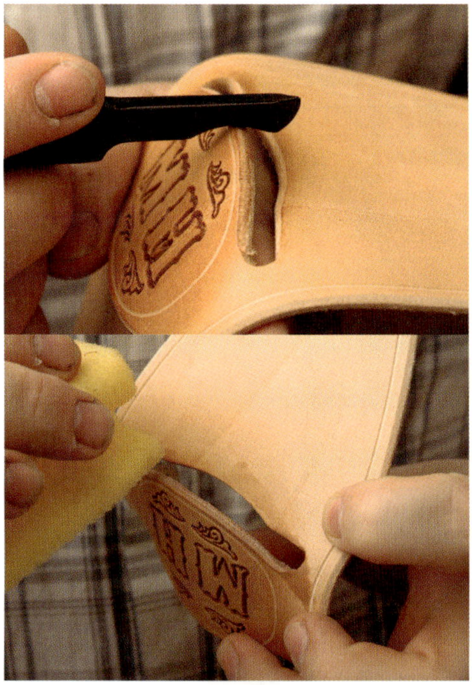

Nun geht es ans Versäubern der Kanten. Wir glätten alle Schnittkanten, indem wir sie anfeuchten und mit unserem Hornwerkzeug auf Glanz bringen.

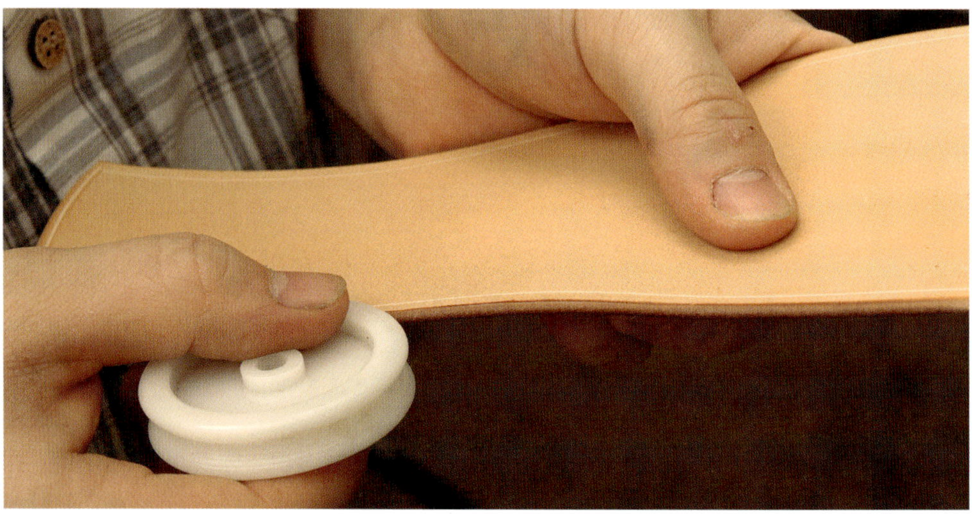

Für die langen Außenseiten des Loops kommt das Burnishing-Wheel zum Einsatz.

Unser Loop ist fast soweit. Wir setzen nun den Scheidenkörper in die Schlaufe des Loops, falten die Gürtelschlaufe um und schieben diese bis zur Markierung unter den Scheidenkörper. Jetzt wird die Schlaufe passend zum Scheidenköper an ihren späteren Platz gerutscht. Dadurch ergibt sich der genaue Faltpunkt des Loops, der die Gürtelschlaufe bilden wird. Der Loop wird an der Biegestelle satt angefeuchtet, bis sich das Leder gut formen lässt. Mit den Fingern drücken wir die Biegestelle flach.

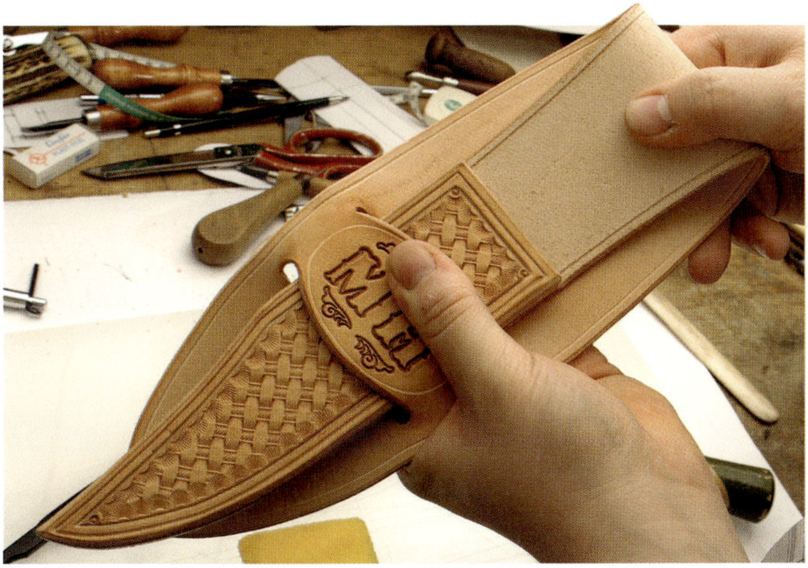

Der Sitz der einzelnen Komponenten wird kontrolliert.

Der Loop wird an der Oberseite angefeuchtet und zusammengedrückt.

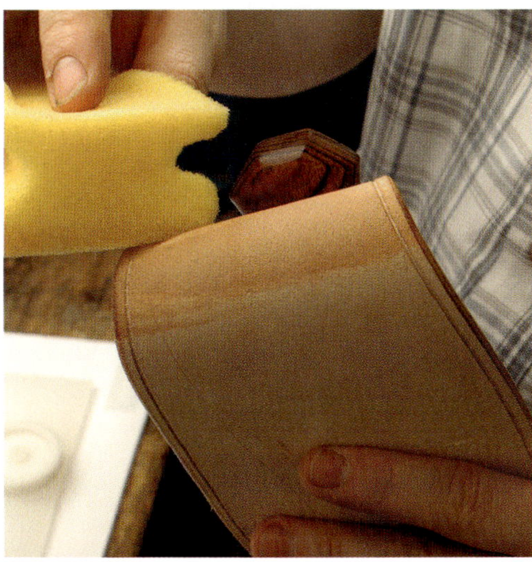

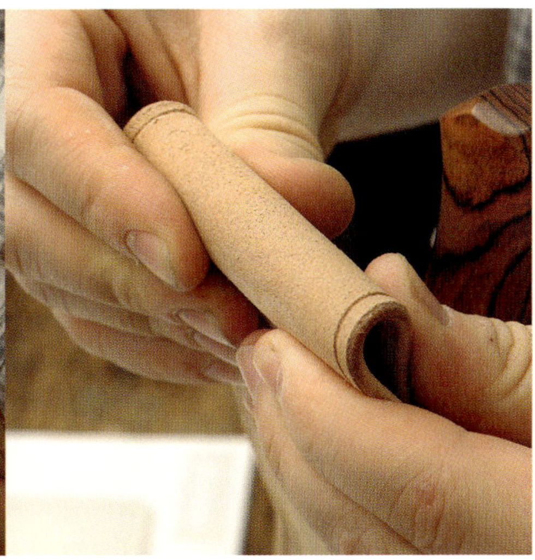

Nun sind die beiden Teile fürs Verkleben vorbereitet. Wir ziehen den Scheidenkörper aus der Lasche und platzieren den Loop an seinem späteren Platz. Auf der Rückseite des Scheidenkörpers zeichnen wir das überlappende Ende des Loops mit dem Bleistift an. Die Lederoberfläche wird zum Verkleben vorbereitet. Dazu rauen wir sie bis zur Markierung mit dem Schustermesser auf. Der Loop wird an der markierten Stelle mit Kontaktkleber eingestrichen, ebenso der Scheidenkörper. Nach dem Ablüften des Kontaktklebers werden beide Bauteile zusammengepasst und miteinander verklebt.

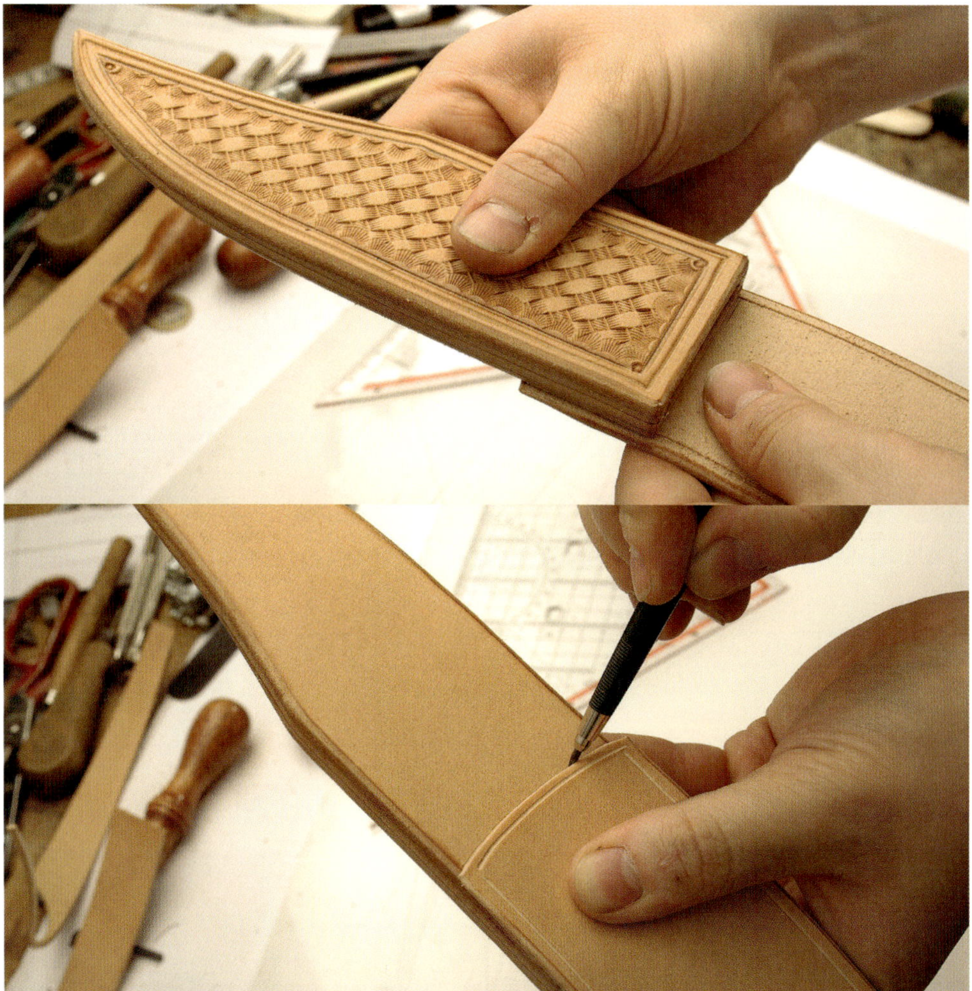

Der Loop wird an der Scheide ausgerichtet und das Ende des Loops mit Bleistift auf die Scheide übertragen.

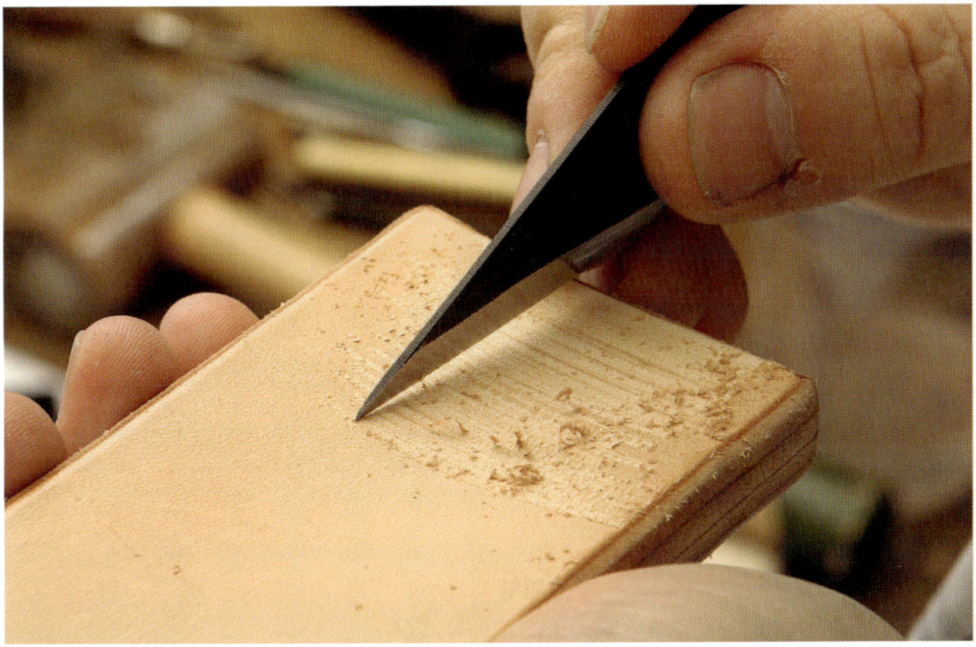

Mit dem Schustermesser wird die zu verklebende Fläche an der Rückseite der Scheide aufgeraut.

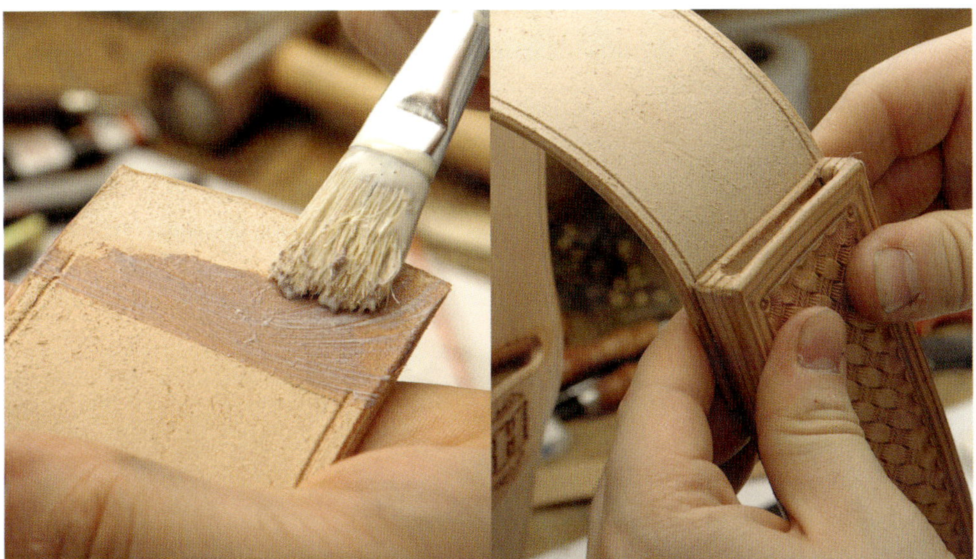

Die Bauteile werden mit Kontaktkleber eingestrichen und nach dem Ablüften zusammengeklebt.

1.4 Nähen der Scheide

Zum Zusammennähen der Scheide markieren wir auf der bereits vorbereiteten Nahtversenkung zunächst den Nahtabstand mit dem Zirkel. Wir haben einen Nahtabstand von etwa acht Millimetern gewählt, der nun Stich für Stich aufs Leder übertragen wird. Geht es mit den Abständen zum Ende hin nicht ganz aus, kann man den Nahtabstand um ein paar Zehntel verkürzen und so ein wenig tricksen.

HILFE BEIM STECHEN

Das Stechen der Nahtlöcher in dickem Leder ist meist sehr mühselig und erfordert eine große Kraftanstrengung. Hier kann eine Ständerbohrmaschine helfen. Durch die eingebaute Hebelübersetzung des Vorschubs kann man sich viel Kraft sparen. Fertigen Sie dafür ein Holzbrett an, das Sie an der Oberfläche feinschleifen und die umlaufenden Kanten abrunden.

In die Mitte des Holzbretts wird ein Loch gebohrt, entsprechend der Breite Ihrer Schwertahle. Es sollte nicht mehr als einen Millimeter größer sein, da es sonst zu unschönen Abdrücken auf der Scheidenrückseite kommen kann.

Platzieren Sie das Holzbrett mit Hilfe einer Schraubzwinge auf dem Auslegerarm, so dass die ins Bohrfutter eingespannte Schwertahle beim Drücken nach unten genau mittig ins Loch des Bretts fährt.

Achtung: Die Bohrmaschine wird als Presse genutzt und darf für diese Arbeit nicht eingeschaltet werden. Ziehen Sie sicherheitshalber den Netzstecker und prüfen Sie, dass die Maschine keinen Strom bekommt.

Falls der Auslegerarm eine Winkelverstellung hat, stellen Sie diese auf 0° ein, damit die Schwertahle exakt im 90°-Winkel zum Auflagebrett liegt. Nun können wir beginnen und Loch für Loch vorstechen. Die Position der Schwertahle kann dabei dem Nahtverlauf stets angepasst werden, indem Sie die Ausrichtung der Schwertahle durch Drehen des Spannkopfs nachstellen.

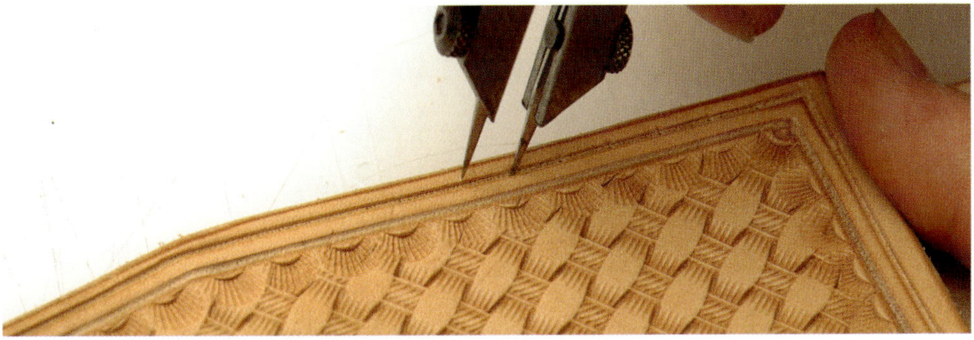

Zum Zusammennähen der Scheide markieren wir den Stichabstand mit dem Zirkel. Dazu haben wir einen Abstand von etwa acht Millimetern gewählt.

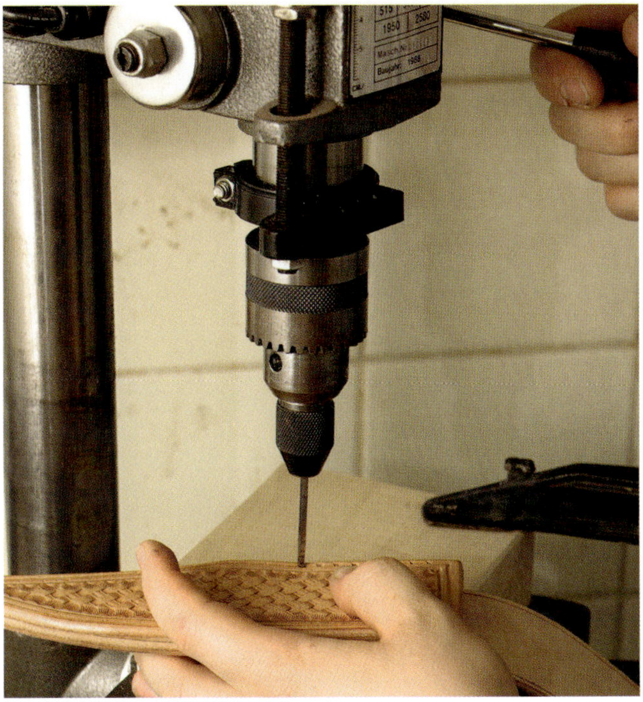

Um gleichmäßig und senkrecht durch das dicke Leder zu stechen, kann auch eine Ständerbohrmaschine verwendet werden, in deren Spannfutter die Schwertahle eingespannt wird. Die Ahle wird jedoch nicht zum Bohren verwendet, sondern nur durchs Leder gedrückt.

Die Nahtlöcher auf der Rückseite der Scheide werden mit dem V-Eisen versenkt.

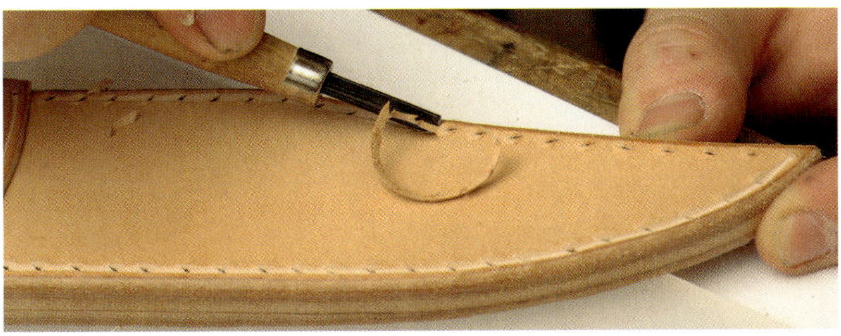

DAS EINFÄDELN

Damit die Nadel beim Nähen nicht vom Faden rutscht, gibt es eine bestimmte Einfädeltechnik. Dazu wird das zu verwendende Garn zunächst auf Länge geschnitten. Zum Berechnen der Garnlänge kann man diese Formel anwenden:
((Nahtlänge+Materialstärke) x (Stichanzahl+Extrastiche beim An- und Vernähen)+Nadellänge x 2) x 2 + 15% Reserve

Wem diese Formel zu kompliziert ist, kann auch eine alte Faustformel anwenden und das Garn acht- bis zehnmal so lang wie die zu nähende Strecke machen. Das heißt: Für 20 Zentimeter Naht werden knapp zwei Meter Garn benötigt, bei dickerem Nähgut (über zwölf Millimeter Stärke) auch mehr.

Man durchsticht zunächst das Garn mit der Sattlernadel (siehe Bilder unten).
Mit dem zweiten Stich durchbohrt man das Garn etwa einen bis zwei Zentimeter entfernt vom ersten Stich. Dabei ist darauf zu achten, dass der zweite Stich so ausgeführt wird, dass die Nadelspitze zum langen Ende des Fadens zeigt.

Das Ende des Garns wird dann durch das Öhr gefädelt. Dazu wird es etwas zusammengedreht, damit es beim Einfädeln nicht aufspleißt. Fehlt das nötige Fingerspitzengefühl, kann man sich einer Einfädelhilfe bedienen.

Nun wird das Ende des Garns bis zur ersten Durchbohrung der Nadel bis ans Nadelöhr gezogen. Man zieht das lange Ende des Garns ebenfalls über das Nadelöhr, und schon hält die Sattlernadel. Das Ganze wird auf der anderen Seite des Garns wiederholt, und die Nadel ist bereit zum Nähen.

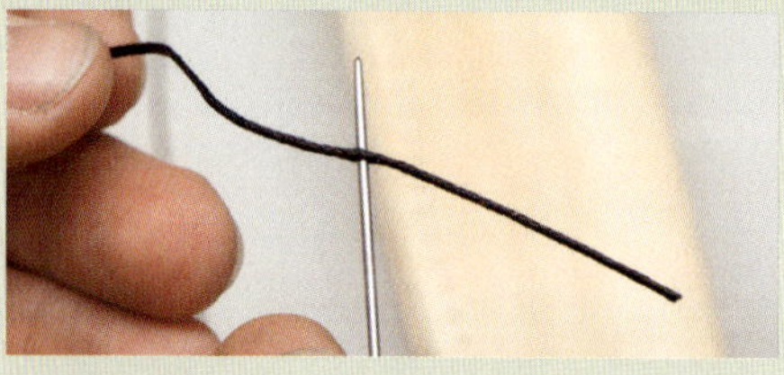

Man durchsticht zunächst das Garn mit der Sattlernadel, dabei lässt man vier bis sechs Zentimeter des Garns am Ende überstehen.

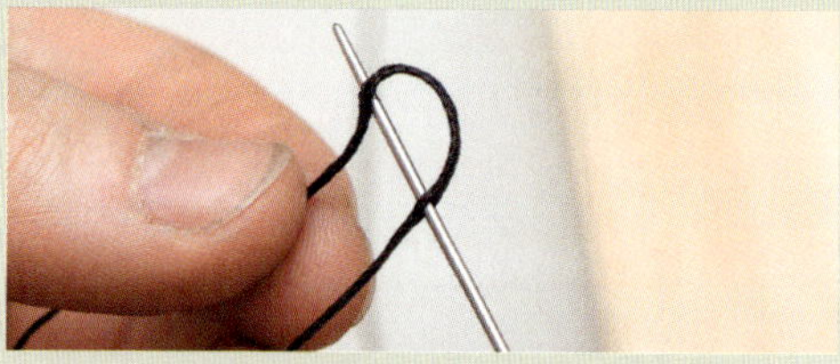

Das Ende des Garns wird nun durch das Öhr gefädelt. Dazu wird das Garn zusammengedreht, damit es beim Einfädeln nicht aufspleißt.

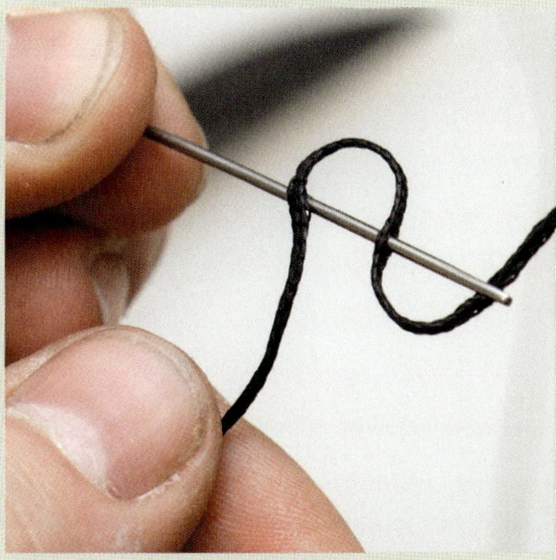

Mit dem zweiten Stich durchbohrt man das Garn etwa einen bis zwei Zentimeter entfernt vom ersten Stich. Die Nadelspitze zeigt zum langen Ende des Fadens.

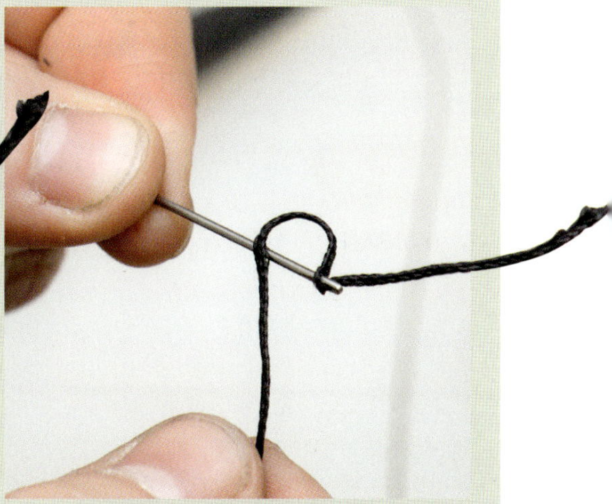

Das kurze Ende des Garns wird durch das Öhr gezogen, bis es an der durchstochenen Stelle gebremst wird.

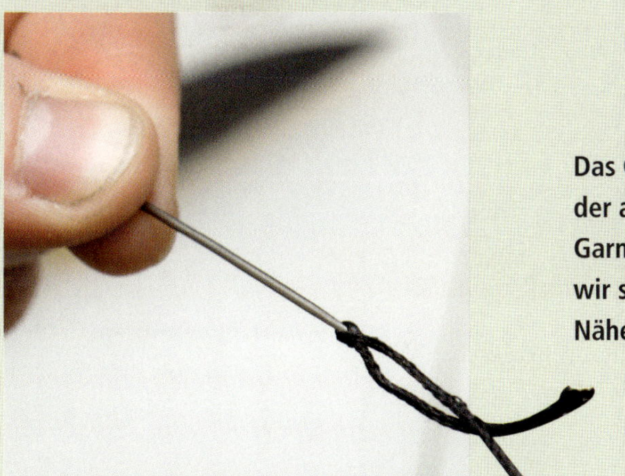

Das lange Ende des Garns wird ebenfalls über das Nadelöhr gezogen. Dadurch wird das Garn fest mit der Sattlernadel verbunden.

Das Gleiche wird auf der anderen Seite des Garns wiederholt, und wir sind bereit zum Nähen.

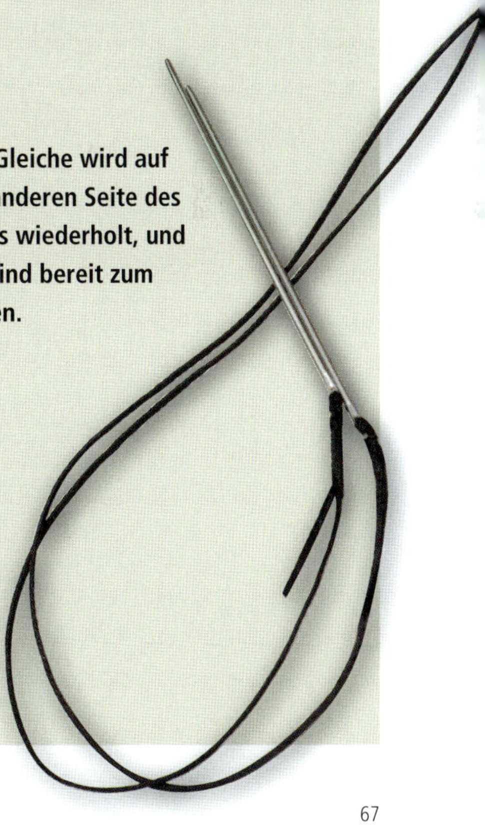

Sind alle Nahtlöcher vorgestochen, wird die Naht auf der Rückseite versenkt, indem wir die Löcher mit dem V-Eisen verbinden und eine Nut ausheben, in der die Naht später vor Abrieb geschützt ist.

Wir nähen die Scheide mit Kunstsehne und klassischer Sattlernaht. Da die Scheide sehr groß ist und die Naht auf einmal sehr schwierig zu nähen, teilen wir die Naht. Zunächst wird die linke Seite, dann die Rechte genäht. Mit dem Nähen beginnen wir im zweiten Loch der linken oberen Scheidenseite. Die erste Nadel wird durch das Loch gefädelt und die Kunstsehne hindurch gezogen. Damit unsere beiden Nadeln die gleiche Länge Kunstsehne zum Nähen haben, legen wir beiden Nadeln zusammen und ziehen die Kunstsehne auf gleiche Länge.

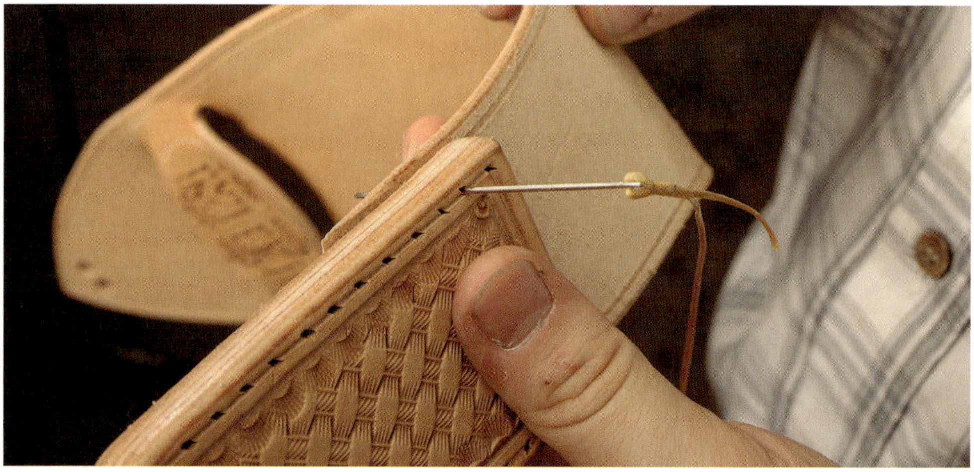

Wir stechen mit der ersten Nadel durch das zweite Loch und ziehen die Kunstsehne nach.

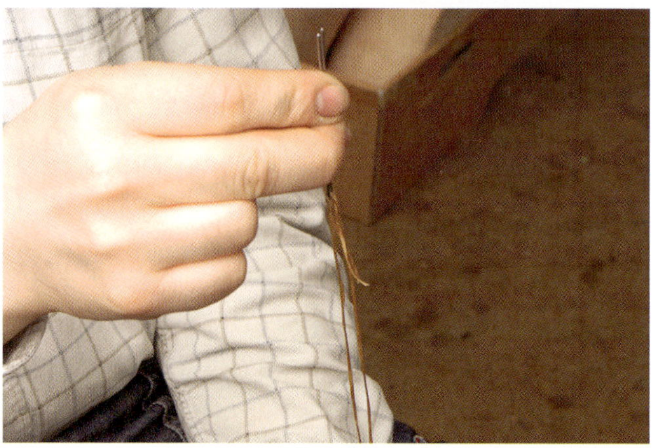

Die beiden Nadeln werden zusammen gelegt und die Kunstsehne auf gleiche Länge gezogen.

Wir stechen mit der zweiten Nadel durch das oberste Nahtloch und ziehen den Faden nach. Mit der ersten Nadel stechen wir von hinten durch das erste Nahtloch und ziehen die Kunstsehne nach. Mit der ersten Nadel in der rechten Hand und der zweiten Nadel in der linken Hand ziehen wir die Kunstsehne gleichmäßig auf Spannung. Sie sollte fest sitzen, das Leder jedoch nicht durchschneiden. Optimalerweise sollte sich die Naht leicht ins Leder hinein ziehen.

Tipp: Sollten Sie zarte Hände haben, empfiehlt es sich, beim Nähen Lederhandschuhe zu tragen, damit das Garn beim Festziehen der Naht nicht in Finger und Handballen einschneiden kann.

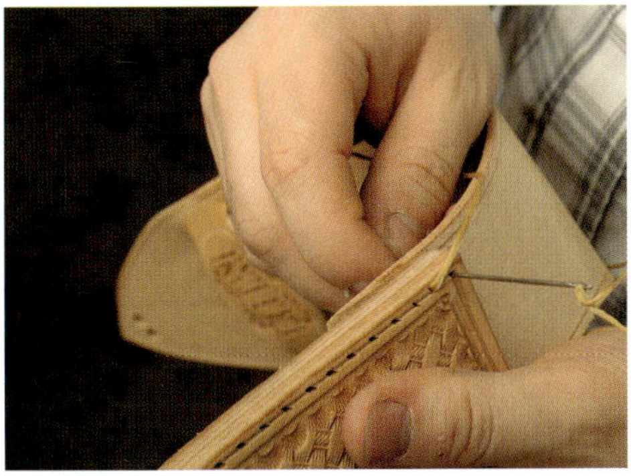

Nun stechen wir mit der zweiten Nadel von vorne durch das erste Loch und ziehen die Kunstsehne nach.

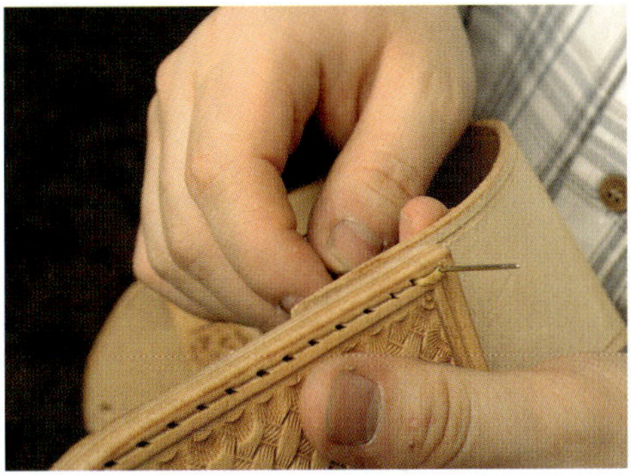

Die erste Nadel stechen wir von hinten durch das erste Loch und ziehen auch hier die Kunstsehne nach.

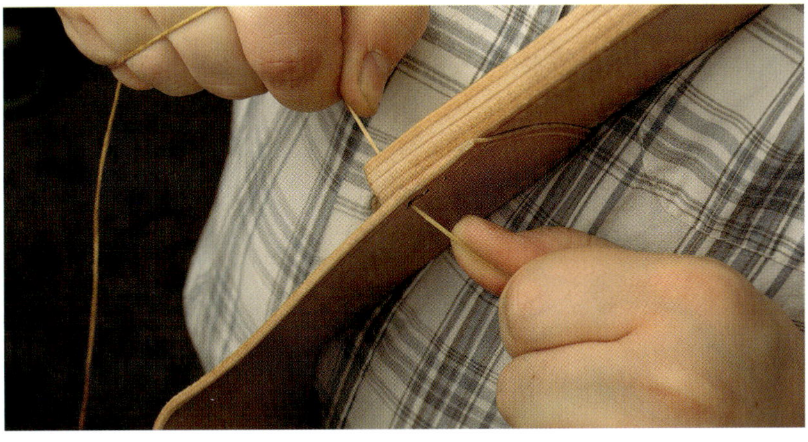

Mit gleichmäßiger Kraft wird die Kunstsehne auf Spannung gezogen.

Um die Naht im oberen Bereich der Scheide, an dem sie am meisten belastet wird, zu verstärken, wird die oberste Naht doppelt genäht. Mit der zweiten Nadel stechen wir von der Vorderseite durch das zweite Loch und ziehen die Sehne nach. Von der Hinterseite des zweiten Lochs stechen wir mit der ersten Nadel hindurch. Beide Kunstsehnenenden werden wieder gleichmäßig auf Spannung gezogen. Stich für Stich setzen wir die Naht bis zur Scheidenspize fort.

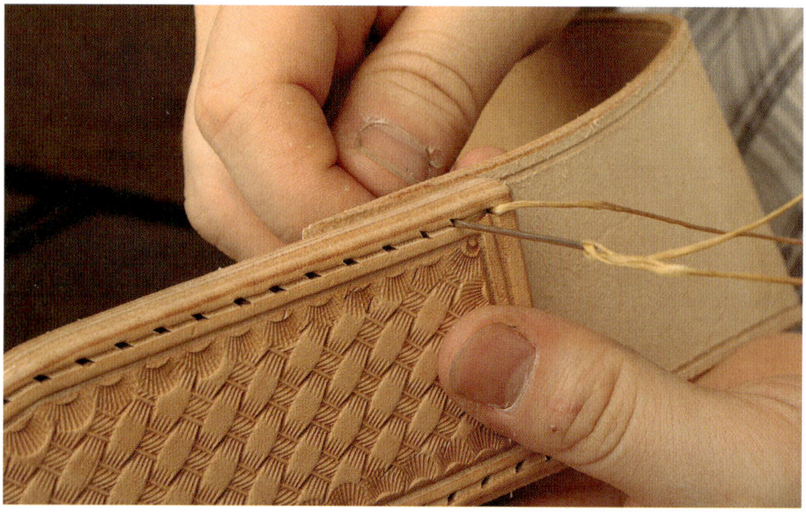

Wir stechen mit der ersten Nadel durch das zweite Loch. Dadurch erreichen wir eine doppelte Naht als Verstärkung.

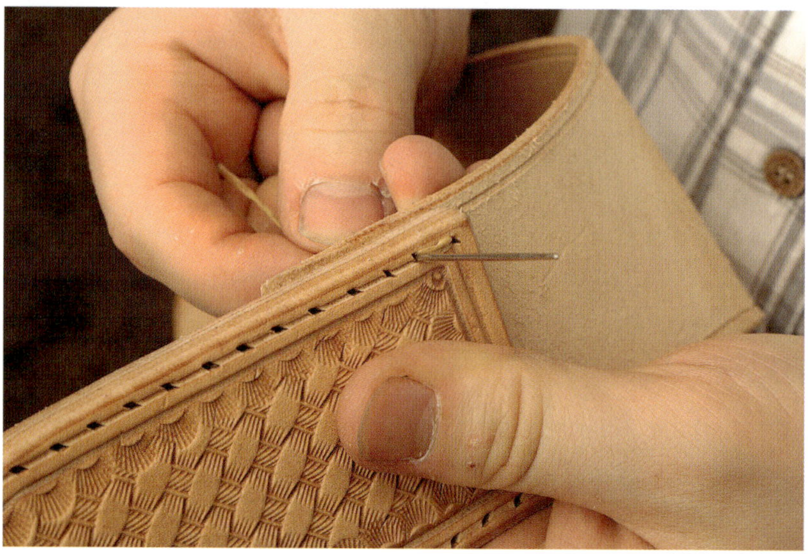

Die zweite Nadel wird von hinten durch das zweite Loch gestochen und beide Enden der Kunstsehne gleichmäßig auf Spannung gezogen.

An der Scheidenspitze angekommen, setzen wir nochmals einen Stich von der Vorderseite in das erste Loch auf der rechten Scheidenseite und ziehen die Kunstsehne hindurch. Nun liegen die beiden Sehnenenden auf der Scheidenrückseite.

Die rechte Scheidenseite nähen wir Stich für Stich wie die linke Seite. An der Scheidenspitze angekommen, setzen wir den letzten Stich auf die linke Seite und ziehen die Kunstsehne hindurch. Nun schauen alle Kunstsehnenenden der zwei Nähte auf der Rückseite der Scheide heraus. Sie werden gleichmäßig auf Spannung gezogen und mit dem Schustermesser mit einem Überstand von drei bis fünf Millimetern abgeschnitten. Kunstsehne besteht – wie der Name schon sagt – aus Kunststoff, wodurch sie sich prima mit dem Feuerzeug schmelzen und verschweißen lässt. So wird die Naht dauerhaft vor dem Auftrennen geschützt.

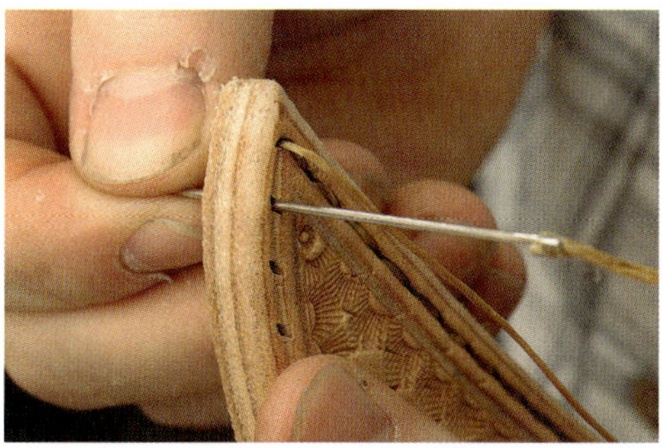

Nachdem wir die Stichfolge bis zur Scheidenspitze fortgeführt haben, setzen wir einen weiteren Stich von der Vorderseite der Scheide.

Nun ragen beide Kunstsehnenenden auf der Rückseite der Scheide hervor.

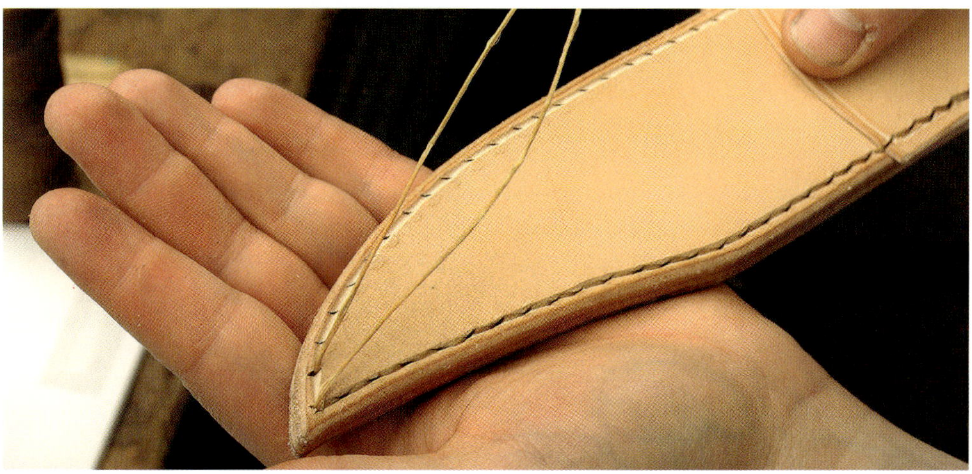

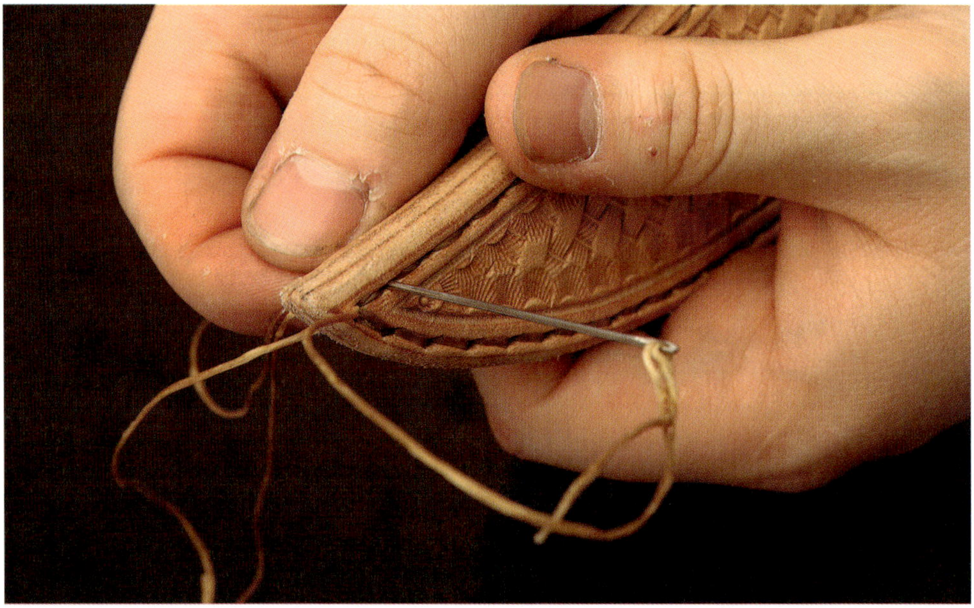

Wir nähen die Gegenseite der Scheide auf die selbe Weise und setzen den letzten Stich von vorne.

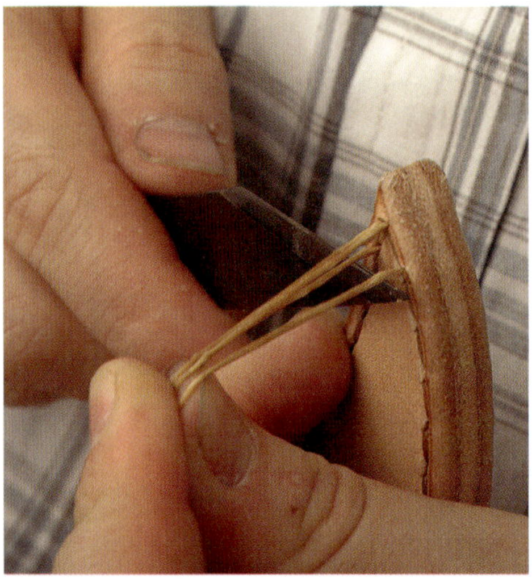

Alle vier Kunstsehnenenden schauen nun auf der Rückseite der Lederscheide heraus und werden mit dem Schustermesser mit einem Überstand von 3 bis 5 Millimetern zurecht geschnitten.

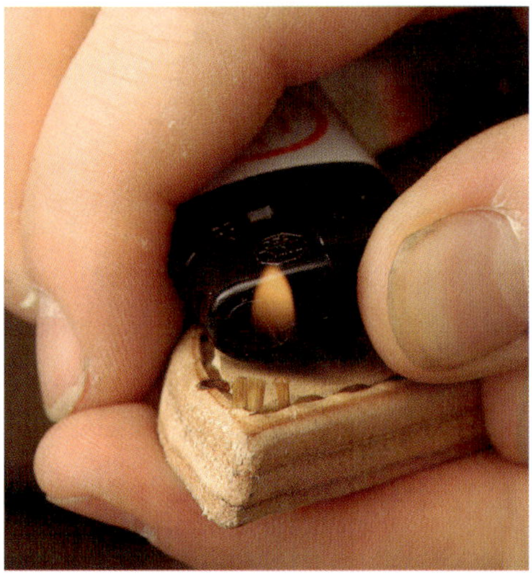

Da die Kunstsehne aus Kunststoff besteht, lassen sich die Enden ganz einfach mit einem Feuerzeug verschweißen. Dadurch wird die Naht dauerhaft vor dem Aufgehen gesichert.

Die vernähten Bauteile werden nochmals aneinander angepasst und kleine Unebenheiten mit dem Schustermesser und dem Kantenschneider entfernt. Die bearbeiteten Stellen werden anschließend angefeuchtet und mit unserem Hornwerkzeug gerundet und geglättet. Unsere Mexican-Loop-Scheide nimmt langsam Gestalt an.

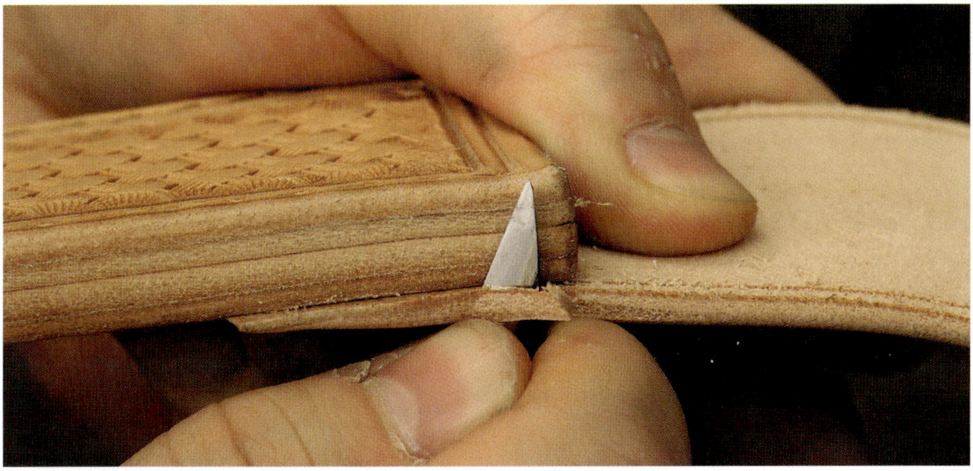

Nun werden die Übergänge von Scheide und Loop versäubert, da sich das Leder durch das Zusammennähen etwas auseinander gedrückt hat.

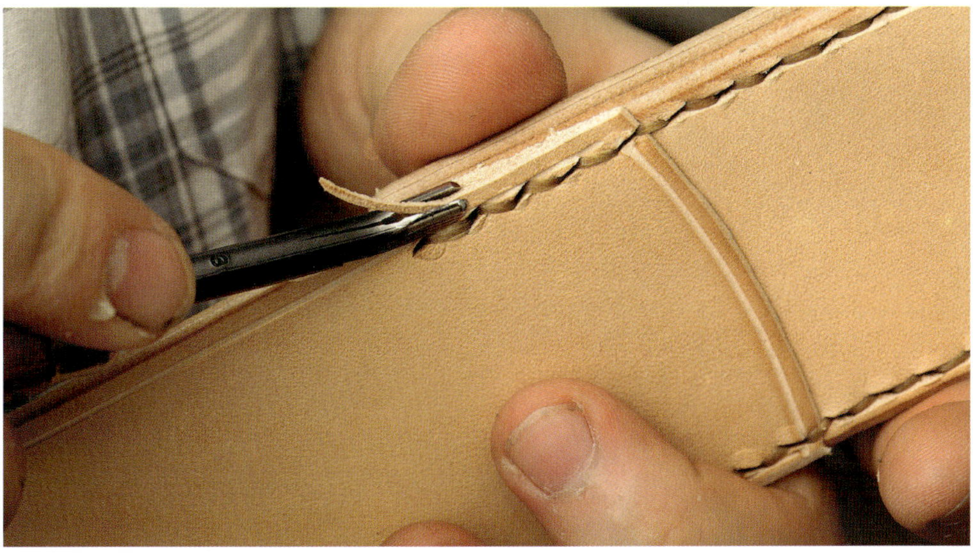

Auch die Schnittkanten werden nochmals nachgearbeitet.

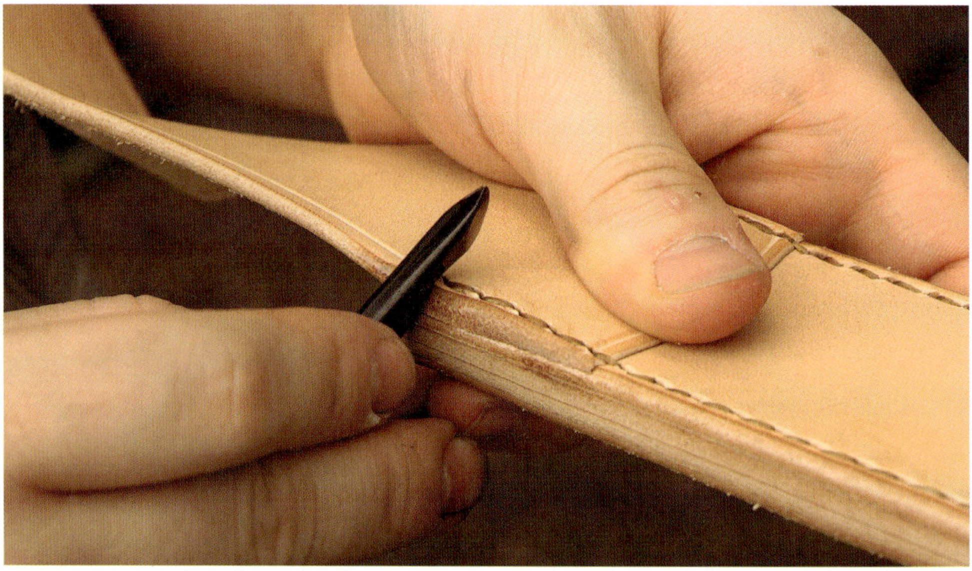

Die angefeuchteten Schnittkanten werden mit dem Hornwerkzeug auf Glanz gebracht.

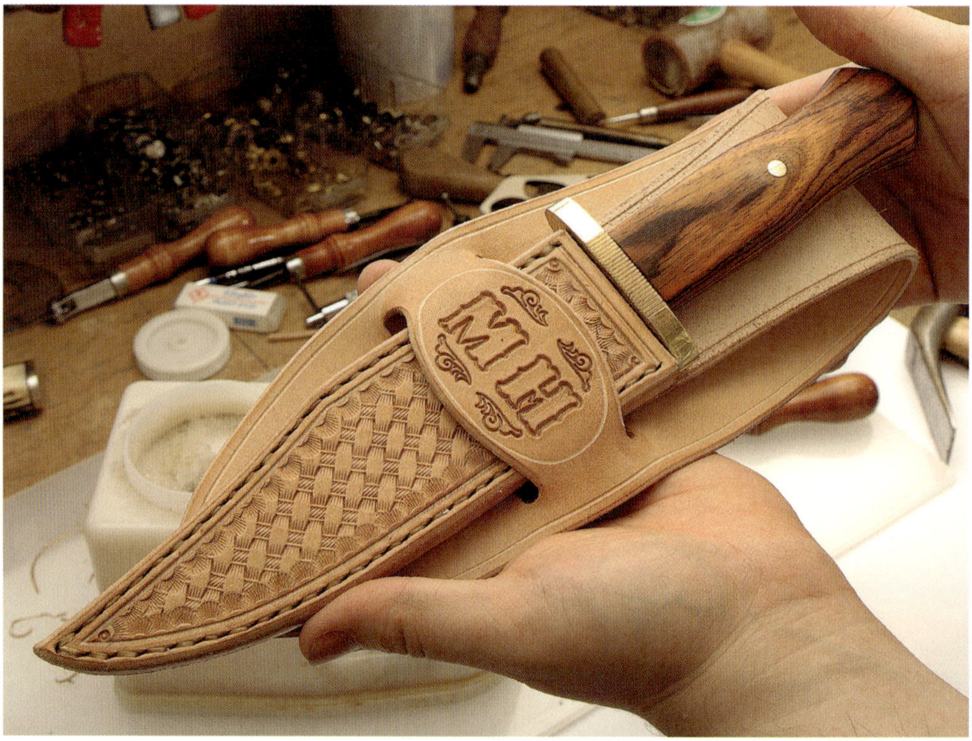

Die fast fertige Mexican-Loop-Scheide.

1.5 Anbringen der Sicherungsschlaufe

Damit das Bowie später sicher in der Scheide sitzt und nicht unbeabsichtigt verloren gehen kann, fertigen wir einen Sicherungsriemen mit Druckknopfverschluss an. Dazu schneiden wir einen etwa 25 mm breiten Riemen in passender Zugrichtung aus 2,0-2,5 Millimeter starkem Blankleder. Eine Seite des Riemens runden wir passend ab. Dazu kann eine Euro-Münze als Schablone verwendet werden. Beim Ausschneiden mit dem Schustermesser sollte man darauf achten, dass die Schnittkanten im Winkel von 90° geschnitten werden.

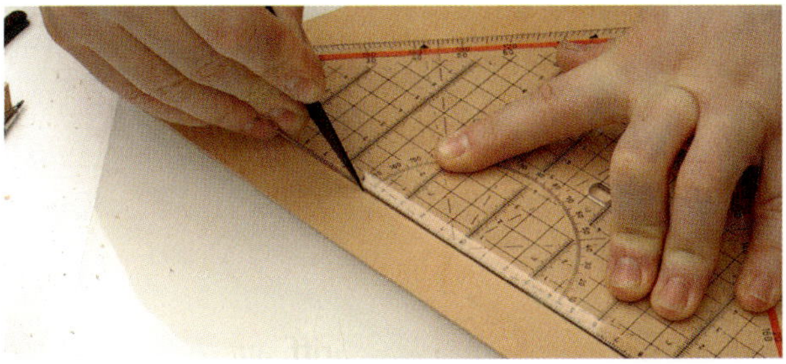

Damit das Messer nicht verloren gehen kann, versehen wir die Scheide noch mit einem Sicherungsriemen. Dazu schneiden wir einen etwa 25 mm breiten Lederstreifen aus 2,0-2,5 mm starkem Blankleder zu.

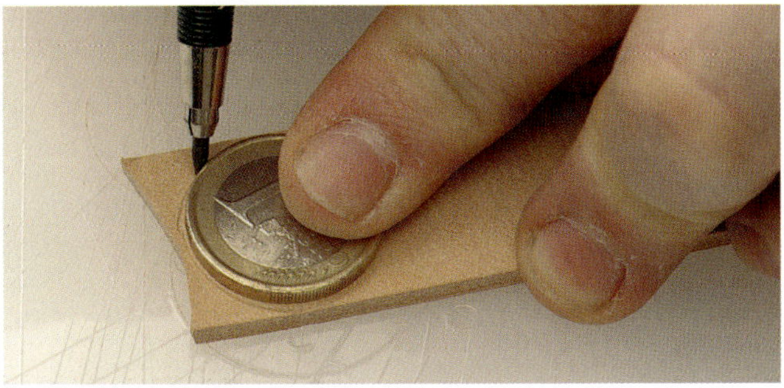

Eine Seite des Riemens runden wir ab. Dabei kann man eine Euro-Münze als Schablone nutzen.

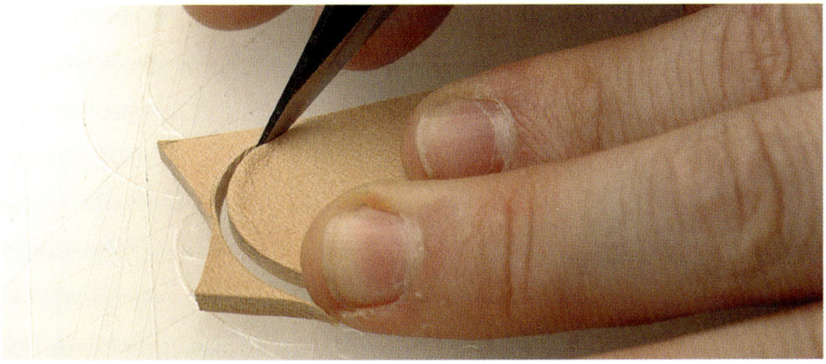

Die Rundung wird mit dem Schustermesser ausgeschnitten.

Der Griff unseres Bowies verjüngt sich im hinteren Teil. Dort werden wir den Sicherungsriemen platzieren, da das Messer so vor dem Herausrutschen gesichert werden kann. Der Riemen wird um den Griff gelegt, so dass sich die Enden überlappen. Wir markieren den Riemen und geben ein Zumaß von etwa drei Zentimetern. Das brauchen wir, um später den Druckknopfverschluss einsetzen zu können.

Den Riemen runden wir an der markierten Stelle mit dem selben Radius wie die andere Seite ab. Mit dem Nahtversenker, eingestellt auf etwa vier Millimeter Abstand, schneiden wir eine Ziernut in die Lederoberseite. Ober- und Unterseite des Riemens werden mit dem Kantenschneider der Größe 3 an den Schnittkanten bearbeitet. Nach dem Anfeuchten mit dem Schwamm werden die Schnittkanten mit dem Burnishing-Wheel gerundet und auf Glanz gebracht.

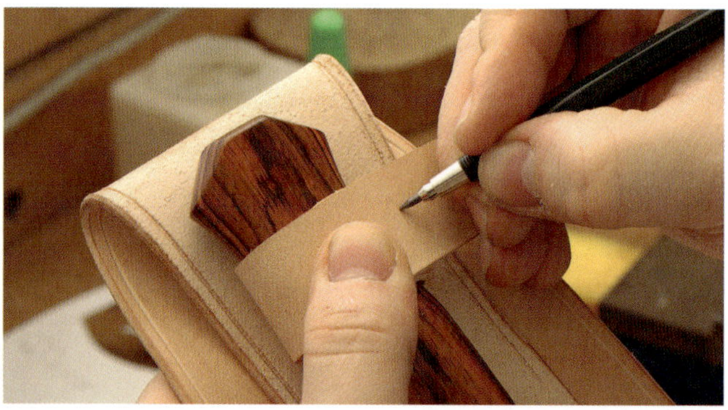

Wir legen den Riemen um den Griff, auf Höhe der späteren Positionierung, und zeichnen die Länge des Riemens an. Da wir später einen Druckknopf zur Befestigung setzen werden, sollte der Riemen etwa drei Zentimeter überlappen.

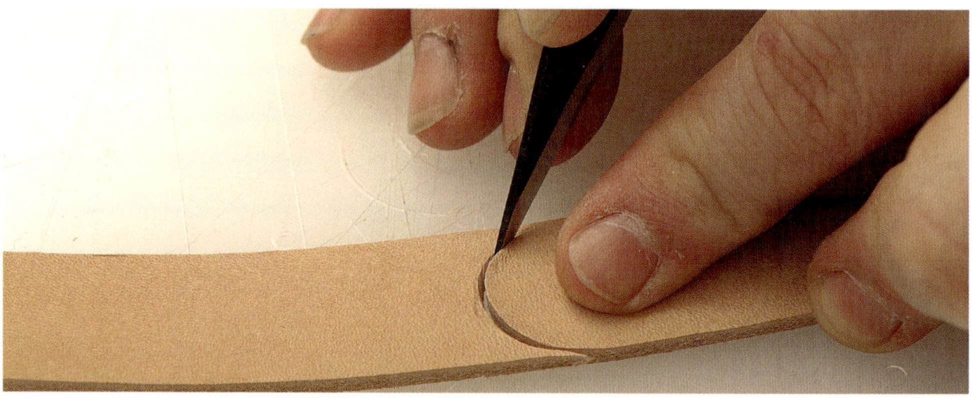

An der Markierung wird der Riemen wie auf der anderen Seite gerundet.

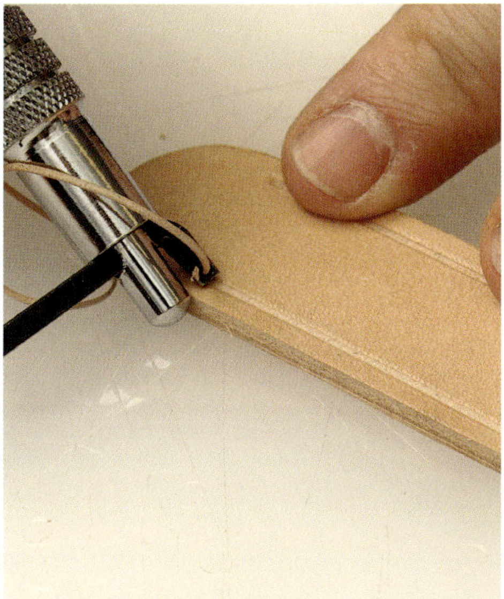

Wir schneiden im Abstand von etwa vier Millimetern eine Nut entlang der Außenkanten.

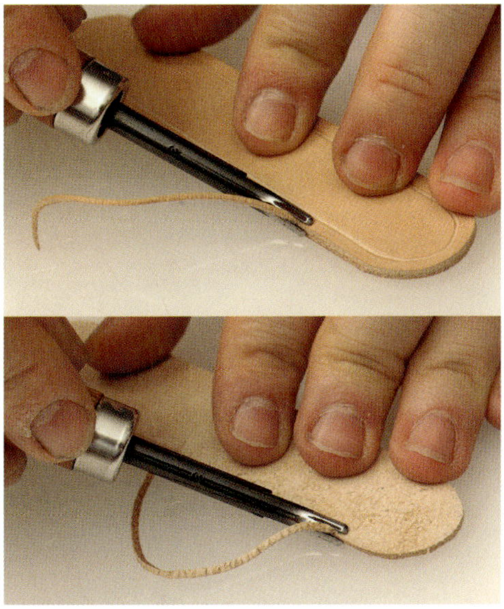

Die Schnittkanten werden auf beiden Seiten mit dem Kantenbrecher der Größe 3 gebrochen.

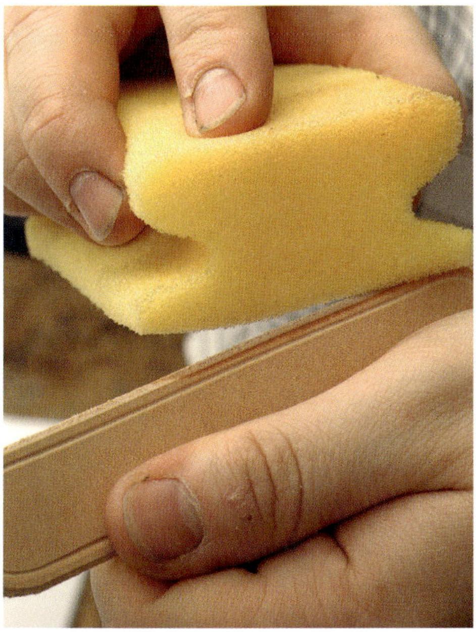

Mit dem Schwamm werden die Schnittkanten gleichmäßig angefeuchtet.

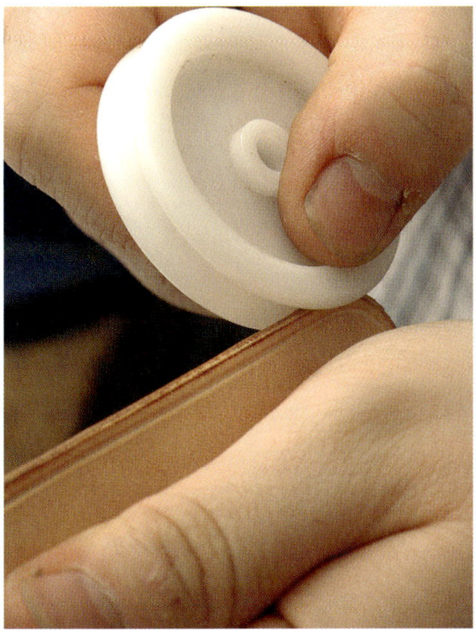

Die Kanten werden mit dem Burnishing-Weel geglättet und auf Glanz gebracht.

Wir markieren den Mittelpunkt der Rundung an einer Seite des Riemens, stanzen ein Loch mit der 4-Millimeter-Lochpfeife aus und setzen den unteren Teil des Druckknopfs auf die Lederoberseite. Damit die Niete des Druckknopfs später das Holz des Griffs nicht verkratzt, kleben wir ein kleines Stück dünnes Ziegenleder darüber.

Der vorbereitete Riemen wird wieder um den Messergriff gelegt, so dass der Druckknopf mittig am Griff zu liegen kommt. Wir klappen den Riemen auf, wobei wir ihn fest auf die Lasche des Loops drücken und festhalten. Nun zeichnen wir den Mittelpunkt des Griffs auf dem aufgefalteten Riemen ein.

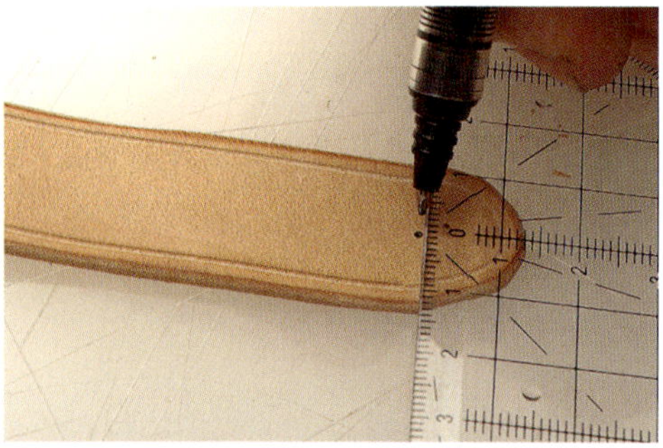

Wir markieren an einem Ende des Riemens den Mittelpunkt der Rundung und setzen das Unterteil des Druckknopfs ein.

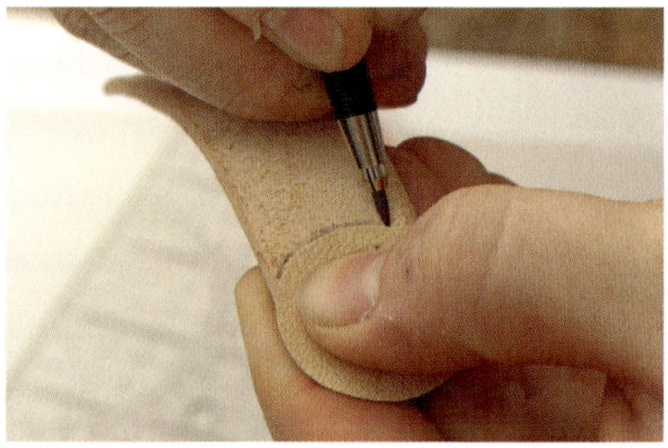

Nachdem der Druckknopf gesetzt wurde, wird seine flache Rückseite mit feinem Ziegenleder beklebt, damit sie später keine Macken auf dem Griff des Messers hinterlässt.

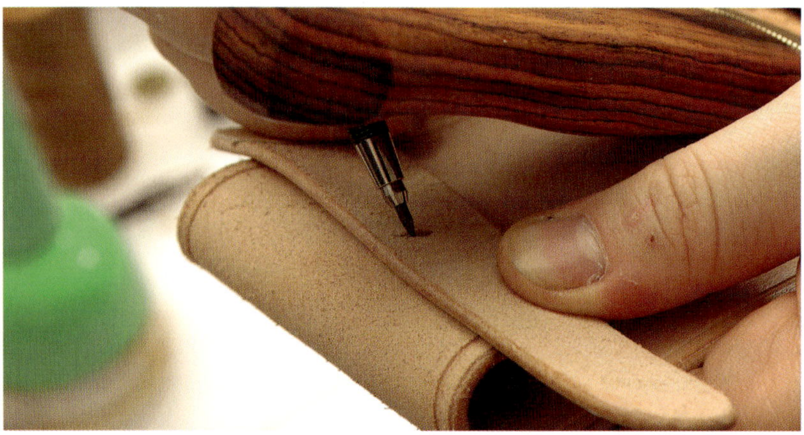

Der Riemen wird in Position gebracht und der Punkt markiert, an dem der Riemen mit dem Mexican Loop durch eine Niete verbunden wird.

Mit der 4-Millimeter-Lochpfeife stanzen wir das Loch für die Verbindungsniete aus. Der Riemen wird wieder am Griff ausgerichtet, aufgeklappt und auf den Loop gedrückt. Er darf nicht verrutschen, denn nun übertragen wir den Mittelpunkt des Lochs auf den Loop. An der markierten Stelle stanzen wir ein 4-Millimeter-Loch aus.

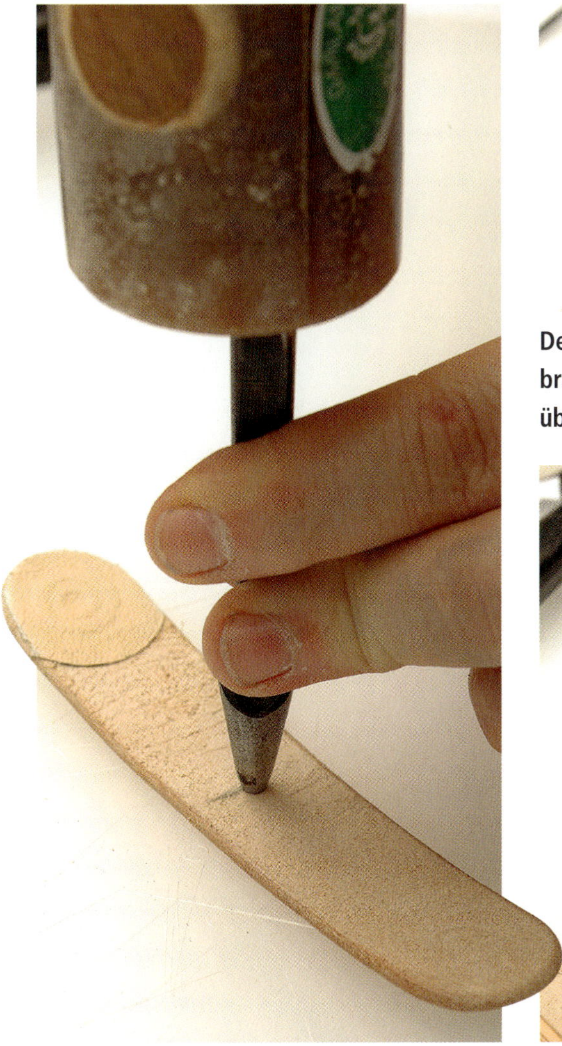

Das Loch für die Niete wird am Sicherungsriemen mit einer 4-Millimeter-Lochpfeife ausgestanzt.

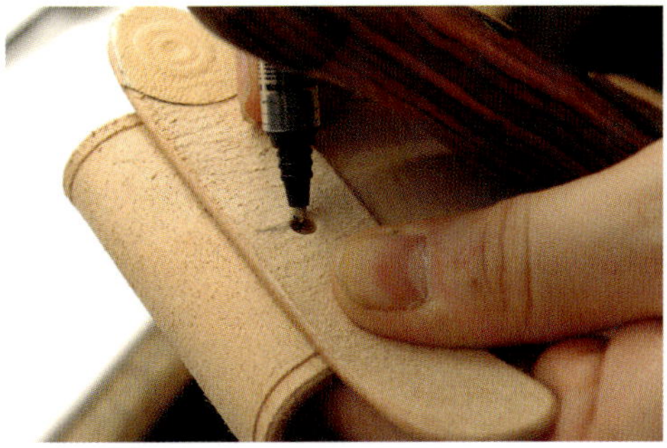

Der Riemen wird wieder in Position gebracht und das Loch auf den Mexican Loop übertragen.

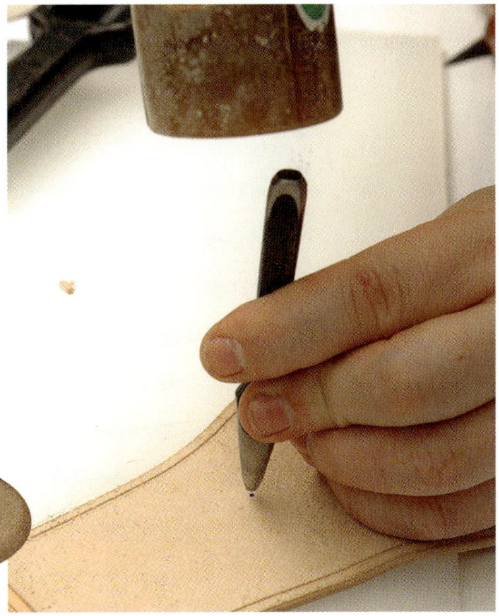

Das Loch für die Niete wird auch am Loop mit einer 4-Millimeter-Lochpfeife ausgestanzt.

Von der Rückseite des Loops wird das Unterteil des Niets eingesteckt. Von der Oberseite stecken wir den Sicherungsriemen auf und drücken das Oberteil der Niete mit dem Unterteil zusammen. Unser Bauteil wird auf eine feste Stahlunterlage gelegt und die Niete mit gleichmäßigen Schlägen mit dem Schusterhammer vernietet.

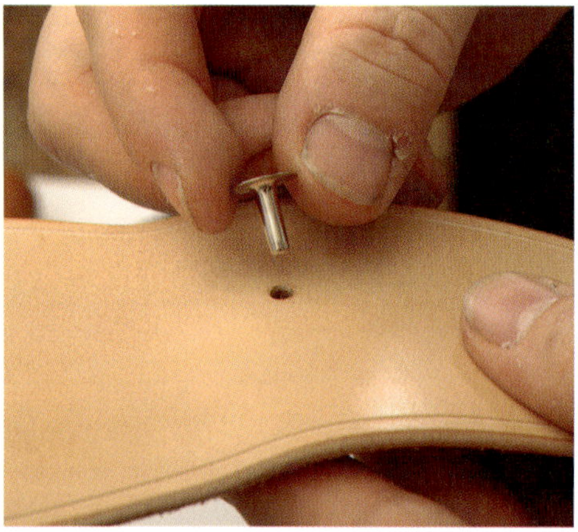

Wir stecken das Unterteil der Niete von der Rückseite des Loops in das vorbereitete Loch.

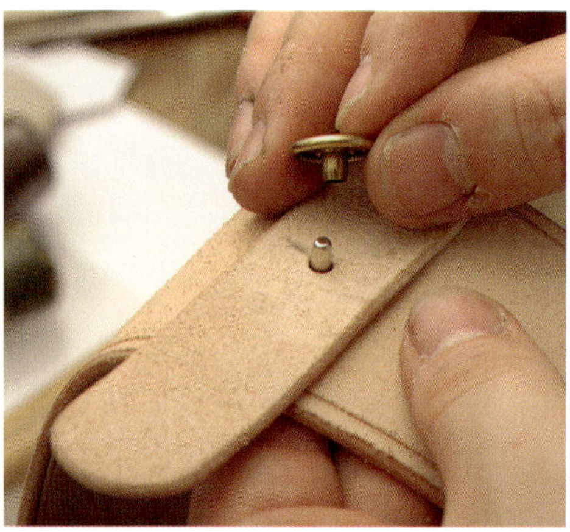

Der Riemen wird von der Vorderseite des Loops aufgefädelt und das Oberteil der Hohlniete aufgesteckt.

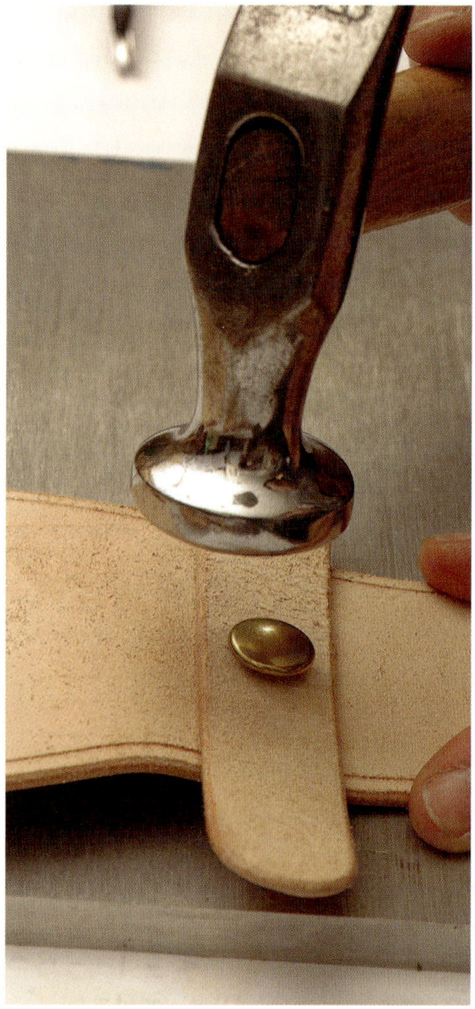

Das Werkstück wird auf einer Stahlplatte mit dem Schusterhammer und sanften Schlägen vernietet, bis die Niete eine feste Verbindung erzeugt hat.

Wir stecken das Bowie wieder in die Scheide und legen den Sicherungsriemen um den Griff. Nun wird der Mittelpunkt des Druckknopfunterteils auf die Oberseite des darüber liegenden Riemenendes gezeichnet. Die markierte Stelle wird mit der 4-Millimeter-Lochpfeife ausgestanzt und der Oberteil des Druckknopfs eingepresst. Der Druckknopfverschluss sitzt und schließt zuverlässig.

Um die Oberseite des Druckknopfs aus Messing an das Messer anzupassen, polieren wir ihn ein wenig auf. Dazu schneiden wir ein kleines Loch in ein Stück Frischhaltefolie und ziehen diese über den Nietkopf, so dass das Leder beim Polieren an der Polierscheibe geschützt bleibt und keine Polierpaste abbekommt. Nach dem Polieren wird der Druckknopf von Polierpaste gereinigt und die Folie entfernt.

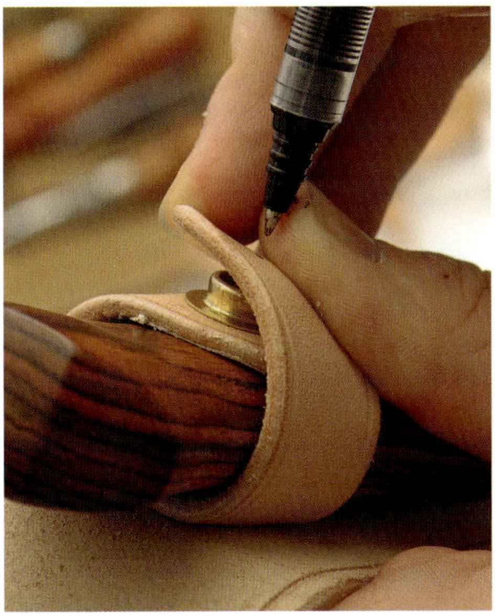

Wir legen das Messer in die Scheide und zeichnen die Position für das Oberteil des Druckknopfverschlusses an.

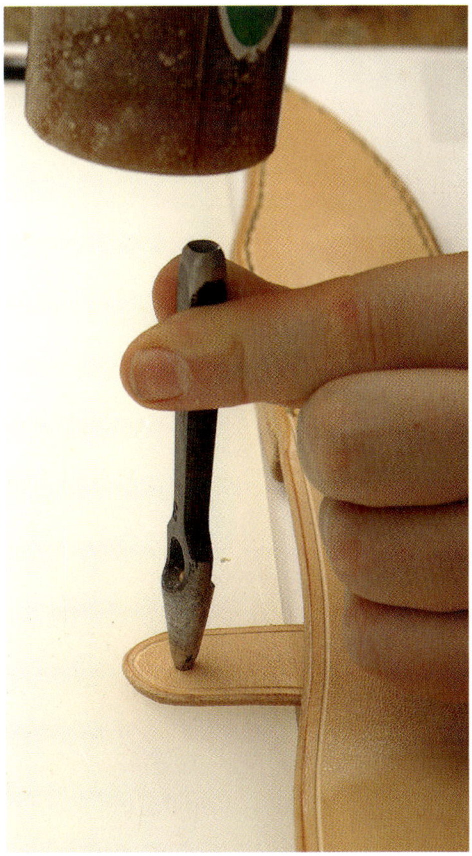

Mit der 4-Millimeter-Lochpfeife stanzen wir das Loch aus.

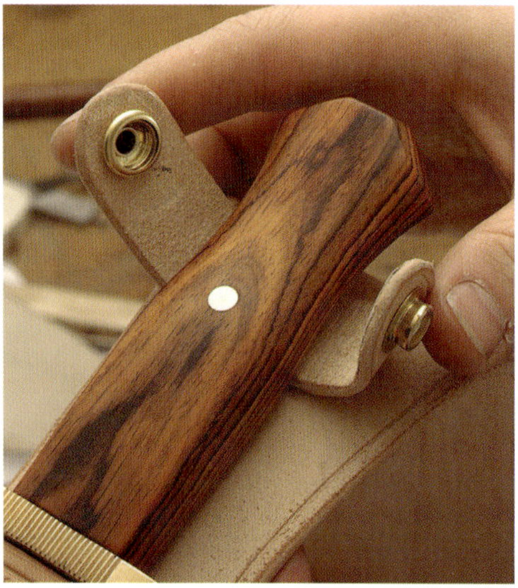

Das Oberteil des Druckknopfverschlusses wird eingepresst und die Platzierung sowie die Funktion überprüft.

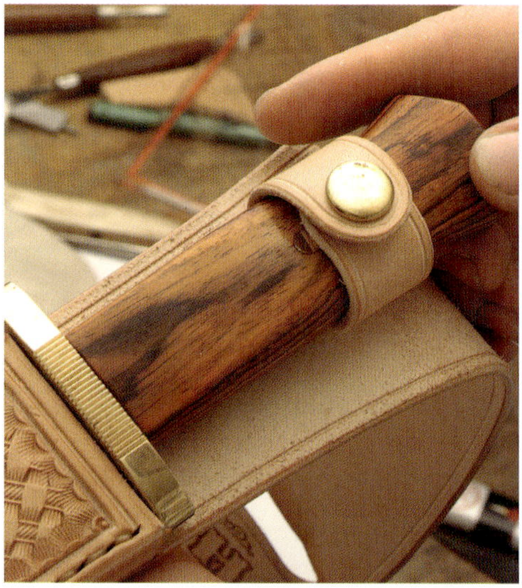

Der Riemen sitzt, und der Druckknopf sichert das Messer zuverlässig gegen unbeabsichtigtes Herausrutschen.

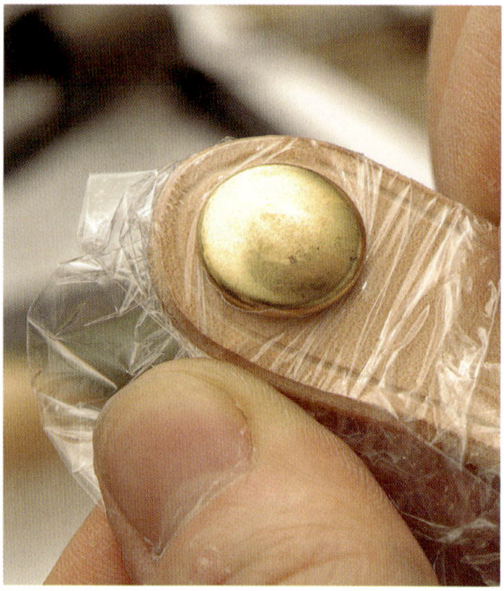

Da unsere Druckknopfkappe aus mattiertem Messing besteht, die Beschläge des Messers jedoch poliert sind, arbeiten wir ein wenig nach. Dazu wird das Leder mit Frischhaltefolie abgedeckt.

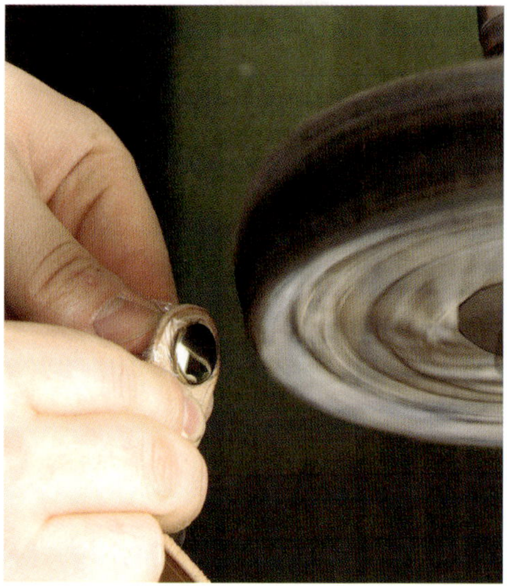

An der Polierscheibe bringen wir das Messing auf Glanz.

1.6 Färben der Scheide

Bevor wir mit dem Färben der Scheide beginnen, bereiten wir unseren Arbeitsplatz vor. Die Werkbank wird mit Papier abgedeckt. Lederfarben, Pinsel, Schwamm, Einmalhandschuhe und Frischhaltefolie werden bereitgelegt. Für die Scheide haben wir zwei Farben ausgewählt: Als Grundfarbe benutzen wir Tan, ein heller, orangestichiger Braunton, den wir mit brauner Antikfarbe kombinieren. Das soll später einen interessanten Farbeffekt ergeben, da sich die Antikfarbe in den Vertiefungen der Scheide sammelt und den Farbton nachdunkelt.

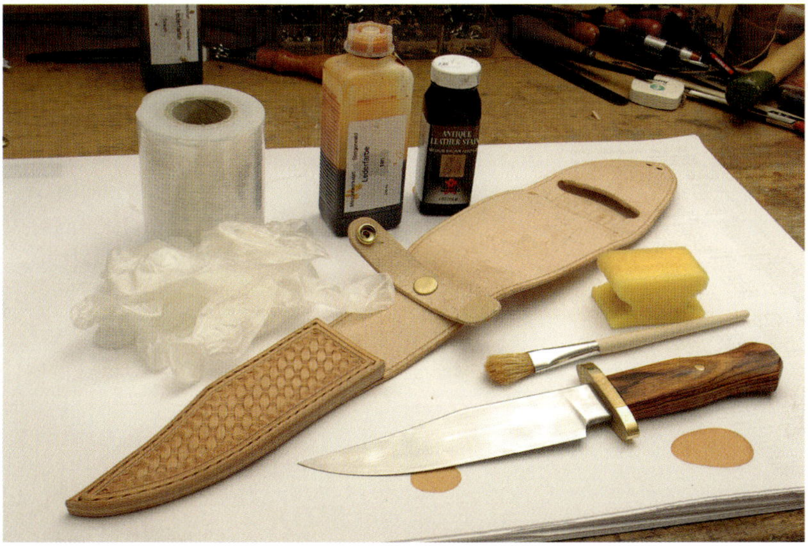

Der Arbeitsplatz wird zum Färben vorbereitet.

Wir packen das Messer in Frischhaltefolie, damit es keine Farbe abbekommt.

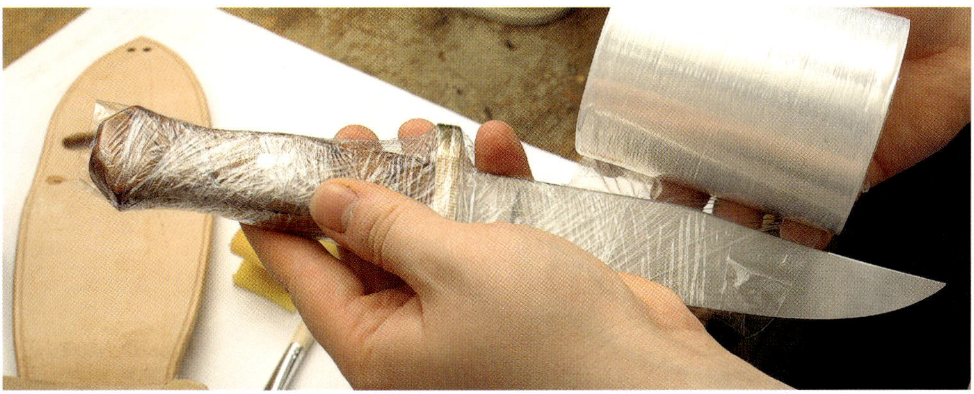

Das Messer wird komplett mit Frischhaltefolie eingepackt, damit es nicht versehentlich eingefärbt wird. Es folgt der erste Färbeschritt, bei dem wir die helle Lederfarbe gleichmäßig mit dem Pinsel auf die Scheide auftragen. Zum Färben sollte der Scheidenkörper ausgefädelt sein, damit man alle Stellen färben kann. Auch die unzugänglichen Bereiche rund um den Sicherungsriemen werden eingefärbt, damit später keine hellen Stellen bleiben.

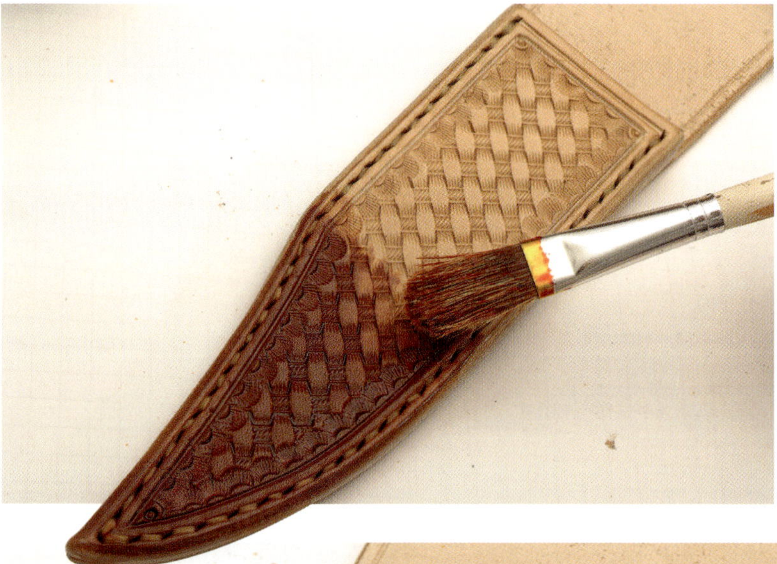

Wir haben uns für einen rustikalen Orangebraunton entschieden, passend zum Messergriff. Dazu färben wir die Scheide zunächst mit Lederfarbe im Farbton Tan ein.

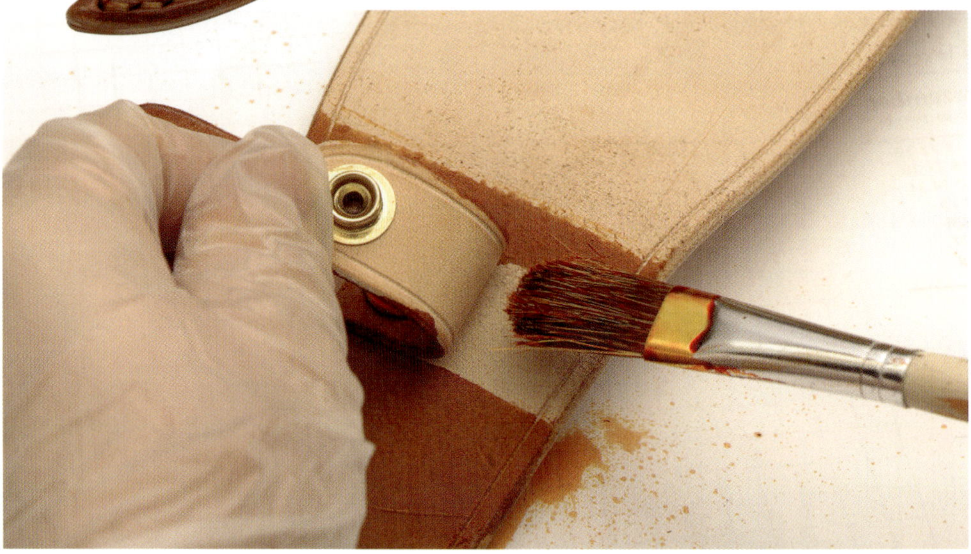

Auch schwer zugängliche Stellen werden eingefärbt.

Nachdem die Lederfarbe etwas abgelüftet ist, tragen wir die braune Antikfarbe auf. Sie sollte vor dem Gebrauch gut aufgeschüttelt werden, da sie Farbpigmente enthält. Mit dem Schwamm wird die Lederfarbe tief ins Leder und die Vertiefungen der Punzierung eingerieben. Auch der Rest der Scheide wird komplett mit Antikfarbe eingestrichen.

Nach kurzer Antrocknungszeit kann man die überschüssigen Farbpigmente mit dem Schwamm und etwas Wasser abwischen. Die noch feuchte Scheide wird in die Lasche gesteckt. Das Messer kommt in die Scheide, und der Sicherungsriemen wird geschlossen. Nun kann die Scheide einige Tage lang trocknen.

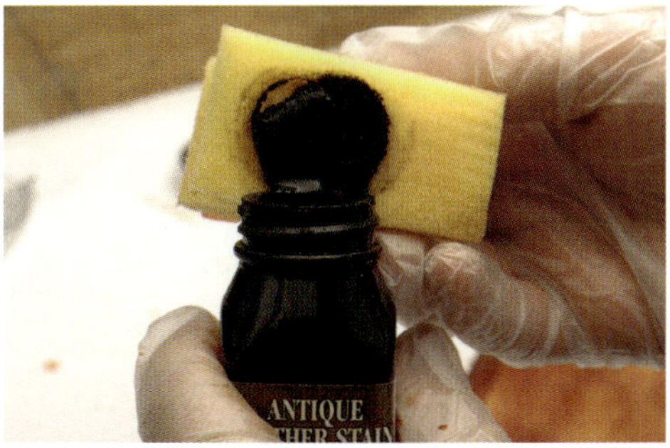

Anschließend schütteln wir die braune Antik-Lederfarbe kräftig auf und tränken den Schwamm damit.

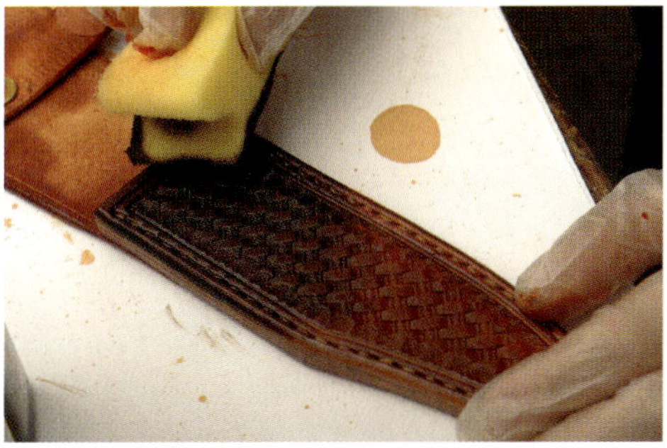

Die Antik-Farbe wird kräftig ins Leder eingerieben, damit sie auch in den Punzierungen haften bleibt. Anschließend wird der Farbüberschuss wieder mit dem Schwamm entfernt.

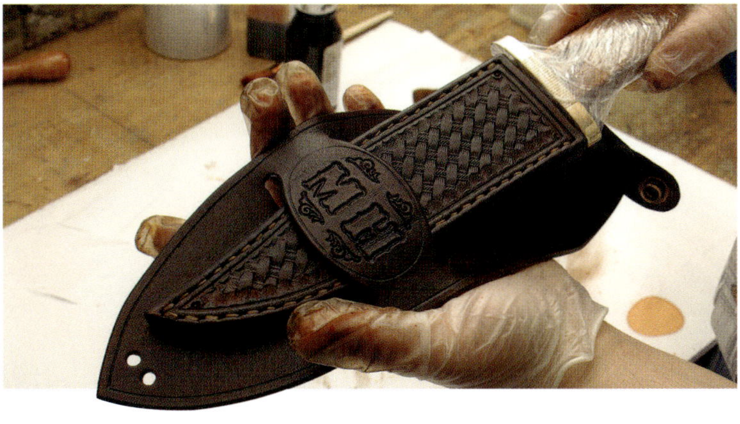

Wir schieben die Scheide durch die Lasche des Loops und formen die noch von der Lederfarbe nasse Scheide nach. Nun kann alles in Ruhe trocknen.

1.7 Schnittkantenversiegelung und Imprägnierung

Nachdem die Scheide trocken ist, beginnen wir mit der Kantenversiegelung und dem Imprägnieren. Wir legen Papier aus und stellen unsere Materialien und Werkzeuge bereit. Zur Versiegelung der Schnittkanten benutzen wir transparente Kantenfarbe. Sie wird mit dem Pinsel gleichmäßig auf den Schnittkanten und auch auf der sichtbaren Fleischseite des Leders aufgetragen, damit sich diese im späteren Gebrauch nicht aufraut und einen zusätzlichen Schutz bekommt. Die Kantenfarbe zieht tief ins Leder ein. Die Versiegelung muss mehrmals aufgetragen werden, bis eine leicht glänzende Schicht auf den Schnittkanten entstanden ist.

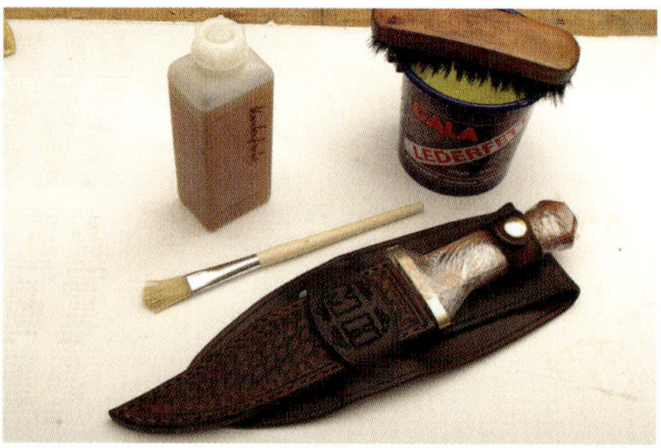

Wir bereiten unseren Arbeitsplatz für das Imprägnieren der Scheide vor.

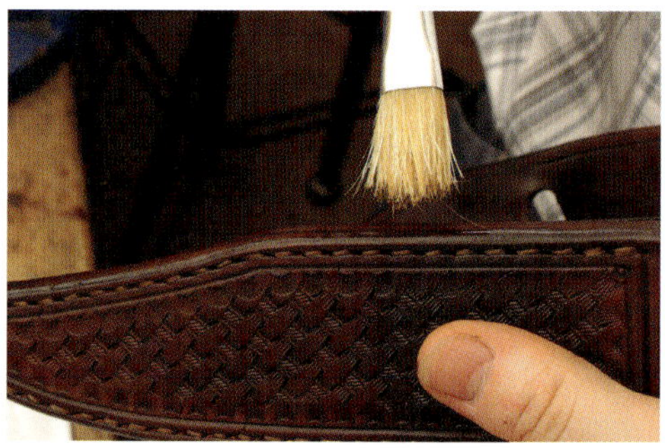

Die Schnittkanten werden mehrfach mit transparenter Kantenfarbe eingestrichen, bis diese einen leicht glänzenden Film hinterlässt.

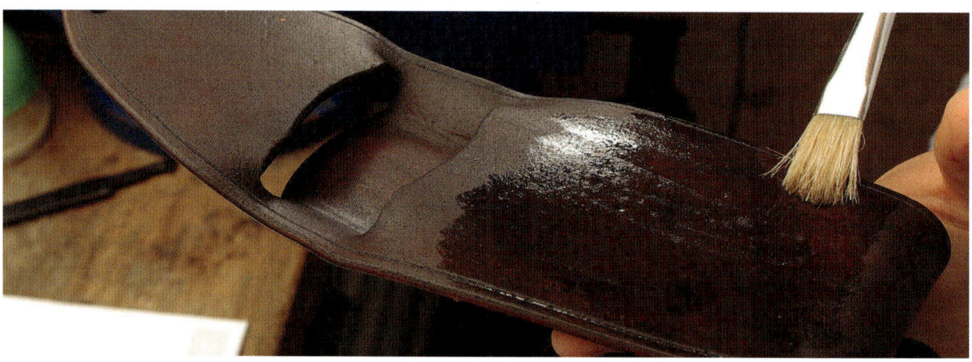

Auch die Fleischseite des Loops wird gleichmäßig mit transparenter Kantenfarbe bestrichen, um ein späteres „Fusseln" des Leders zu vermeiden.

Nach dem Antrocknen der Kantenfarbe wird die Scheide imprägniert. Dazu verwenden wir ein Lederfett mit hohem Bienenwachsanteil. Das Lederfett zieht tief ins Leder ein, während das enthaltene Bienenwachs auf der Oberfläche die Poren des Leders verschließt. Zum Einreiben des Lederfetts eignet sich am besten eine Schuhbürste, da man damit auch in die Vertiefungen der Punzierung kommt. Der Imprägniervorgang sollte mehrmals wiederholt werden, da das Leder viel Fett aufnehmen kann.

Nachdem das Lederfett eingezogen ist, bleibt oft ein heller Bienenwachsfilm auf der Lederoberfläche zurück. Diesen polieren wir mit einem Tuch weg. Überschüssiges Bienenwachs in den Vertiefungen lässt sich mit der Spitze unseres Hornwerkzeugs entfernen. Bei den feinen Punzierungen kann man das auch mit einer Zahnbürste machen. Wir fädeln den Oberschenkelriemen, einen drei Millimeter Ledersenkel, durch die beiden vorbereiteten Löcher an der Spitze des Loops – und fertig ist unsere Mexican-Loop-Scheide!

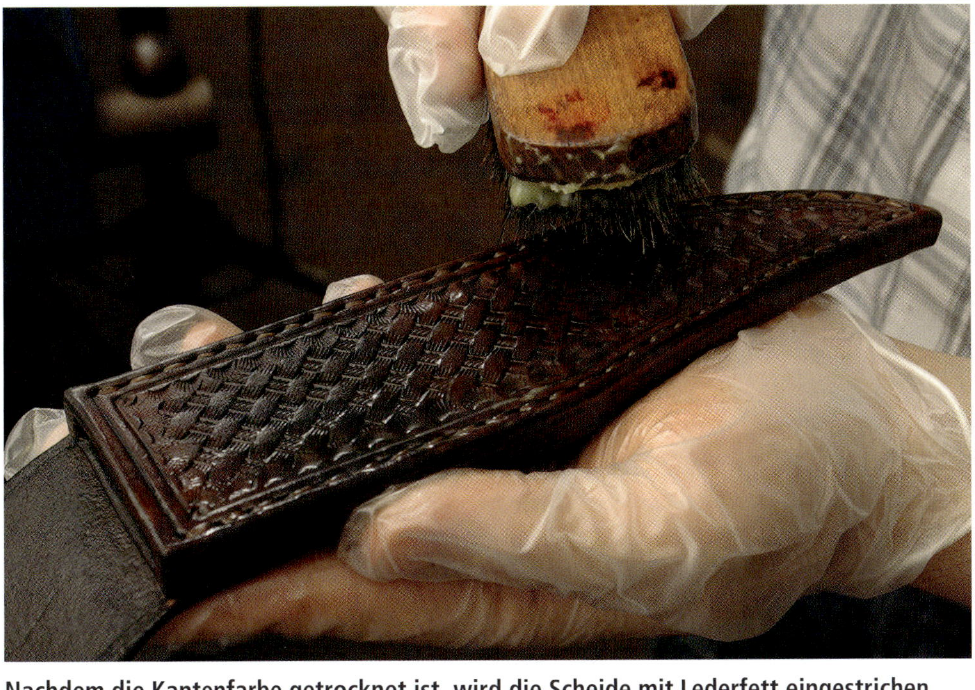

Nachdem die Kantenfarbe getrocknet ist, wird die Scheide mit Lederfett eingestrichen. Wir benutzen eine Bürste, um das Fett auch in die Vertiefungen der Punzierungen einzuarbeiten.

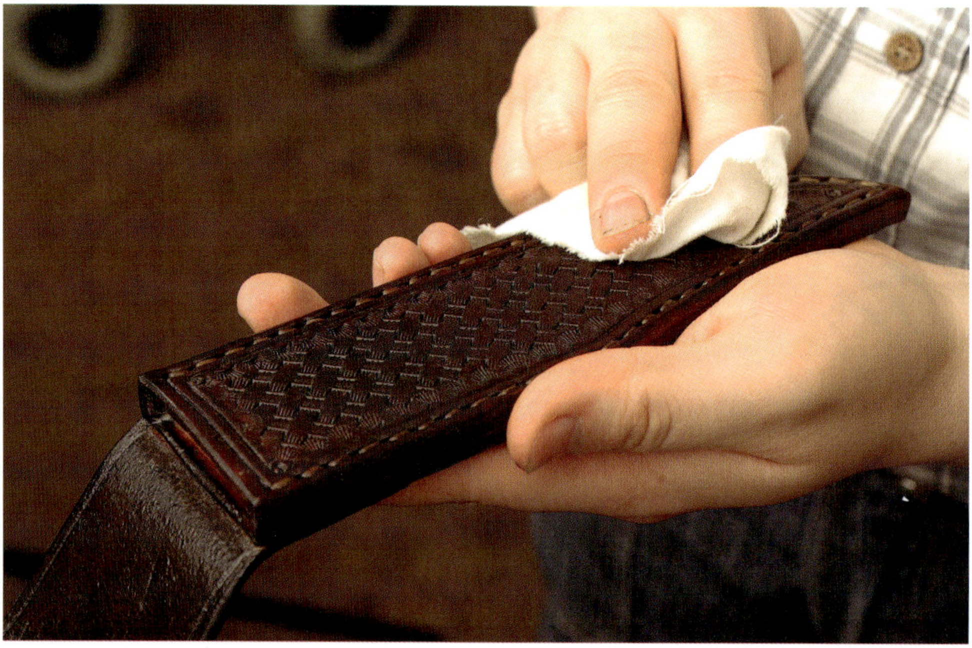

Nachdem das Lederfett eingezogen ist, entfernen wir überschüssiges Bienenwachs mit einem Tuch und bringen die Lederoberfläche auf Glanz.

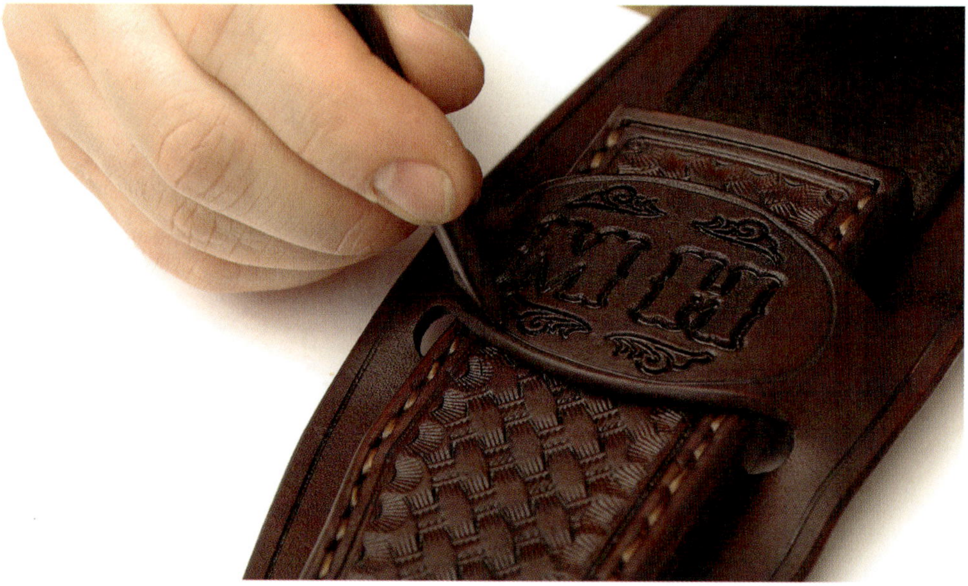

Hat sich ein wenig Bienenwachs in den Vertiefungen abgesetzt, kann es vorsichtig mit unserem Hornwerkzeug entfernt werden.

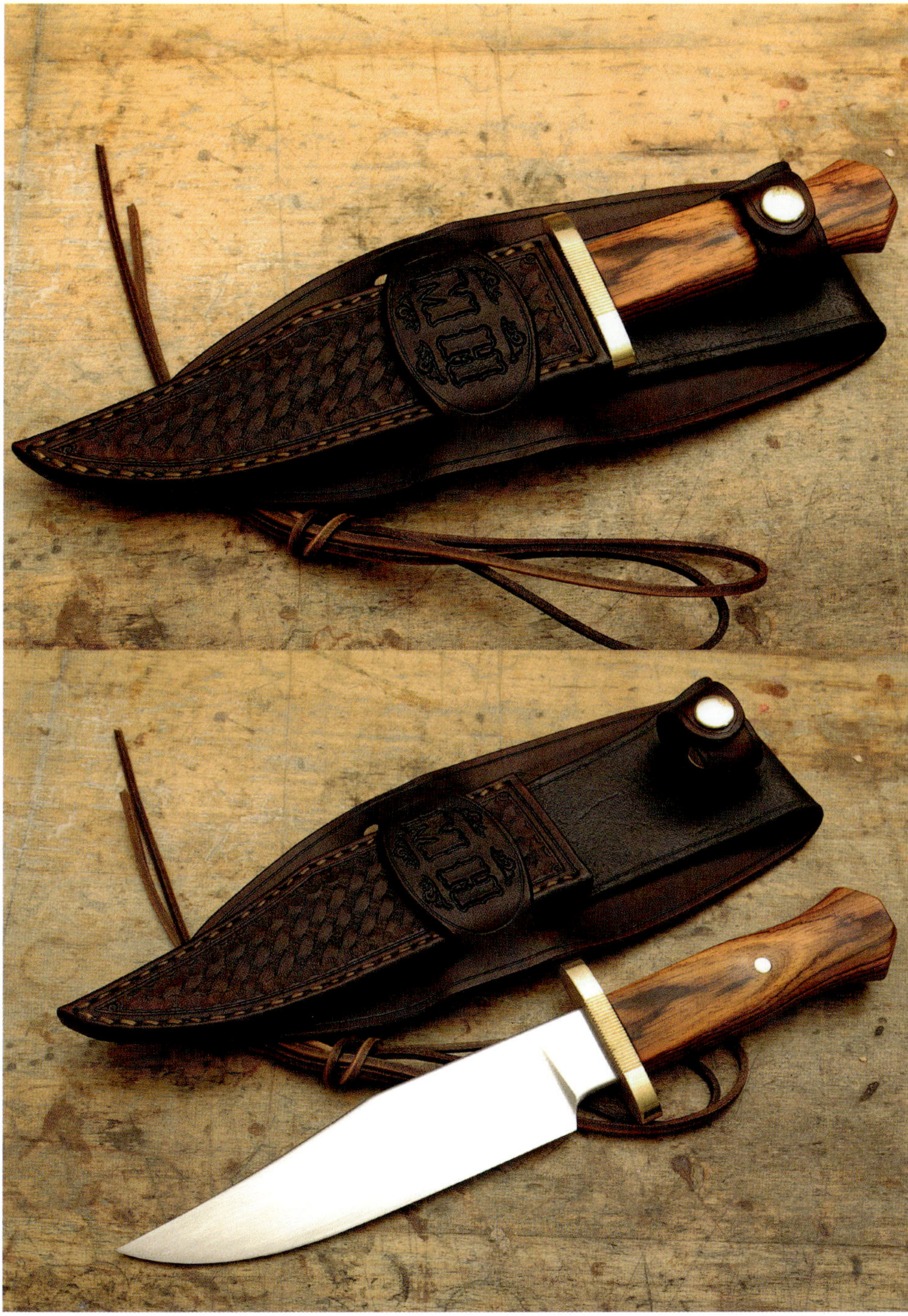

Die fertige Mexican-Loop-Scheide.

PROJEKT II:

Rahmengenähte Scheide mit Druckknopfverschluss

2.1 Planung und Gestaltung der Scheide

Als zweites Projekt haben wir uns ein nicht ganz alltägliches Jagdmesser ausgesucht. Es hat eine sehr breite, geschwungene Klinge mit einem leicht gebogenen Griff. Um das Messer sicher bei sich tragen zu können, bedarf es einer besonderen Scheidenkonstruktion. Wir haben uns für eine rahmengenähte Lederscheide entschieden, die wir mit einer Gürtelschlaufe, einem speziell gearbeiteten Keder und einer Lasche zur Sicherung des Messers versehen werden.

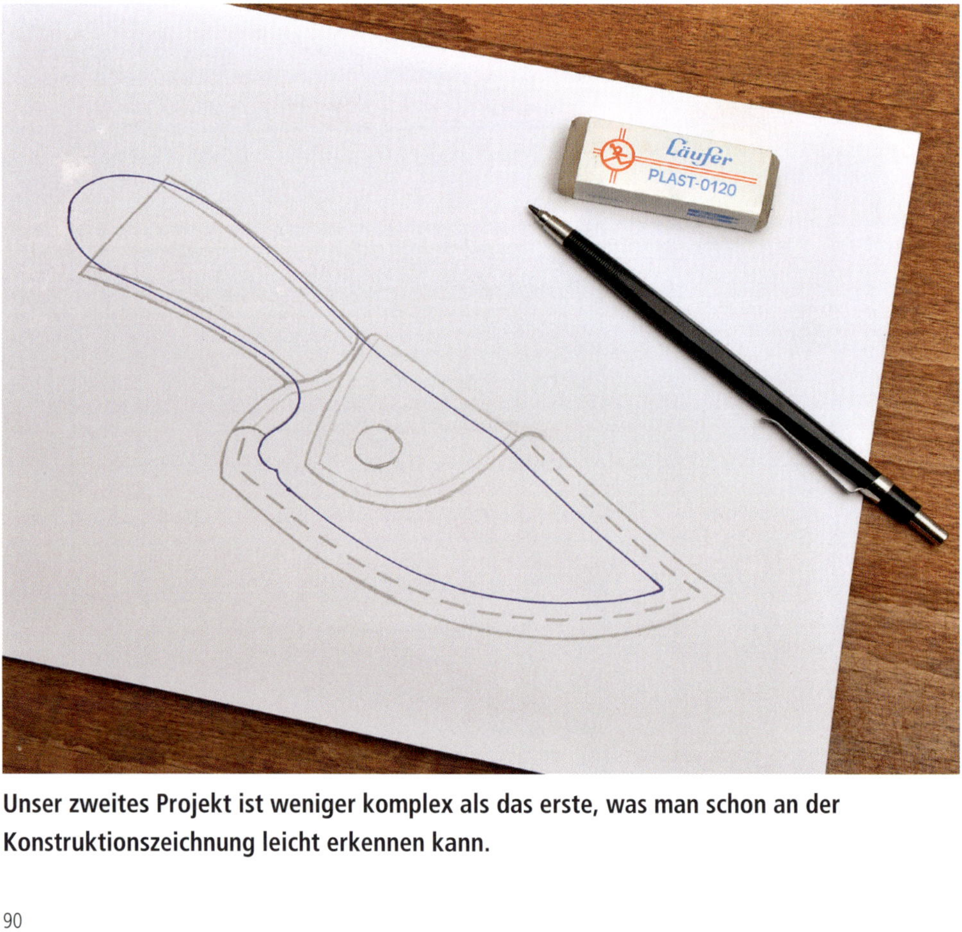

Unser zweites Projekt ist weniger komplex als das erste, was man schon an der Konstruktionszeichnung leicht erkennen kann.

Die Scheide selbst soll schlicht und klassisch wirken, weshalb das Blankleder nicht gefärbt wird. Es wird mit der Zeit von selbst dunkler werden und im Gebrauch eine unverwechselbare Patina annehmen. Wir beginnen die Planung der Scheide und bringen unsere Ideen in einer Skizze zu Papier.

MATERIALIEN UND WERKZEUGE

Material:
Kartonpapier, DIN A4
Blankleder, Stärke 2,5-3,0 mm
Ziegenleder, Stärke 0,2-0,5 mm
Kunstsehne
Kontaktkleber
1 Satz Druckknöpfe
Bienenwachs
Frischhaltefolie
Lederfett mit Bienenwachs

Werkzeug:
1 Bleistift
1 Radiergummi
1 Geodreieck
1 Schieblehre
1 Papierschere
1 Schneidbrett (Kunststoff oder Holz)
1 Schustermesser
1 Falzbein oder selbstgebautes Hornwerkzeug
2 Sattlernadeln Gr. 2
1 Einstellbarer Nahtversenker
1 Kantenschneider Größe 3
1 Kantenschneider Größe 4
1 Zirkel mit Doppelspitze
1 V-Eisen
1 Schwertahle, ca. 3 mm breit
1 Ahlenheft
1 Stechunterlage
1 Lochpfeife 2 mm
1 Lochpfeife 4 mm
1 Satz Setzmatritzen für Druckknöpfe
1 Stahlunterlage
1 Schwamm
1 Feuerzeug
1 Rohhauthammer (oder Holz- bzw. Kunststoffhammer)
1 Schusterhammer (oder Schlosserhammer mit polierter Bahn)
1 Zange mit glattem Maul
2 Einmalhandschuhe
1 Schuhbürste
1 Baumwolltuch

Schnittmuster (nicht in Originalgröße)

1: Vorderes Blatt
2: Hinteres Blatt
3: Gürtelschlaufe
4: Keder
5: Sicherungslasche
6: Druckknopf

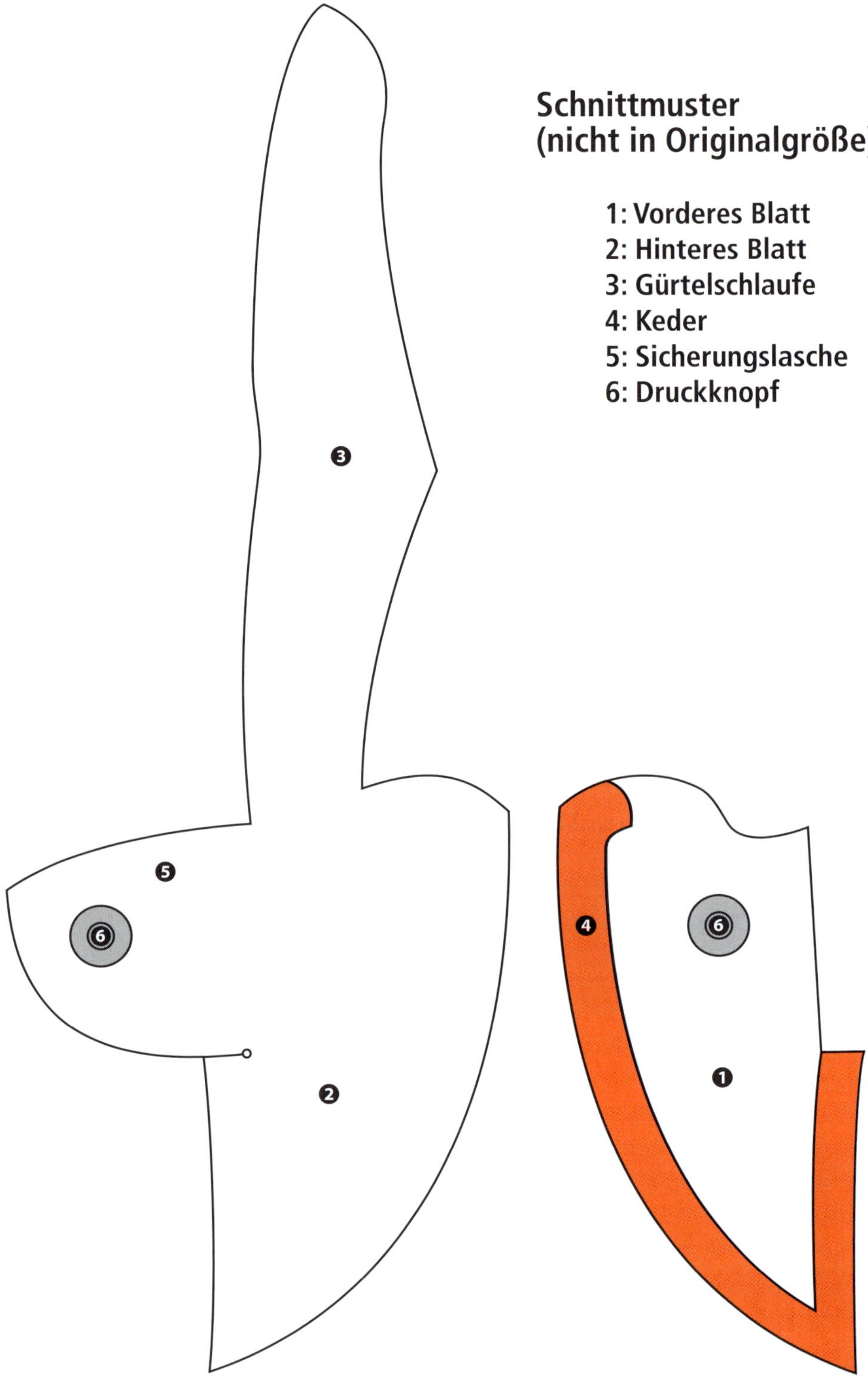

2.2 Herstellung des Schnittmusters

An unserem Zeichenarbeitsplatz beginnen wir mit der Schnittmustererstellung. Wir nehmen Kartonpapier zur Hand und übertragen den Umriss des Messers mit dem Bleistift. Um den Verlauf der Griffschalen in die Zeichnungen zu übernehmen, arbeiten wir mit Hilfslinien, die Anfang und Ende der Radien markieren. Auch am Klingenrücken, wo die Klinge einen Knick macht, setzen wir eine Markierung. Bis dorthin wird später die Sicherungslasche reichen.

Den Verlauf des Keders zeichnen wir mit einem Abstand von etwa acht Millimetern zur Klinge ein. Am Scheidenmund geben wir ebenfalls eine Zugabe von acht Millimetern. Dort wird später die Nase des Keders sitzen, die bei geschlossener Sicherungslasche die Klinge fest in der Scheide hält.

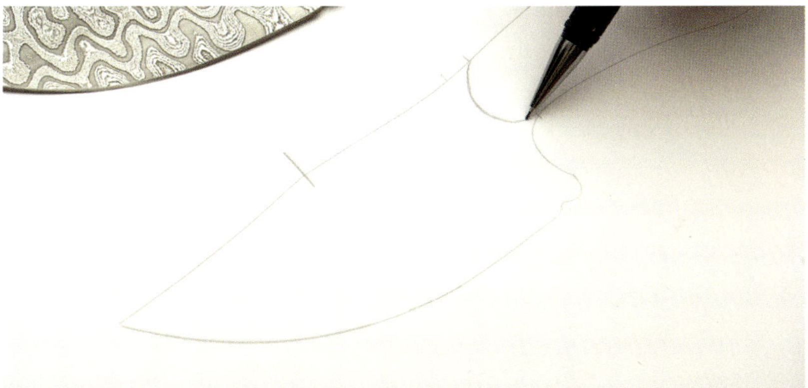

Die Konturen des Messers werden auf Kartonpapier übernommen.

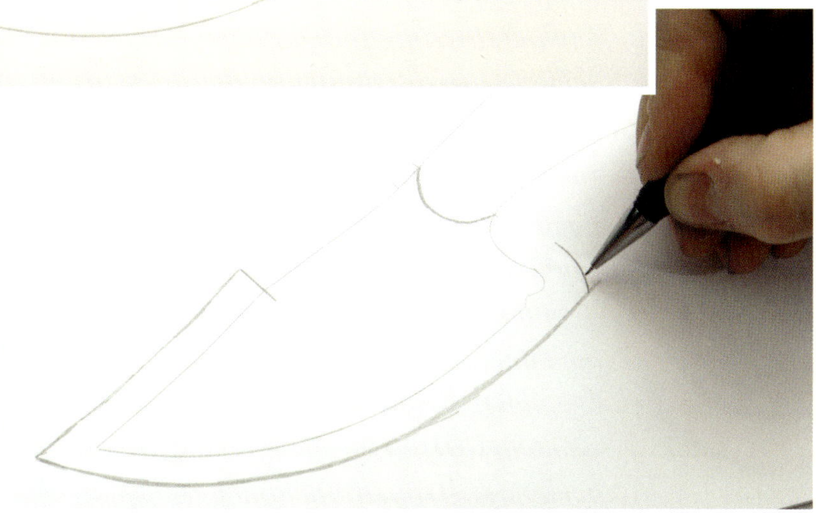

Der Verlauf des Keders im Abstand von etwa acht Millimetern wird eingezeichnet.

Um 90° versetzt zum Klingenrücken ziehen wir zwei parallele Linien an den markierten Punkten. Dort wird später die Sicherungslasche sitzen. Die spätere Form der Lasche und der Sitz des Druckknopfverschlusses werden eingezeichnet.

Um den Übergang am Scheidenmund etwas formschöner zu gestalten, verbinden wir die Kedernase und die Griffaussparung mit einem leichten Schwung. Die Gürtelschlaufe soll dem Verlauf des Griffs folgen. Parallel zu unseren Hilfslinien für die Verschlusslasche setzen wir das Ende der Gürtelschlaufe rund zwei Zentimeter unterhalb des Griffendes. Der exakte Verlauf der Kedernase wird eingezeichnet. Sie wird die Klinge später sicher in der Scheide halten. Nun arbeiten wir die Details aus. Nahtverläufe und Zierlinien werden eingezeichnet. Dann ist unsere Konstruktionszeichnung fertig.

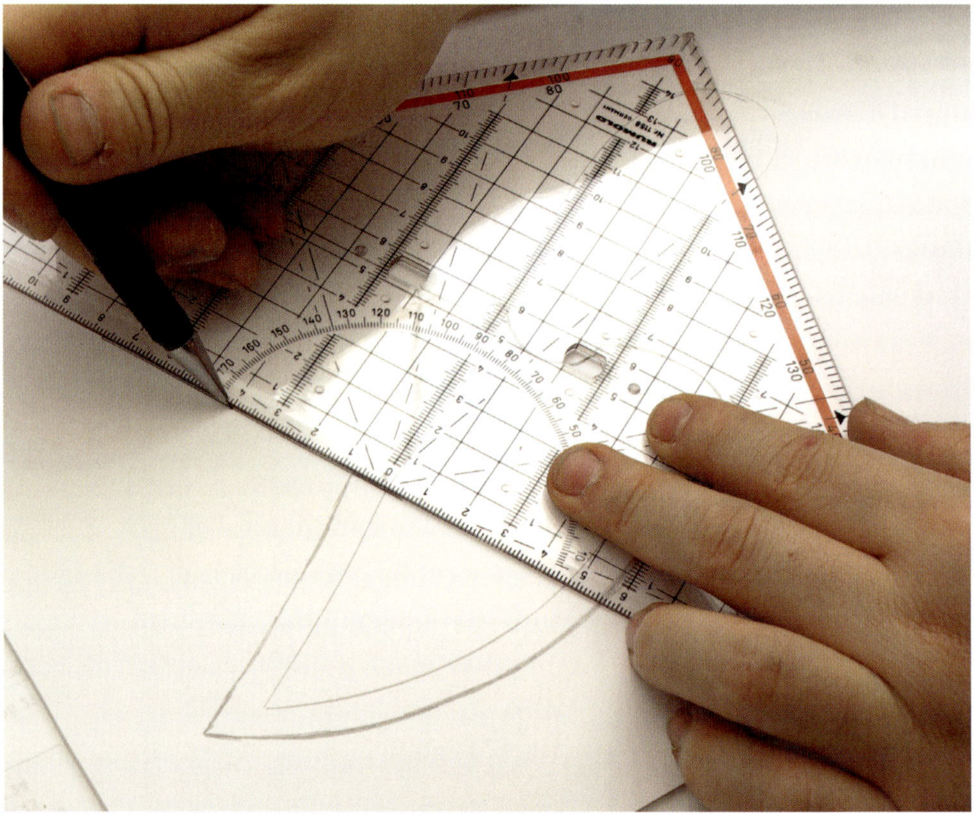

Mit dem Geodreieck wird der Verlauf der späteren Verschlusslasche eingezeichnet.

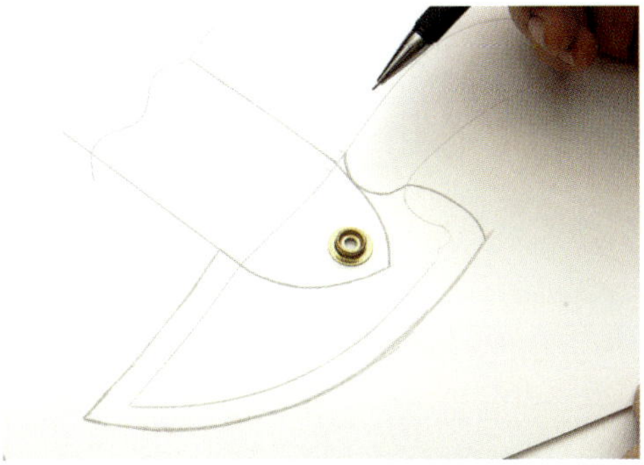

Der Verlauf des Scheidenmunds sowie der Verschlusslasche und des Druckknopfs werden eingezeichnet.

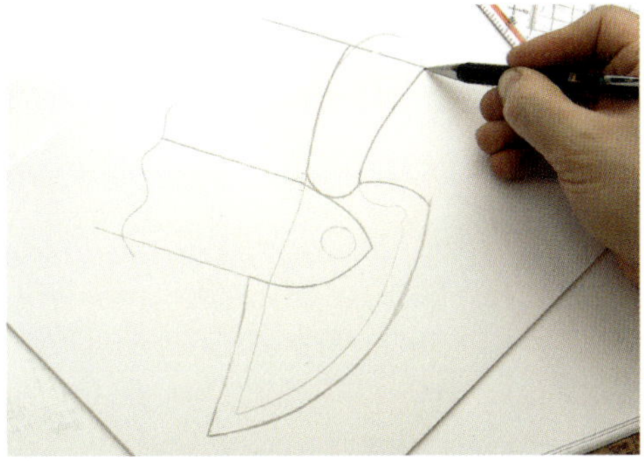

Der Griffkontur folgend wird die Gürtelschlaufe skizziert.

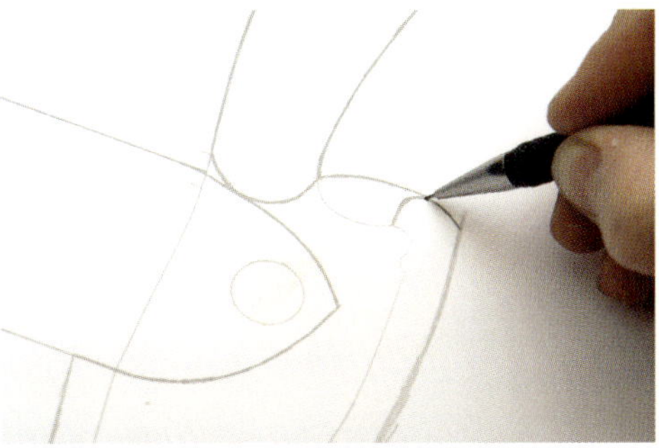

Es folgt die Nase des Keders, die später das Herausfallen des Messers verhindert.

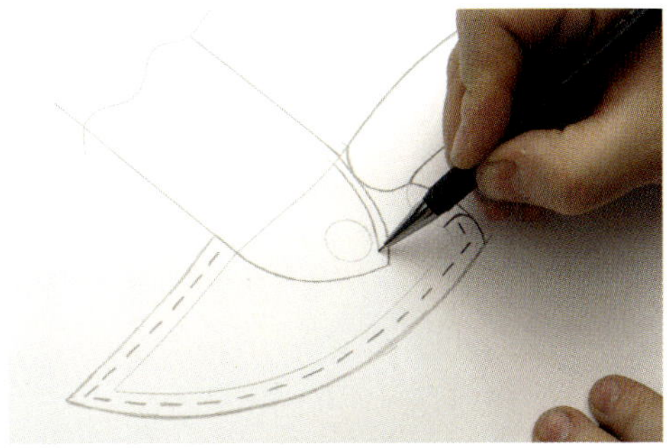

Nahtverläufe und Zierlinien werden eingezeichnet.

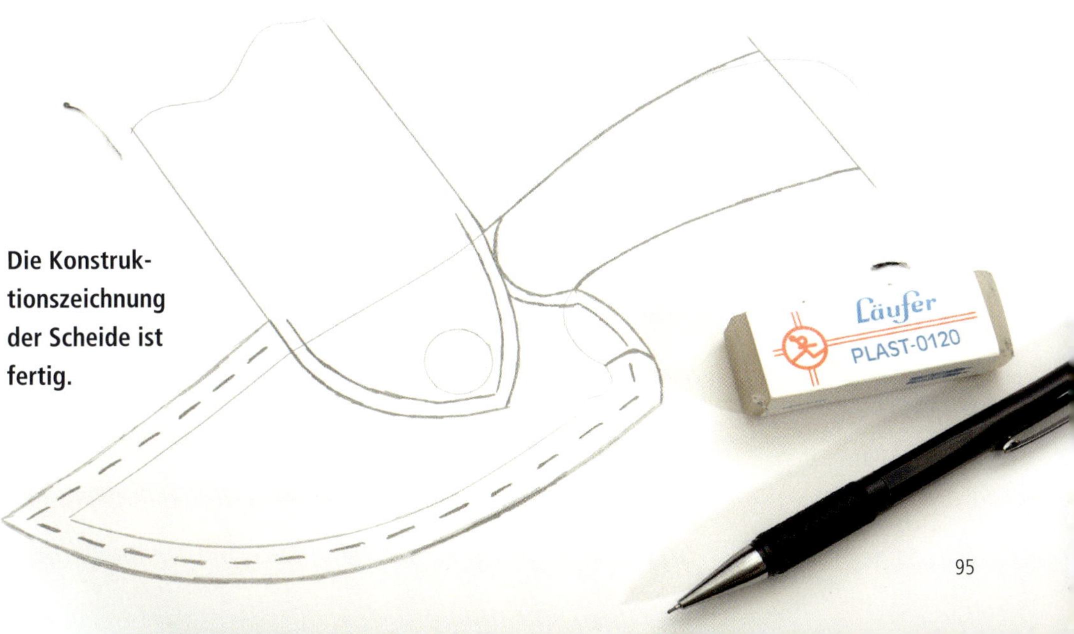

Die Konstruktionszeichnung der Scheide ist fertig.

Das Schnittmuster wird mit der Schere ausgeschnitten. Die Länge der Sicherungslasche wird angepasst. Wir lassen ein Übermaß von zwei bis drei Zentimetern. Damit haben wir genügend Reserve für die spätere Anpassung.

Das so erstellte Schnittmuster wird auf Kartonpapier übertragen. Um auch für die Gürtelschlaufe ein vollständiges Schnittmuster zu erhalten, legen wir die Schablone gespiegelt an der Oberkante der Gürtelschlaufe an und zeichnen diese nochmals ab. Damit wir die Gürtelschlaufe später annähen können, machen wir eine Zugabe von etwa zweieinhalb Zentimetern. Wir führen den Schwung der Gürtelschlaufe in die Spitze fort. Das Schnittmuster für das hintere Blatt ist soweit.

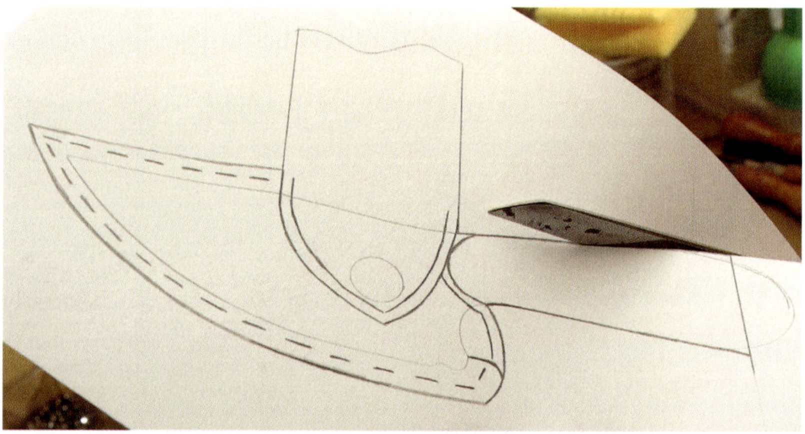

Mit der Schere schneiden wir die Konturen aus.

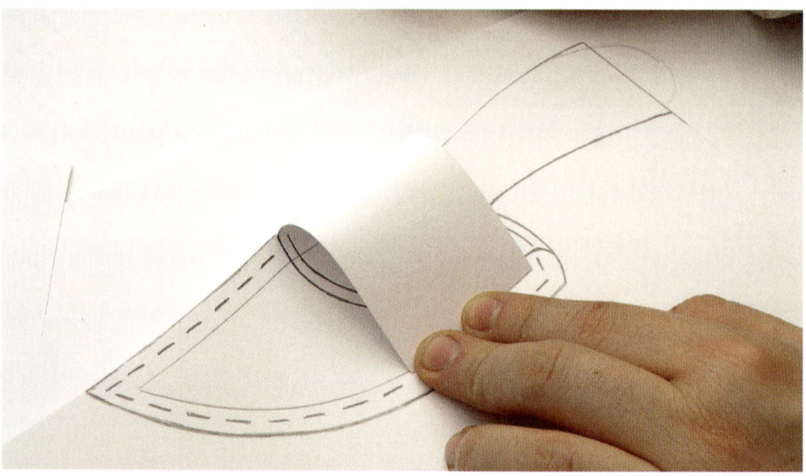

Die Länge der späteren Verschlusslasche wird überprüft. Unser Schnittmuster sollte zwei bis drei Zentimeter Übermaß haben.

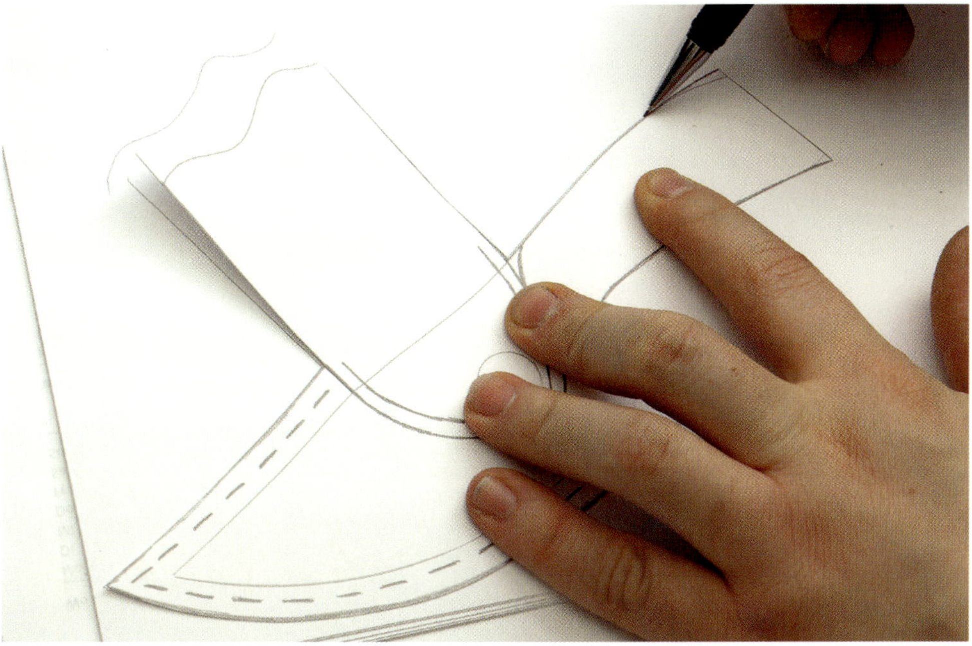

Wir legen das Schnittmuster auf Kartonpapier und zeichnen den Umriss nach.

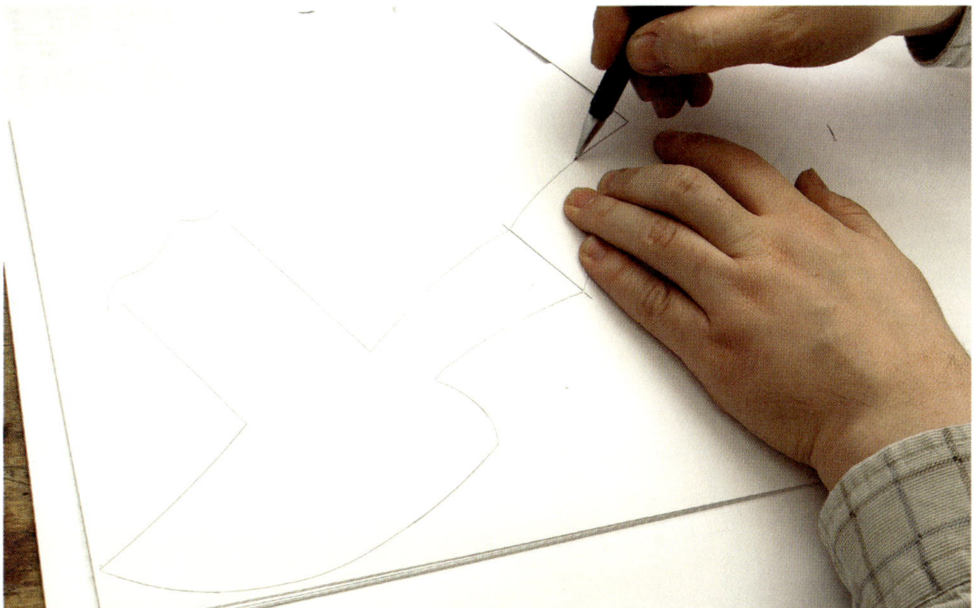

Am Ende der Gürtelschlaufe klappen wir die Schablone um, so dass wir die Gürtelschlaufe gespiegelt abzeichnen können.

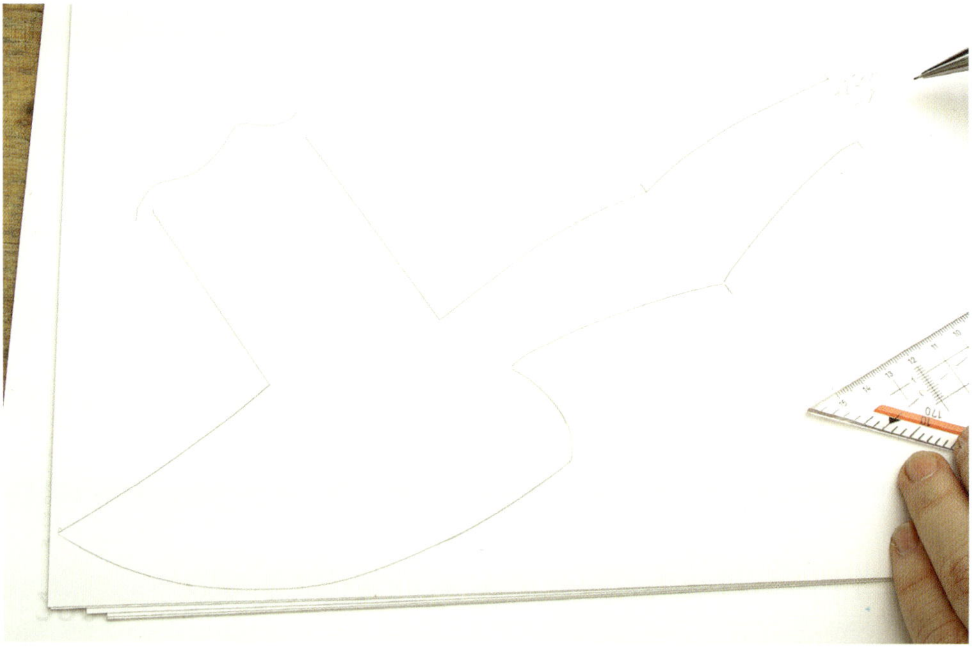

Damit wir die Gürtelschlaufe später festnähen können, geben wir ihr ein Zumaß von rund 2,5 Zentimetern.

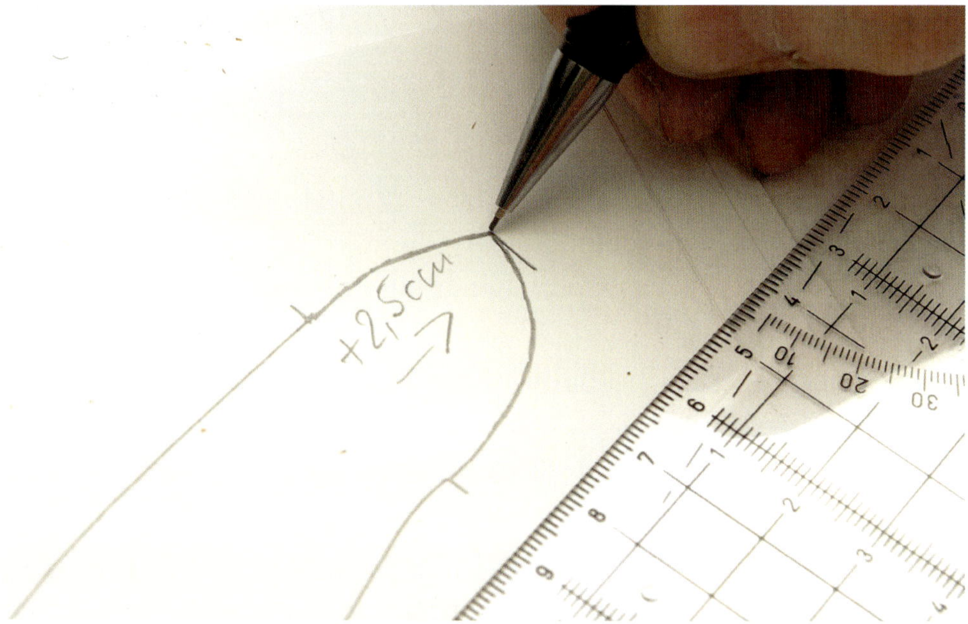

Die Spitze der Gürtelschlaufe wird dem Verlauf folgend aufskizziert.

Wir nehmen das erste Schnittmuster wieder zur Hand und schneiden die Sicherungslasche dem Klingenrücken folgend ab. Auch der Gürtelschlaufenansatz wird abgeschnitten. Nun passen wir die Kontur des Scheidenmunds an die Griffschalen des Messers an. Das Schnittmuster wird ebenfalls auf das Kartonpapier übertragen. Nun fehlt nur noch der Keder. Diesen schneiden wir dem Klingenverlauf folgend aus unserem Schnittmuster aus. Auch er wird auf das Kartonpapier übertragen und anschließend zusammen mit den anderen Schnittmustern ausgeschnitten.

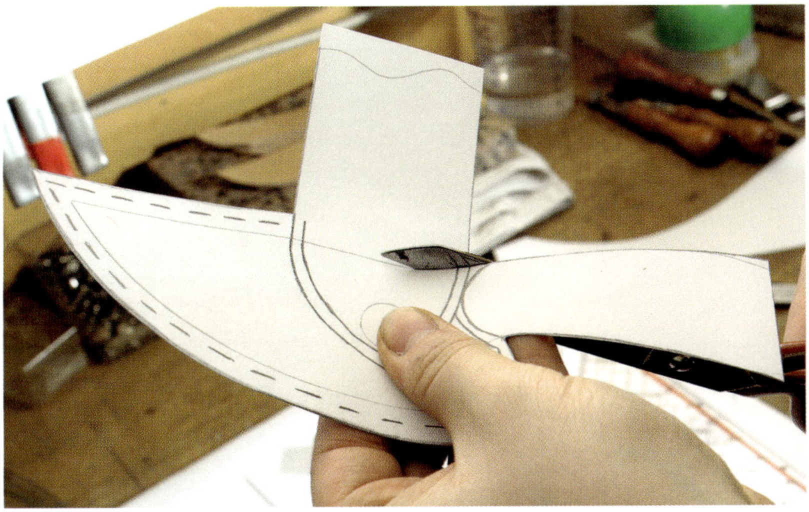

Die Verschlusslasche des ersten Schnittmusters wird abgeschnitten.

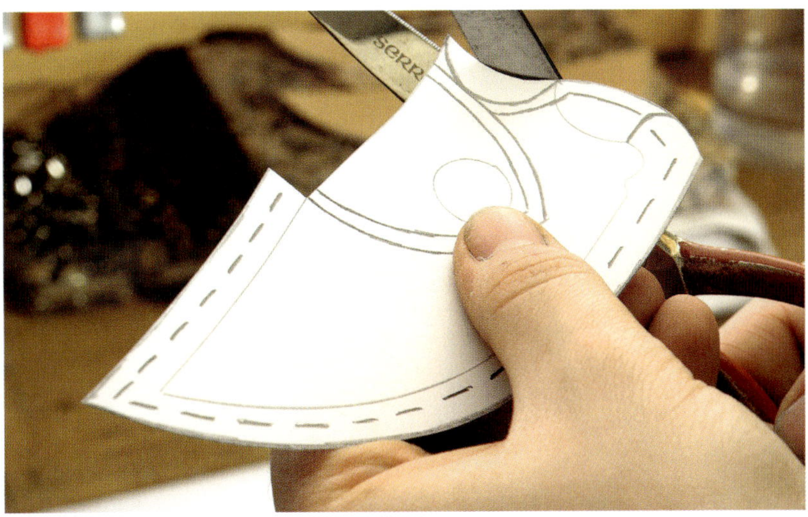

Auch der Gürtelschlaufenansatz wird entfernt.

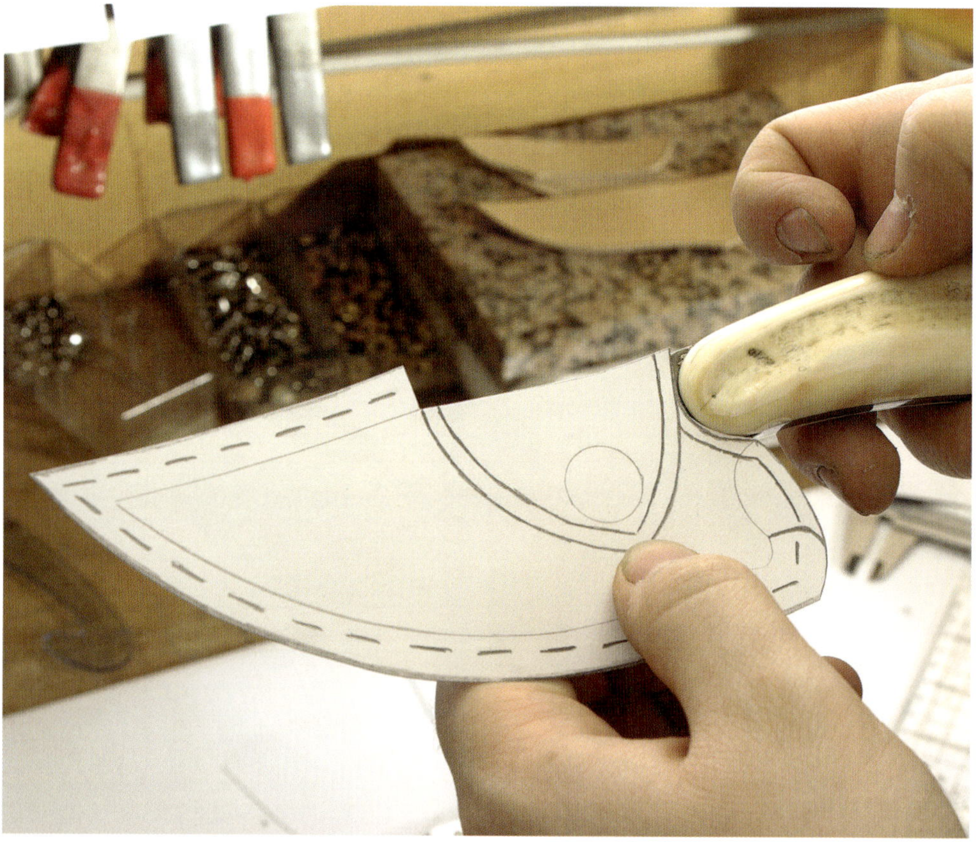

Wir passen das Schnittmuster der Kontur des Griffs an.

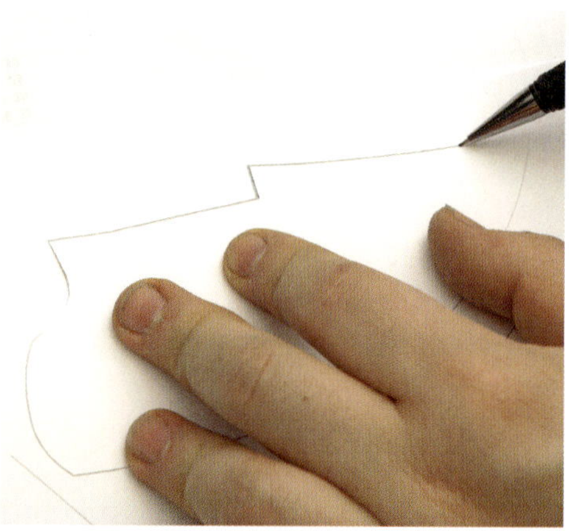

Das so entstandene Schnittmuster übertragen wir auf Kartonpaier.

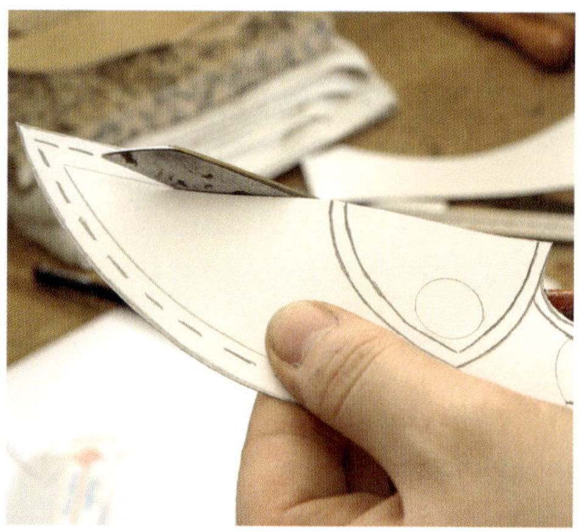

Mit der Schere schneiden wir den Keder aus unserem ersten Schnittmuster aus.

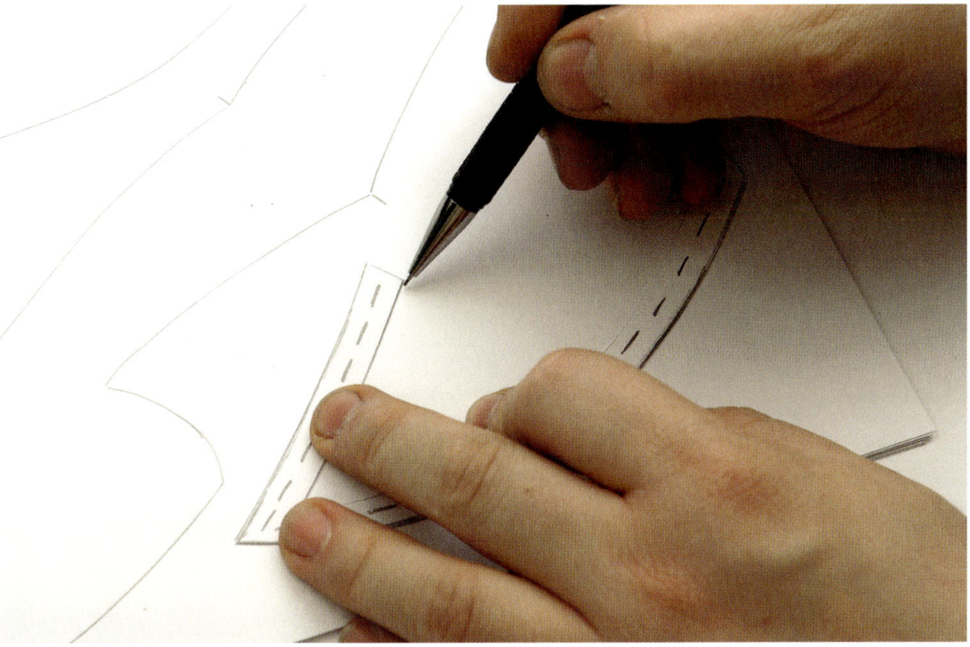

Den Umriss des Keders übernehmen wir ebenfalls auf das Kartonpapier.

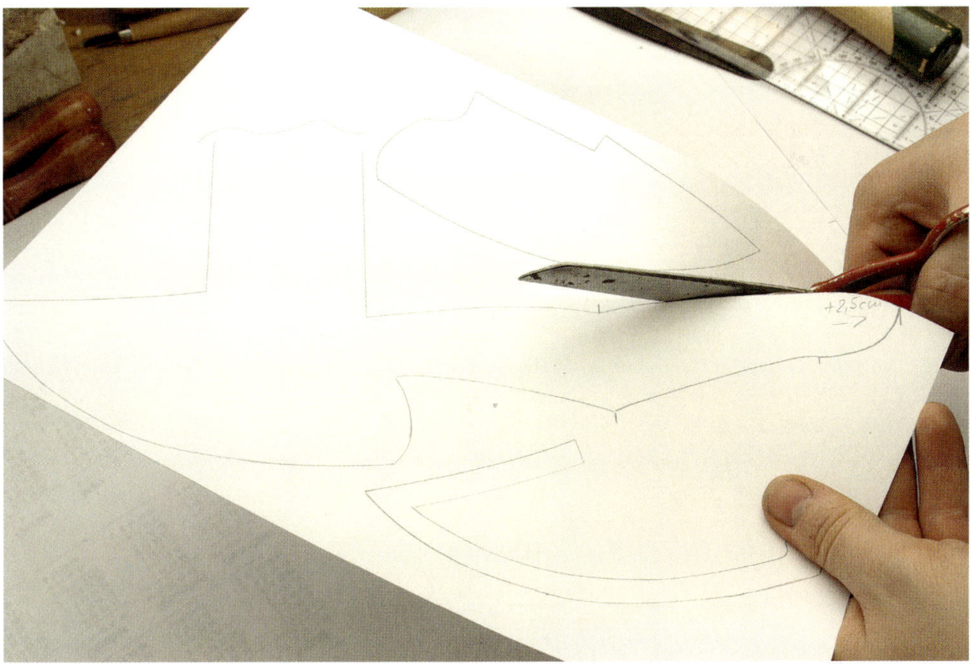

Anschließend werden alle drei Schablonen ausgeschnitten.

2.3 Vorbereitung der Bauteile

Wir haben uns bei der Anfertigung der Scheide für eine Rechtshänderversion entschieden. Sollten Sie Ihr Projekt für eine Linkshänderscheide planen, müssen Sie die Bauteile der Scheide spiegelverkehrt zu unserer Abbildung aufzeichnen und anfertigen.

Bei der Auswahl des Leders muss auf die Zugrichtung geachtet werden. Die Hauptbelastung wird später auf der Gürtelschlaufe liegen, die sich im Gebrauch nicht allzu sehr dehnen sollte. In unserem Beispiel verwenden wir Blankleder in einer Stärke von 2,5 bis 3,0 Millimetern.

Zur besseren optischen Darstellung haben wir die Bauteile mit einem schwarzen Rollerballstift aufgezeichnet. Es empfiehlt sich jedoch – gerade bei einer ungefärbten Lederscheide – mit einem Bleistift zu arbeiten, um alle Verunreinigungen des Leders zu vermeiden.

Bevor es ans Ausschneiden der Bauteile geht, setzen wir an den Eckpunkten des hinteren Blatts ein paar Zwei-Millimeter-Löcher mit der Lochpfeife. So lassen sich die Bauteile leichter mit dem Schustermesser ausschneiden.

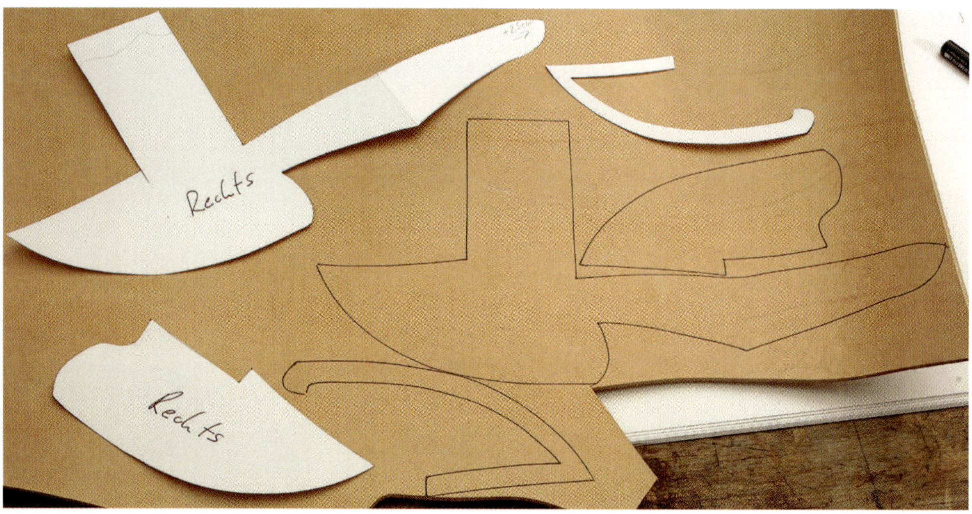

Die Schnittmuster werden aufs Leder übertragen. In unserem Beispiel passend für eine Rechtshänderscheide.

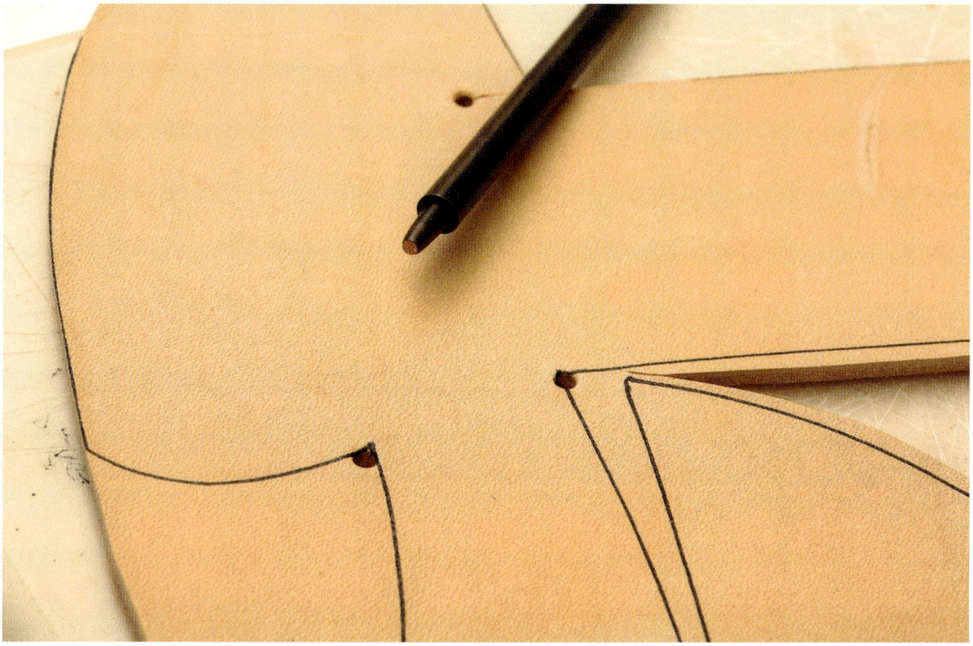

An den Eckpunkten stanzen wir mit der 2-Millimeter-Lochpfeife kleine Verbindungspunkte aus.

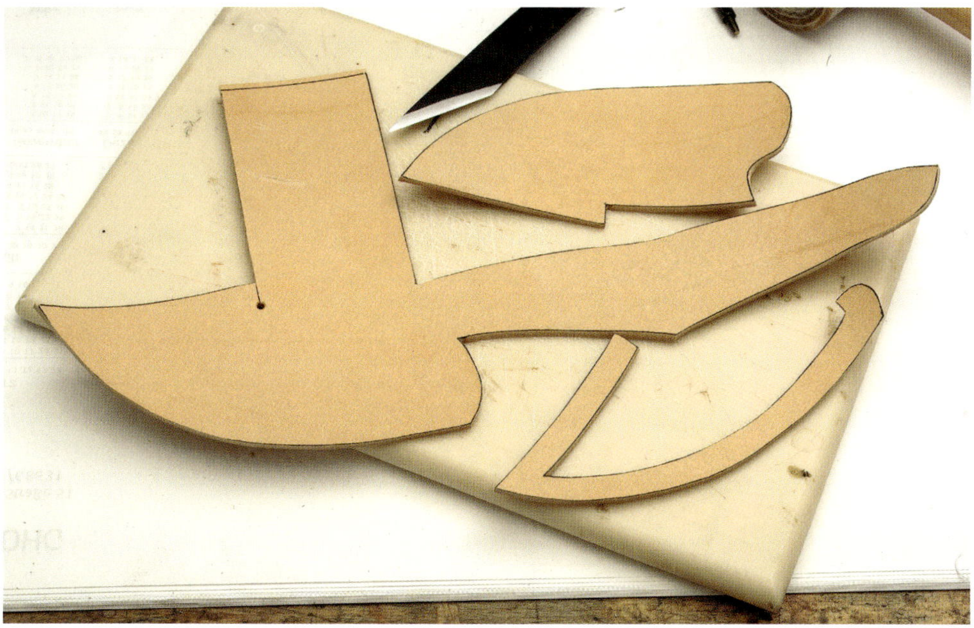

Mit dem Schustermesser werden alle Bauteile zugeschnitten.

2.3.1 Herstellung des hinteren Blatts

Zur Vorbereitung des hinteren Blatts nehmen wir den Nahtversenker zur Hand und stellen ihn auf vier Millimeter Abstand ein. Damit ziehen wir – der Kontur der Gürtelschlaufe folgend – eine Nut auf der Lederoberseite. Die Spitze der Gürtelschlaufe wird mit dem Schustermesser auf einer glatten Unterlage auf etwa einen Millimeter Stärke ausgeschärft. Dadurch gibt es später keine störenden Stufen in der Scheide.

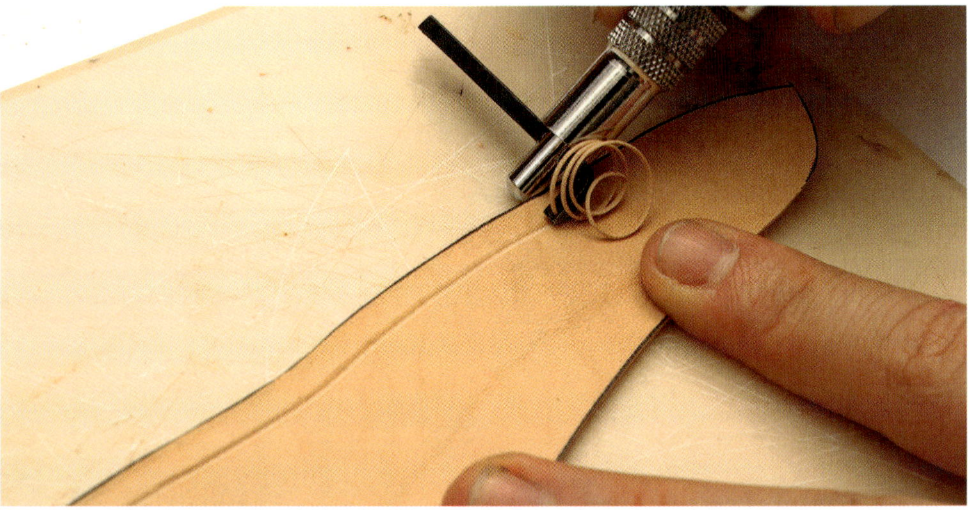

Wir beginnen mit der Vorbereitung des hinteren Blatts. Dazu stellen wir den Nahtversenker auf etwa vier Millimeter Abstand und ziehen auf der Lederoberseite – dem Verlauf der Gürtelschlaufe folgend – eine Nut.

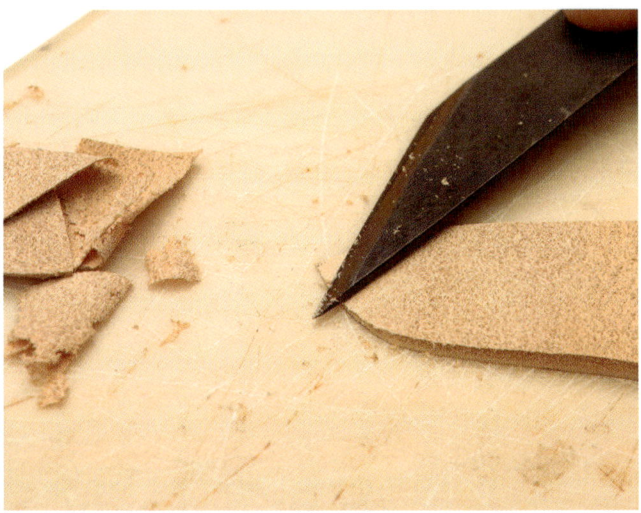

Mit dem Schustermesser wird die Spitze der Gürtelschlaufe auf rund einen Millimeter ausgeschärft.

Wir klappen die Gürtelschlaufe zusammen und markieren die Spitze der Schlaufe auf der Fleischseite des hinteren Blatts mit einem Stich der Schwertahle. Nun brechen wir die Schnittkanten der Gürtelschlaufe auf der Narben- und Fleischseite mit dem Kantenschneider Größe 3.

Die Laschenspitze und der Bereich, an dem sie später angenäht wird, werden mit Kontaktkleber eingestrichen. Nach dem Ablüften des Klebstoffs platzieren wir die Lasche so, dass ihre Spitze an unserer Ahlenmarkierung sitzt. Die Klebeflächen werden zusammengedrückt und mit dem Schusterhammer fest zusammengeklopft.

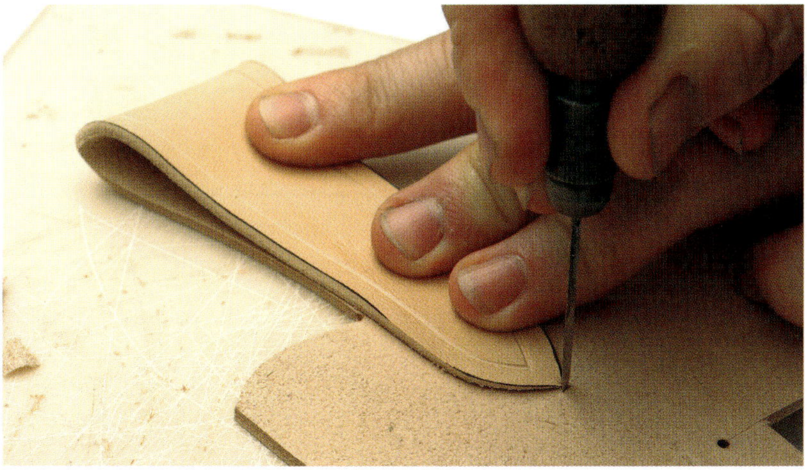

Die Gürtelschlaufe wird umgeklappt und der Punkt, an dem die Spitze zu liegen kommt, mit der Ahle markiert.

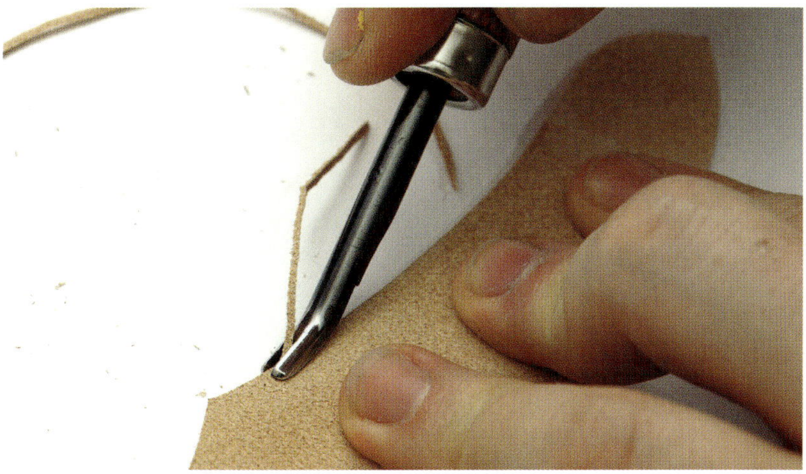

Innen- und Außenseite der Schnittkanten an der Gürtelschlaufe werden mit dem Kantenschneider der Größe 3 gebrochen.

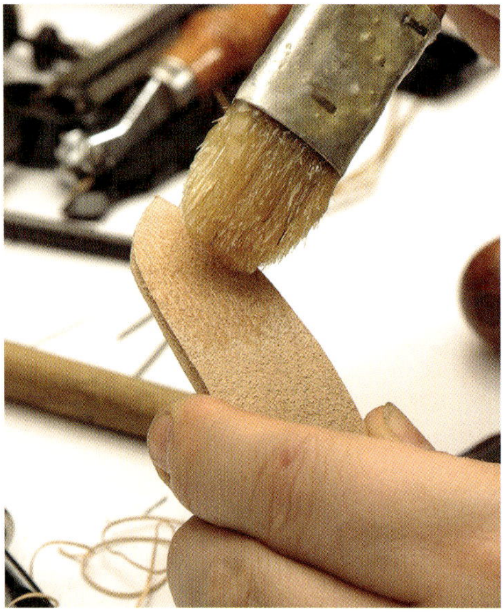

Die Gürtelschlaufenspitze wird auf der Fleischseite mit Kontaktkleber eingestrichen.

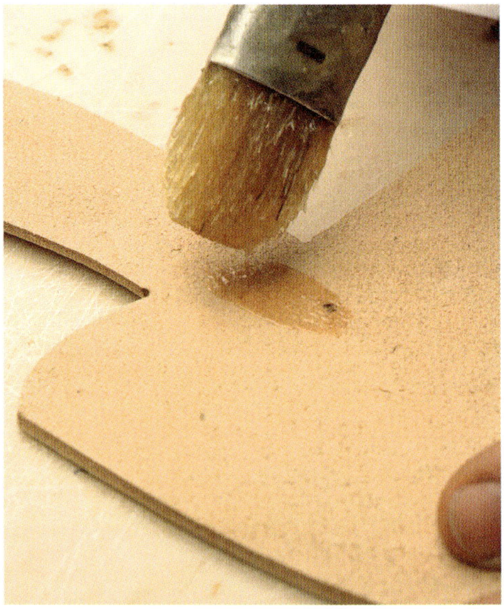

Auch die Stelle, an der die Gürtelschlaufenspitze zu liegen kommt, wird eingestrichen. Die Scheide wird zum Ablüften zur Seite gelegt.

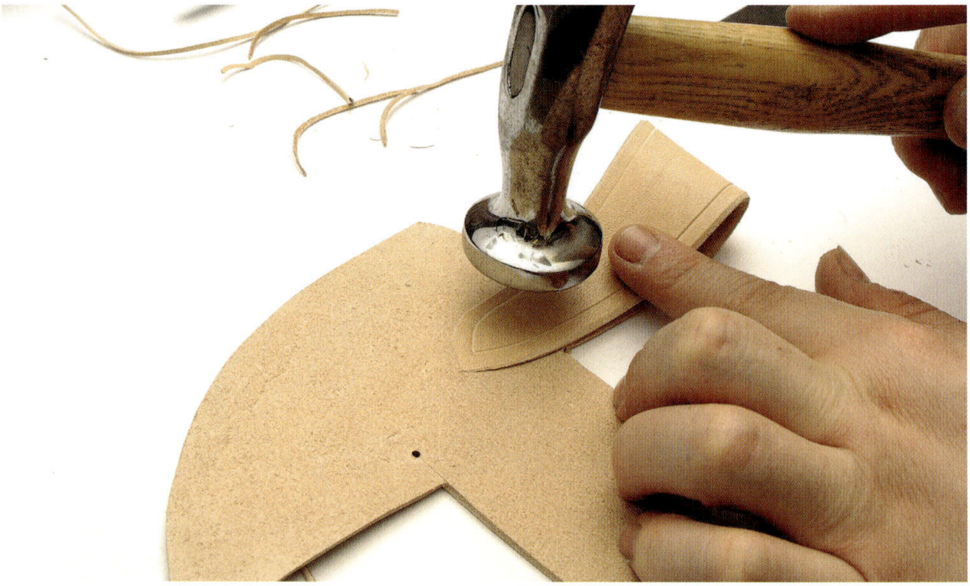

Nach dem Ablüften wird die Gürtelschlaufe umgeklappt und die Spitze an unserer Markierung ausgerichtet. Danach klopfen wir die Klebung mit dem Schusterhammer fest.

Das obere Ende der Gürtelschlaufe feuchten wir mit dem Schwamm an und drücken es mit dem Handballen zusammen. Wir markieren die obere Naht der Gürtelschlaufe mit dem Stift und heben die Nahtversenkung mit dem V-Eisen aus. Es ist wichtig, dass die Naht tief genug versenkt wird, damit sich die Kunstsehne im späteren Gebrauch durch das Ziehen und Zurückstecken des Messers nicht durchscheuert.

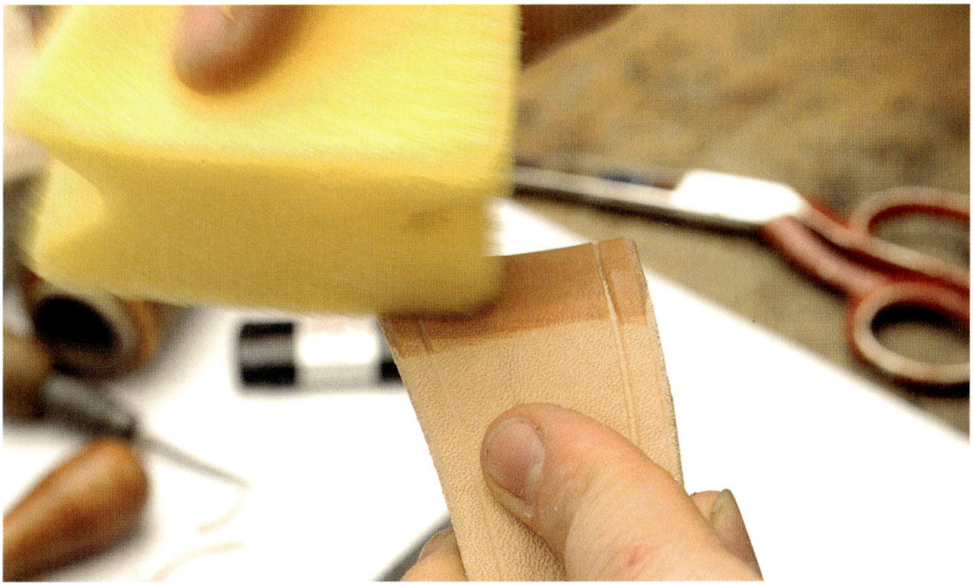

Das obere Ende der Gürtelschlaufe wird angefeuchtet.

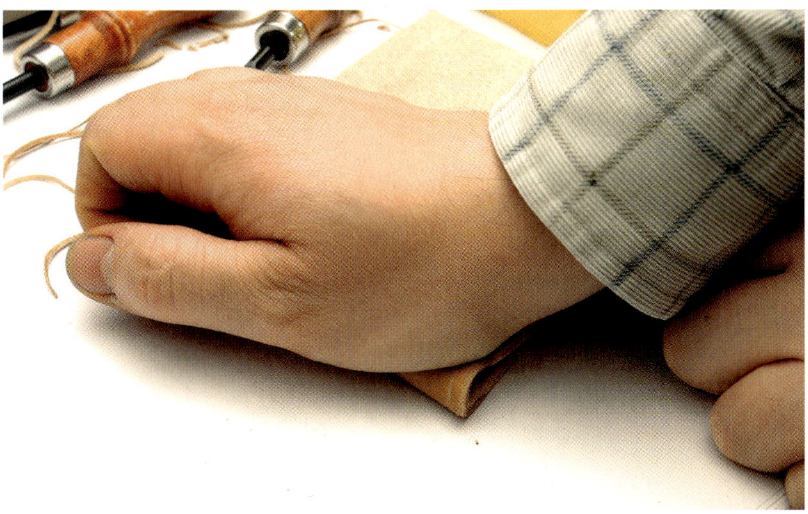

Anschließend drücken wir sie mit dem Handballen flach.

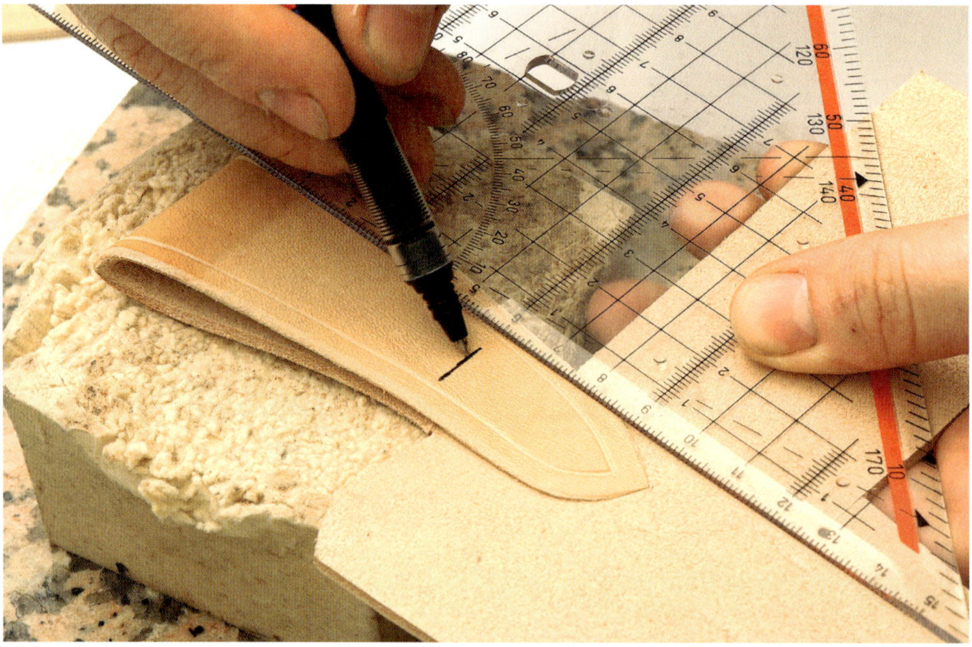

Der Nahtverlauf der Gürtelschlaufe wird angezeichnet. Bitte nehmen Sie dazu einen Bleistift!

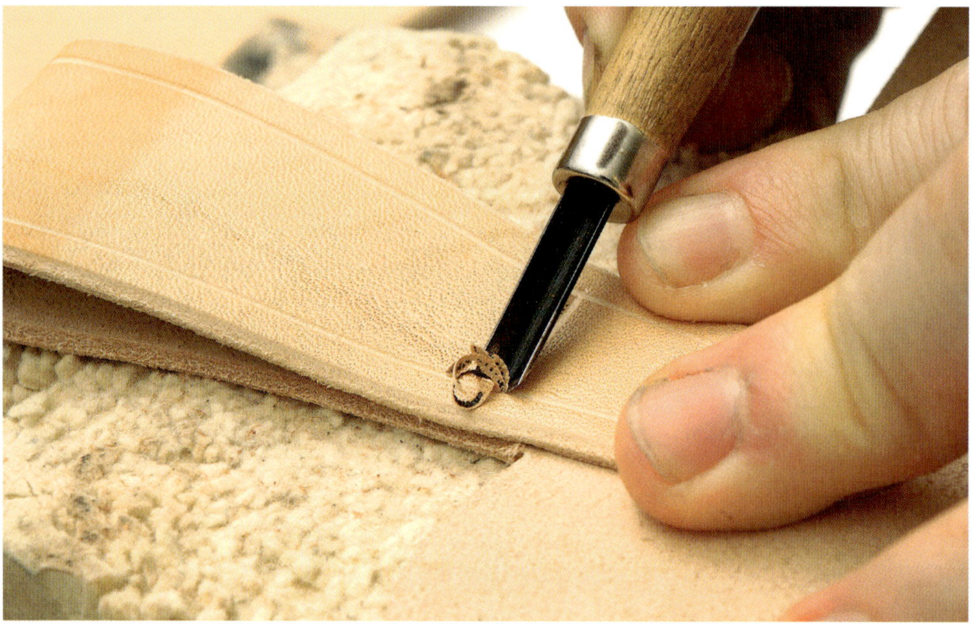

Mit dem V-Eisen wird nun die spätere Naht versenkt.

Die Nahtabstände werden mit dem Zirkel eingezeichnet. Den Nahtabstand haben wir auf rund sechs Millimeter eingestellt. Mit der Schwertahle werden dann die Nahtlöcher gestochen. Wir nehmen dazu einen Filzklotz als Unterlage. Beim Stechen der Löcher muss die Ahle exakt im 90°-Winkel zum Werkstück geführt werden. Dabei muss die Klinge in einem Winkel von 30° zum Nahtverlauf ausgerichtet werden. Je präziser die Nahtlöcher vorgestochen werden, desto gleichmäßiger gelingt die Naht.

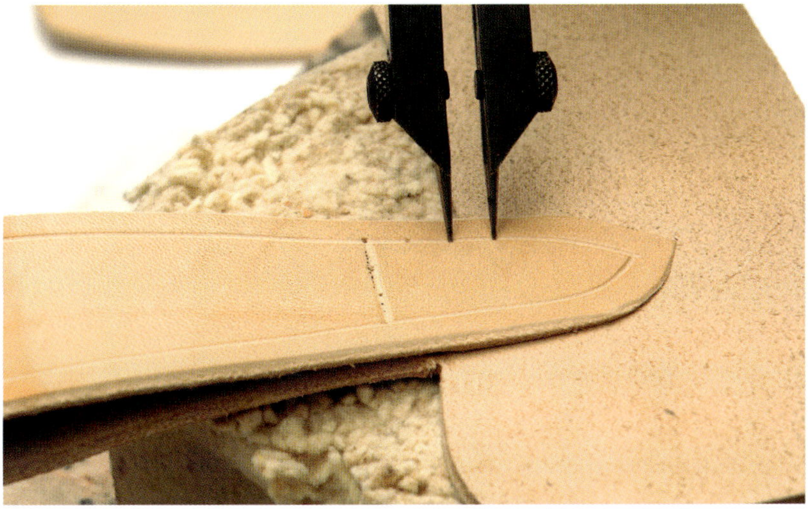

Den Zirkelspitzenabstand auf etwa sechs Millimeter eingestellt, zeichnen wir den Nahtabstand ein.

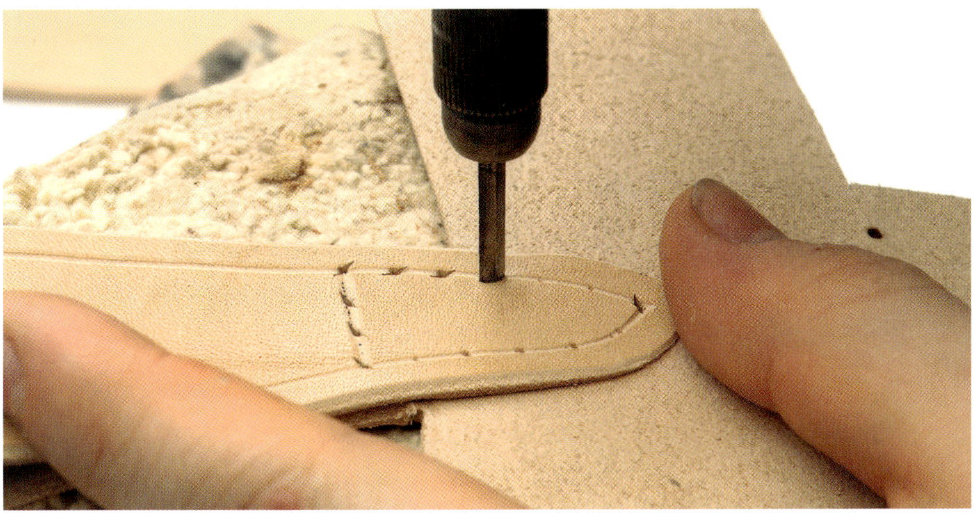

Mit der Schwertahle stechen wir die Nahtlöcher vor.

Auf der Rückseite der Scheide versenken wir die Naht ebenfalls, indem wir die Nahtlöcher mit dem V-Eisen verbinden. Durch die Versenkung wird die Naht später geschützt und scheuert sich im Gebrauch nicht durch.

Nun können wir die Gürtelschlaufe festnähen, wofür wir – wie beim ersten Projekt beschrieben – einen Sattlerstich mit zwei stumpfen Sattlernadeln anwenden. Wir beginnen an der zur Schlaufenoberseite zeigenden Naht, nähen dann zur Schlaufenspitze und dem Nahtverlauf folgend bis zum Ausgangspunkt. Dort angekommen setzen wir nochmals drei Stiche zur Verstärkung der obersten Naht. Diese muss später viel aushalten. Die Kunstsehnenenden ziehen wir auf die Scheidenrückseite, schneiden sie mit einem Überstand von drei bis fünf Millimetern ab und verschmelzen sie mit dem Feuerzeug.

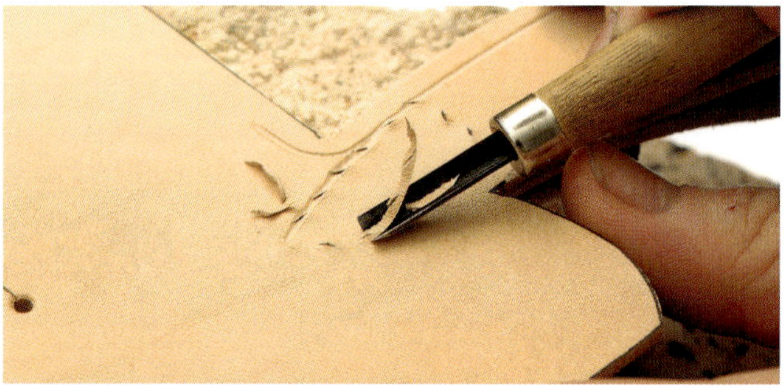

Den Nahtverlauf auf der Scheidenrückseite versenken wir mit dem V-Eisen.

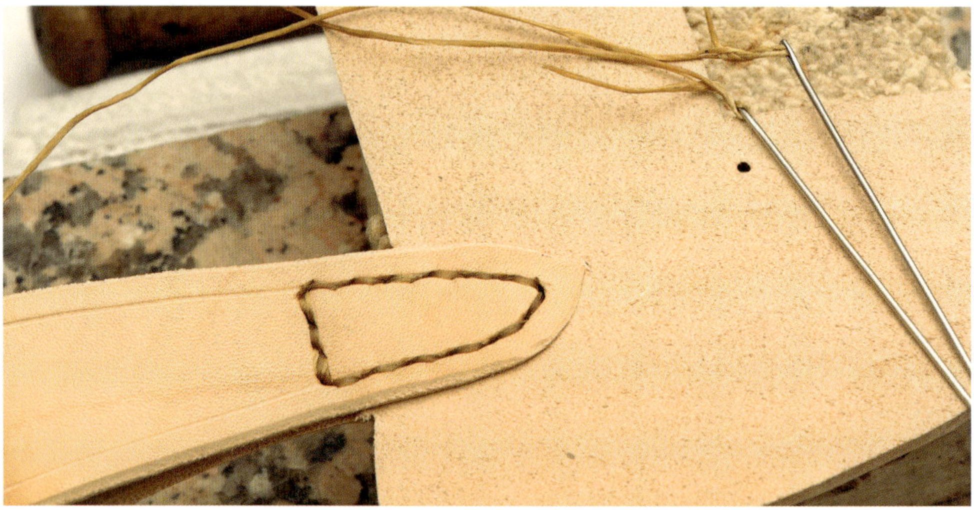

Die Gürtelschlaufe wird mit Kunstsehne vernäht.

2.3.2 Herstellung des vorderen Blatts

Zur Vorbereitung des vorderen Blatts stellen wir den Nahtversenker auf ein wenig mehr als die Hälfte der Breite des Keders ein. In unserem Fall sind das etwa fünf Millimeter. Wir legen das vordere Blatt, das wir bereits ausgeschnitten haben, bereit.

Der Nahtversenker wird auf etwas mehr als die Hälfte der Breite des Keders eingestellt, hier etwa fünf Millimeter.

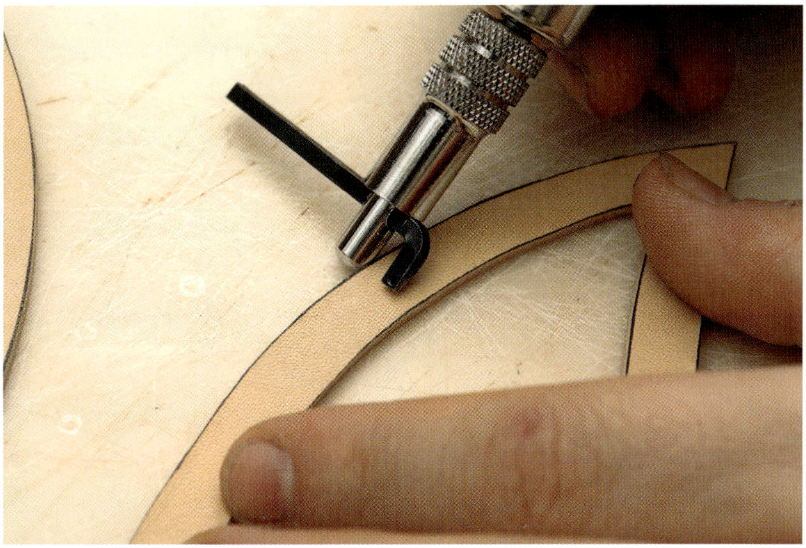

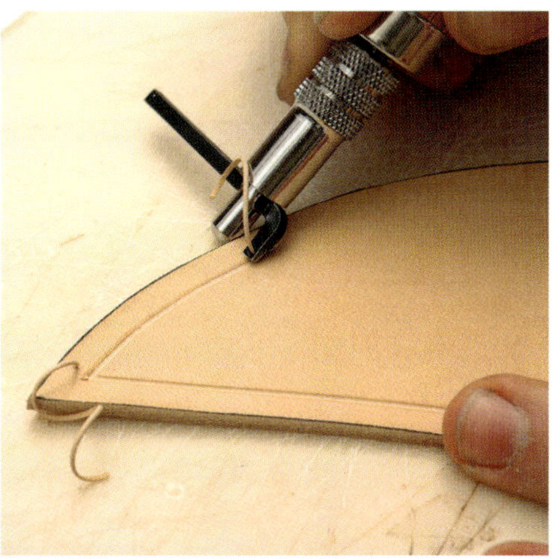

Wir schneiden eine Nut entlang der Außenkontur des vorderen Blatts.

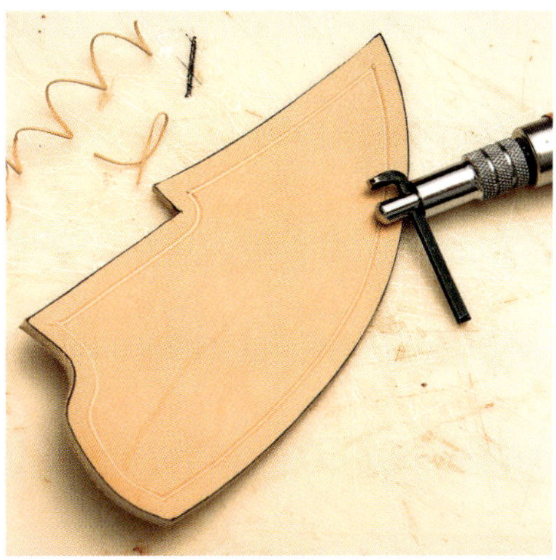

Dabei muss man darauf achten, dass sich die Linien an den Eckpunkten treffen.

Auf der Narbenseite des Leders ziehen wir – dem Umriss folgend – eine gleichmäßige Nut mit dem Nahtversenker. Dabei arbeiten wir von Eckpunkt zu Eckpunkt. Das vordere Blatt wird umgedreht und der vorbereitete Keder aufgelegt. Die innere Kontur des Keders wird auf die Lederinnenseite abgezeichnet.

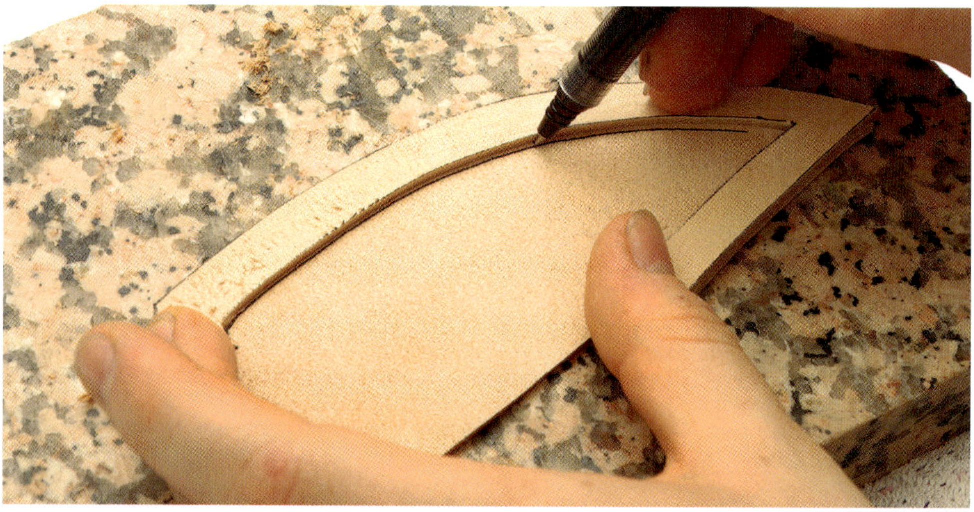

Die Kontur des Keders wird auf die Fleischseite des vorderen Blatts übertragen.

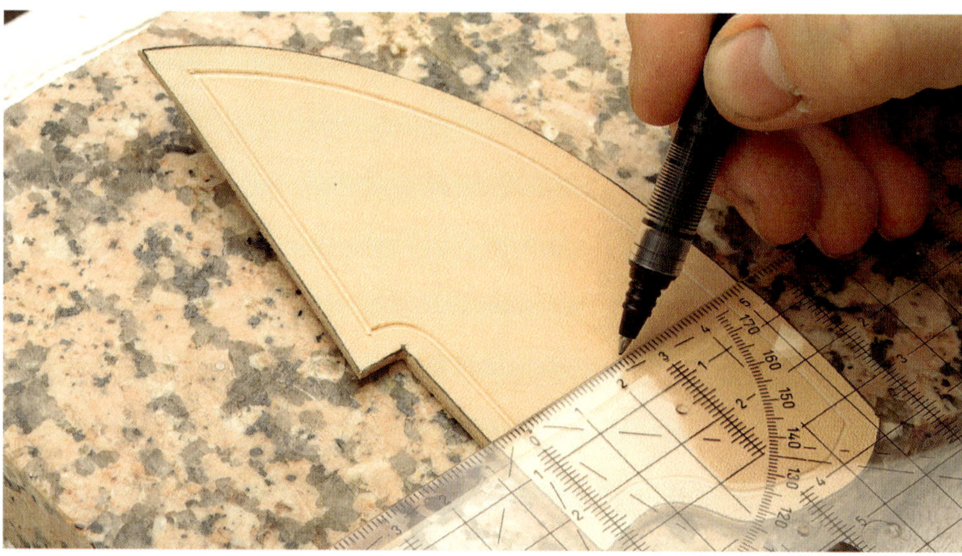

Wir zeichnen den Punkt an, an dem der Druckknopf sitzen soll.

Nun drehen wir das vordere Blatt wieder auf die Vorderseite zurück und zeichnen den Mittelpunkt des Druckknopfverschlusses ein. Wir stanzen ihn mit einem kräftigen Schlag mit der 4-Millimeter-Lochpfeife aus. Dazu verwenden wir den Rohhauthammer und ein Kunststoffbrett als Unterlage.

In das ausgestanzte Loch stecken wir die Hohlniete, die das Unterteil des Druckknopfverschlusses festhalten wird. Um den Druckknopf sauber von Hand vernieten zu können, haben wir uns eine Stahlplatte als Unterlage besorgt. Auf weichem Untergrund kommt es oft vor, dass sich die Hohlniete beim Vernieten nach unten durchdrückt und einen unschönen Bauch macht.

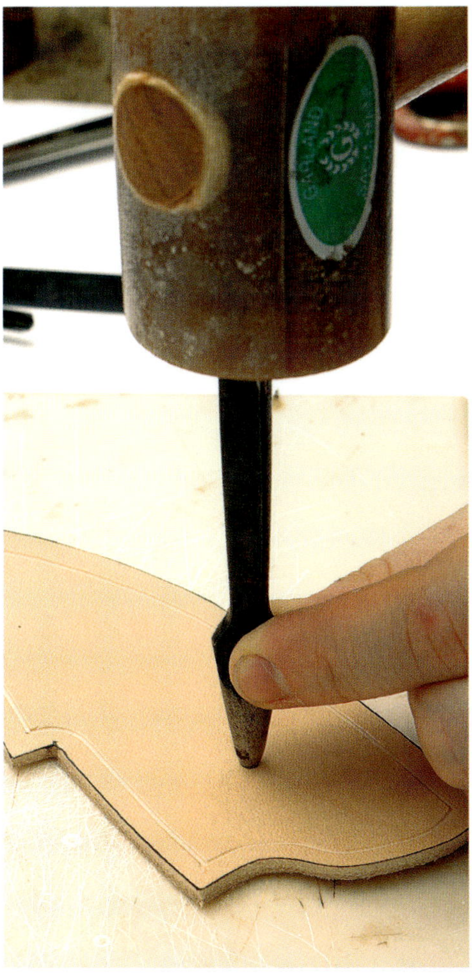

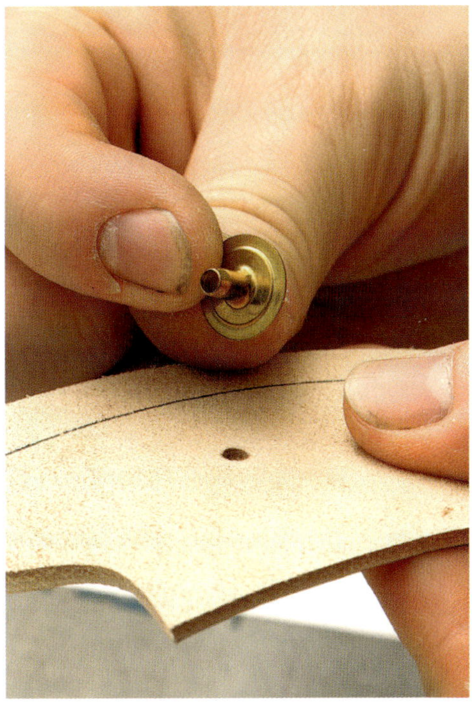

Die Hohlniete für den Druckknopf wird von der Fleischseite her ins Loch gedrückt.

Mit der 4-Millimeter-Lochpfeife wird an der markierten Stelle ein Loch ausgestanzt.

Das vordere Blatt legen wir mit der Fleischseite nach unten auf die Stahlplatte. Auf die aus dem Leder ragende Hohlniete stecken wir das Unterteil des Druckknopfs auf. Zum einfacheren Handhaben des Setzwerkzeugs haben wir die Matritze mit einem Handgriff versehen. Man kann aber auch mit dem Setzwerkzeug, das normalerweise bei Druckknopfsätzen aus dem Handel mitgeliefert wird, oder einer speziellen Hebelpresse arbeiten.

Die Matritze wird aufgesetzt und die Hohlniete mit sanften Schlägen mit dem Rohhauthammer vernietet. Dabei rollt sich die Hohlniete nach außen um und bildet einen Wulst, der den Unterteil des Druckknopfs festhält. Die Rückseite wird kontrolliert. Diese muss absolut eben sein, damit sie später das Einstecken des Messers nicht blockiert.

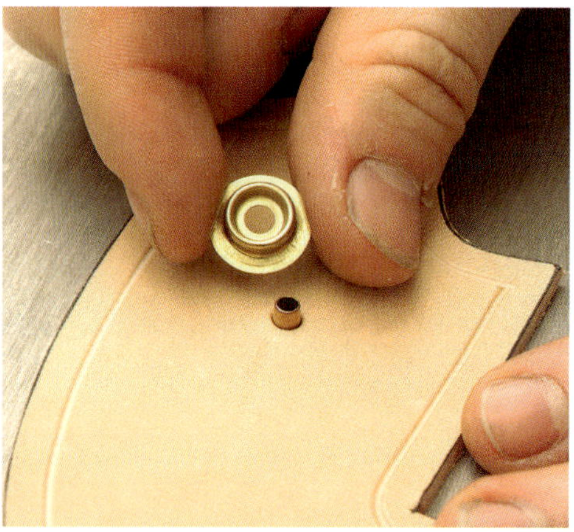

Das Unterteil des Druckknopfverschlusses wird aufgelegt.

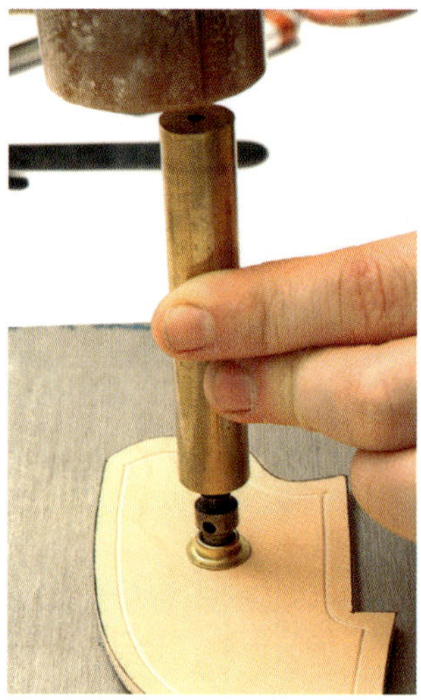

Auf einer flachen Stahlunterlage liegend wird der Druckknopf mit einer Handsetzmatritze eingepresst.

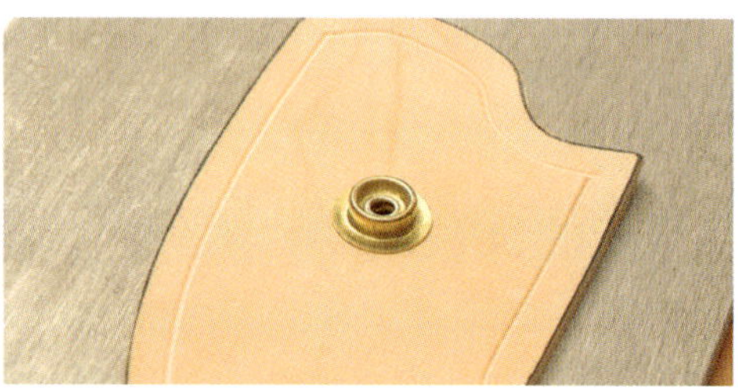

Der Rand der Hohlniete hat sich gleichmäßig eingerollt und fixiert so das Druckknopfunterteil.

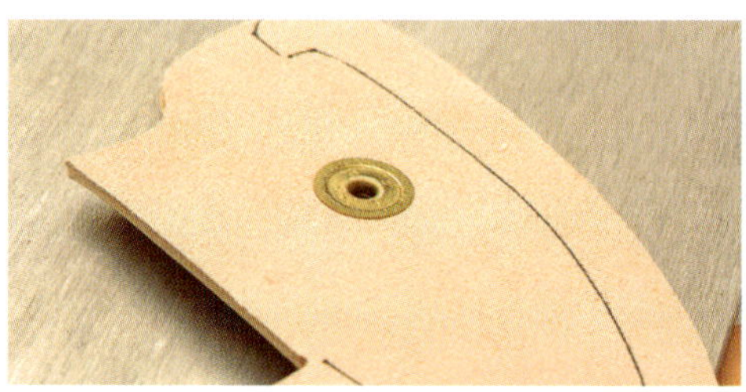

Die Rückseite ist dank der Stahlunterlage absolut eben geblieben.

Wir nehmen ein Stück dünnes Ziegenleder zur Hand und zeichnen den Umriss einer Zwei-Euro-Münze darauf. Mit dem Ziegenleder decken wir die Druckknopfrückseite ab, um später Kratzer auf der Klinge zu vermeiden. Das Leder wird mit der Schere ausgeschnitten, dann streichen wir die Ziegenlederrückseite und den markierten Bereich der Scheide mit Kontaktkleber ein. Nach dem Ablüften kleben wir die beiden Teile zusammen und drücken sie mit den Fingern fest an. Das vordere Blatt ist dann fertig für den nächsten Arbeitsschritt.

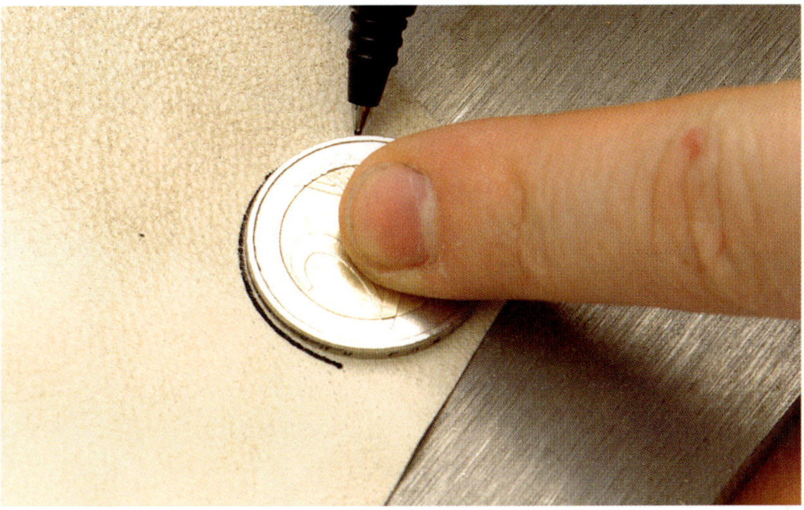

Wir schneiden einen Zwei-Euro-Stück großen Kreis aus dünnem Ziegenleder aus.

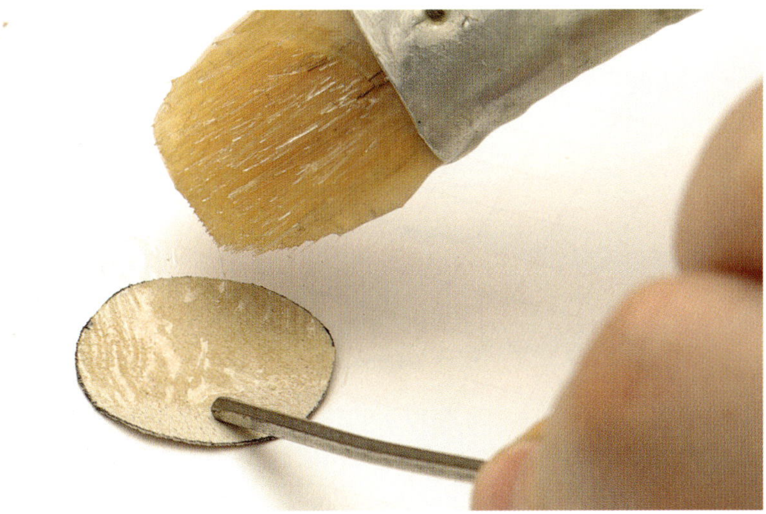

Das Ziegenleder wird auf der Fleischseite mit Kontaktkleber eingestrichen.

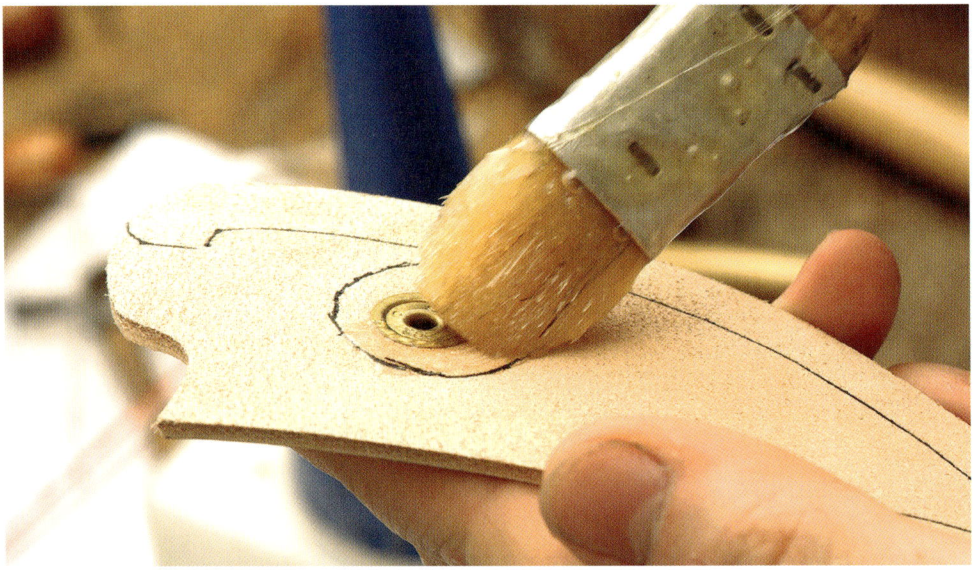

Der vorher aufgezeichnete Kreis, an dem das Ziegenleder aufgeklebt wird, streichen wir ebenfalls mit Kontaktkleber ein.

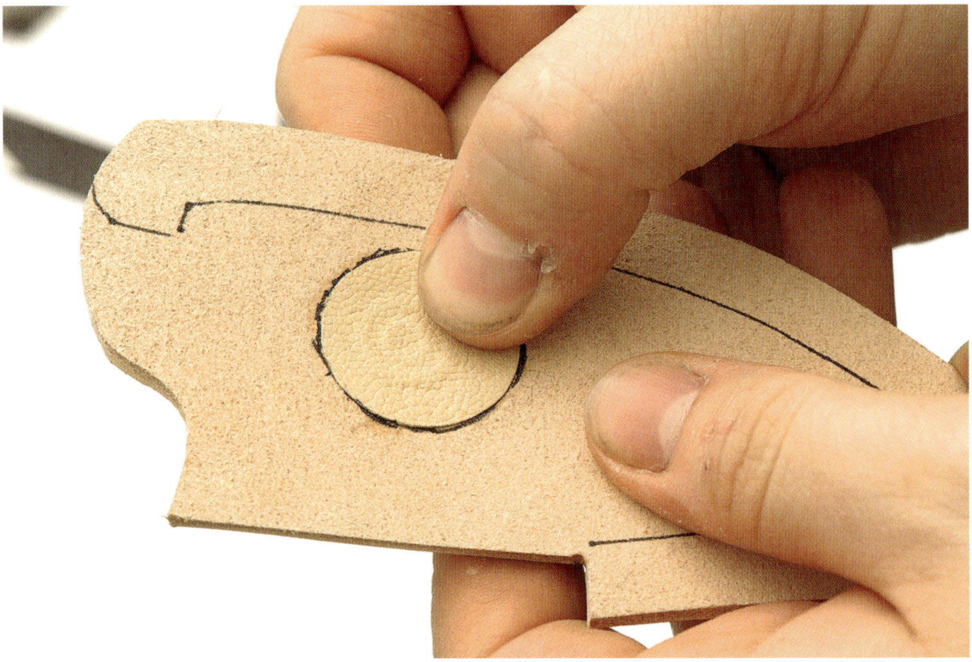

Nach dem Ablüften des Kontaktklebers wird das Ziegenleder aufgeklebt. Nun kann die Niete nicht mehr an der Klinge scheuern.

2.3.3 Einpassen des Keders

Der ausgeschnittene Keder wird auf der Narbenseite des Leders zunächst mit dem Schustermesser aufgeraut. Die entstehenden Lederfasern werden weggeblasen. Da wir im Vorfeld sehr passgenau gearbeitet haben und das verwendete Leder mit seiner Stärke von 2,5 bis 3,0 mm der Stärke des Klingenrückens entspricht, muss der Keder nicht nachträglich angepasst werden.

Wir nehmen das hintere Blatt zur Hand und streichen den markierten Bereich, an dem der Keder später sitzen wird, mit Kontaktkleber ein. Ebenso verfahren wir mit der entsprechenden Seite des Keders. Beide Bauteile werden zum Ablüften gelegt, dann streichen wir auch die markierten Flächen am vorderen Blatt mit Kontaktkleber ein und legen es zum Ablüften zur Seite.

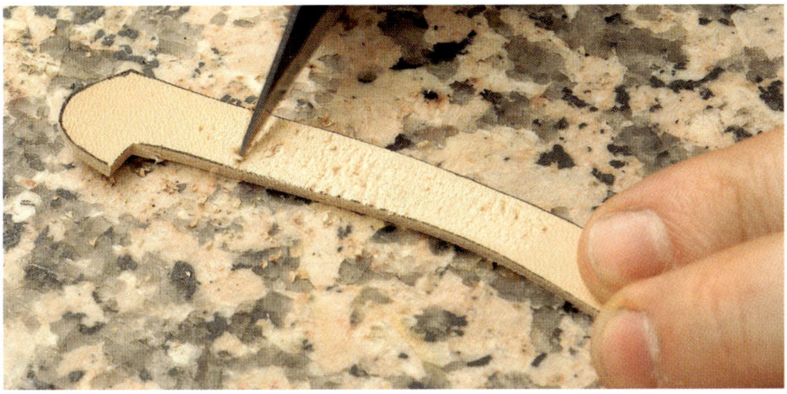

Die Narbenseite des Keders wird mit dem Schustermesser gleichmäßig aufgeraut. So kann der Kontaktkleber tiefer ins Leder einziehen.

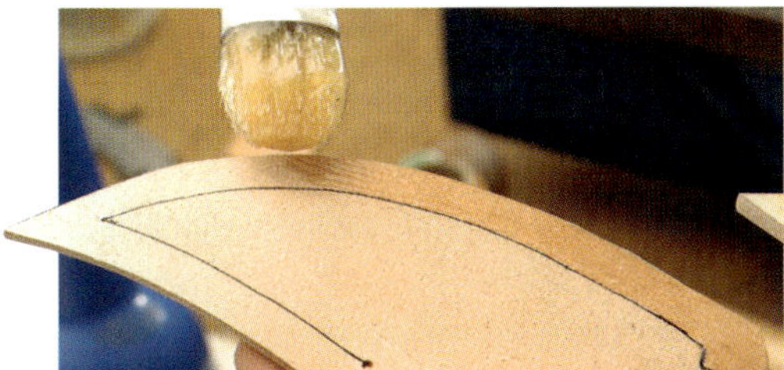

Der vorher markierte Umriss des Keders auf dem hinteren Blatt wird mit Kontaktkleber eingestrichen.

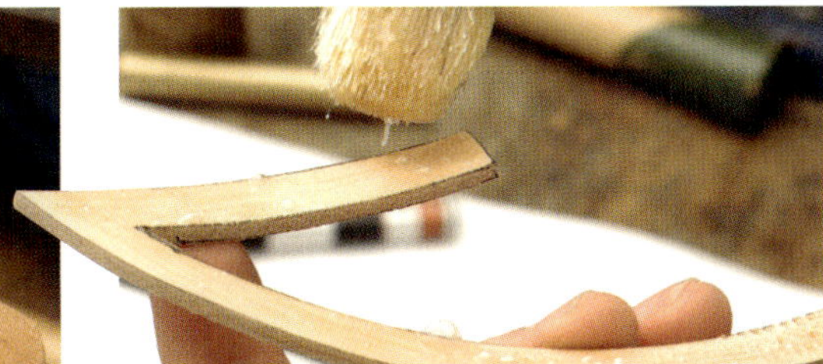

Die dazu passende Seite des Keders wird ebenfalls eingestrichen.

Nach dem Ablüften kleben wir den Keder, den Markierungen folgend, auf die Innenseite des hinteren Blatts. Das Messer wird eingelegt und Funktion und Sitz des Keders kontrolliert. Bei dieser Konstruktionsweise hält die Nase des Keders das Messer bei geschlossener Sicherungslasche fest in der Scheide. Zum Ziehen des Messers muss die Lasche geöffnet und die Klinge leicht nach hinten gezogen werden, damit die Nase des Keders die Klinge frei gibt. Dann kann die Klinge nach oben aus der Scheide gezogen werden.

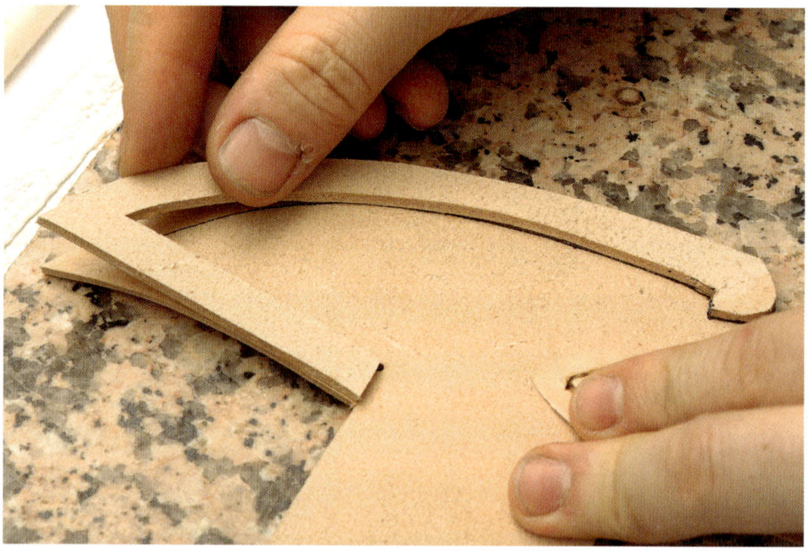

Nach dem Ablüften wird der Keder auf die Fleischseite des hinteren Blatts geklebt.

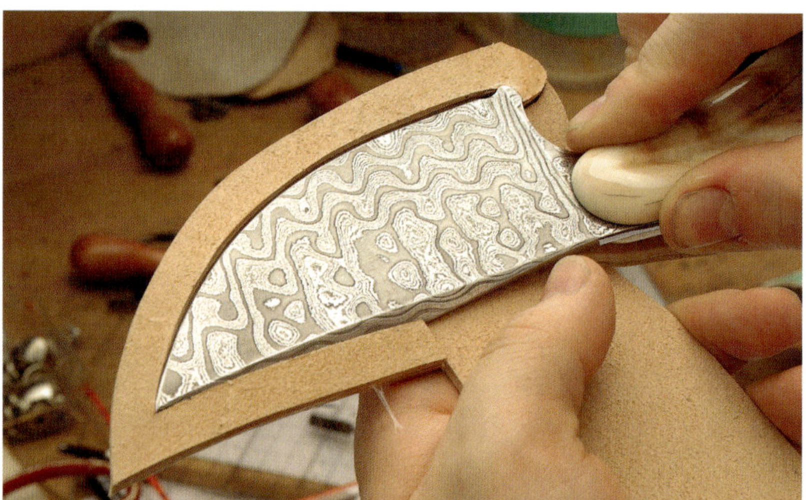

Nun können wir die Passform und Funktion des Keders kontrollieren und gegebenenfalls nacharbeiten.

2.4 Verkleben und Vernähen der Scheide

Nun wird der Keder, den wir auf das hintere Blatt geklebt haben, mit Kontaktkleber eingestrichen und nach dem Ablüften passgenau mit dem vorderen Blatt verklebt. Je genauer beim Ausschneiden gearbeitet wurde, desto einfacher ist das Zusammenfügen der Bauteile.

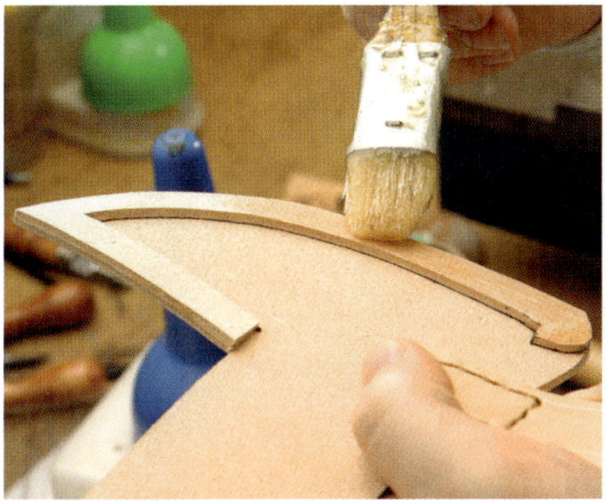

Der eingepasste Keder wird mit Kontaktkleber eingestrichen.

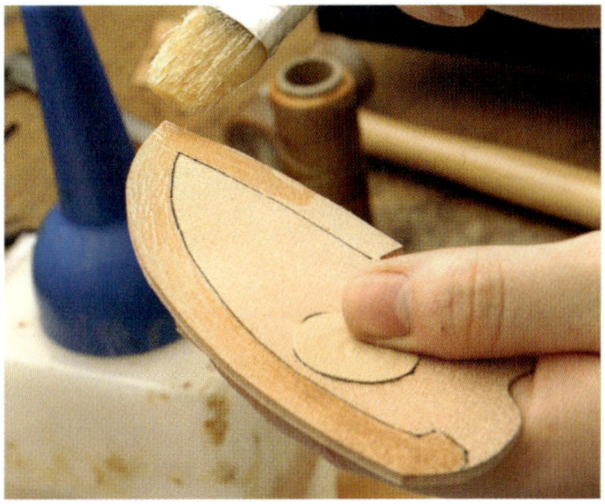

Auch die Kontur des Keders auf dem vorderen Blatt wird eingestrichen und zum Ablüften gelegt.

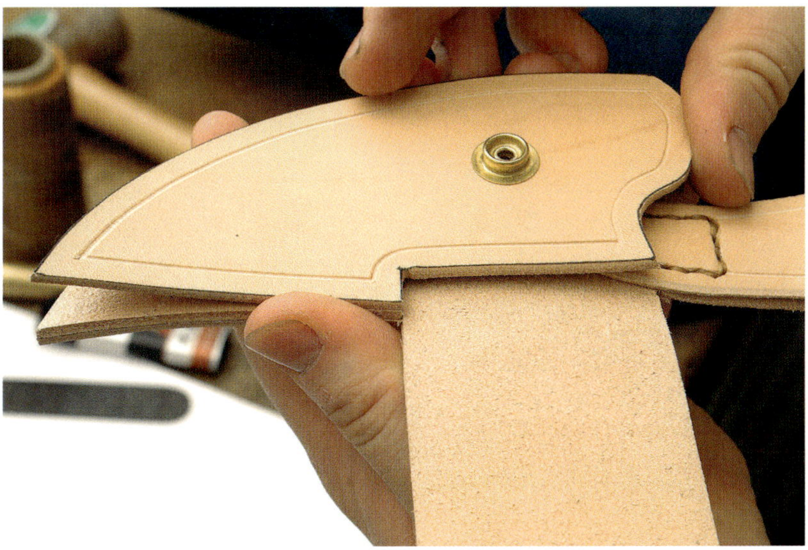

Nun fügen wir die Bauteile zusammen. Je passgenauer gearbeitet wurde, desto einfacher ist die Ausrichtung der Bauteile.

Die verklebten Bauteile werden an den Klebestellen mit dem Schusterhammer zusammen geklopft. Das erhöht die Festigkeit der Klebung. Das Messer wird dann nochmals in die Scheide gesteckt. Da der Scheidenmund an den Griffschalen anliegt, arbeiten wir die Stelle vorsichtig mit dem Schustermesser nach, bis das Messer spielfrei in die Scheide gesteckt werden kann.

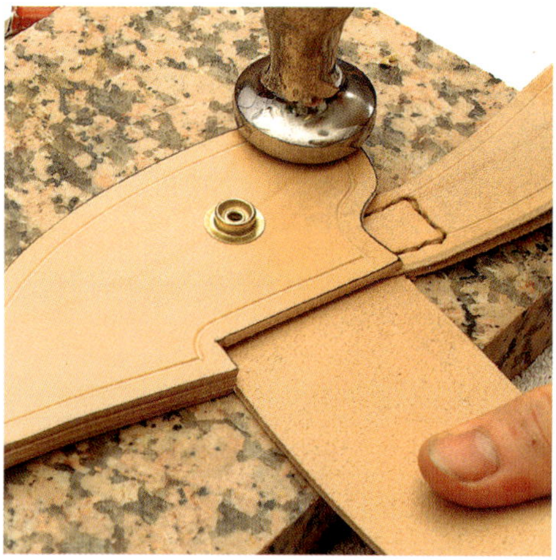

Mit dem Schusterhammer werden die Bauteile zusammengeklopft. Das erhöht die Festigkeit der Klebung.

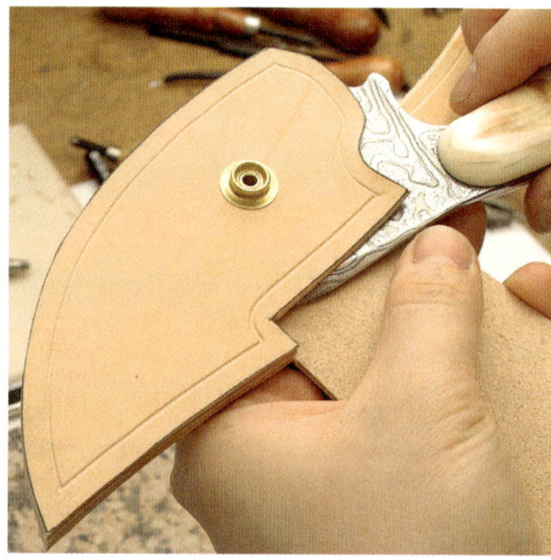

Der Sitz des Messers wird nochmals überprüft.

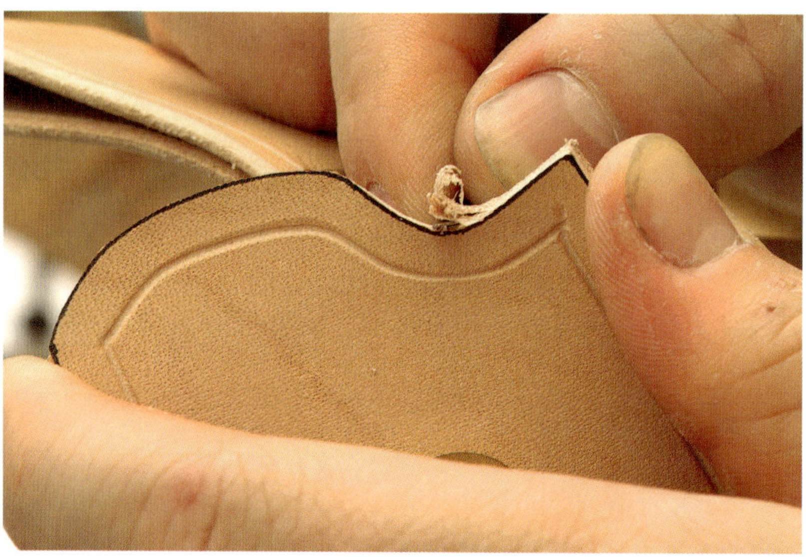

Wir arbeiten die Aussparung für den Griff ein wenig nach, bis er spielfrei sitzt.

Mit dem Zirkel zeichnen wir den Nahtabstand an. Wie bereits bei der Gürtelschlaufe verwenden wir einen Spitzenabstand von etwa sechs Millimetern. Geht der Nahtabstand nicht ganz aus, kann man diesen um ein paar Zehntel Millimeter verkleinern und damit die Differenz ausgleichen.

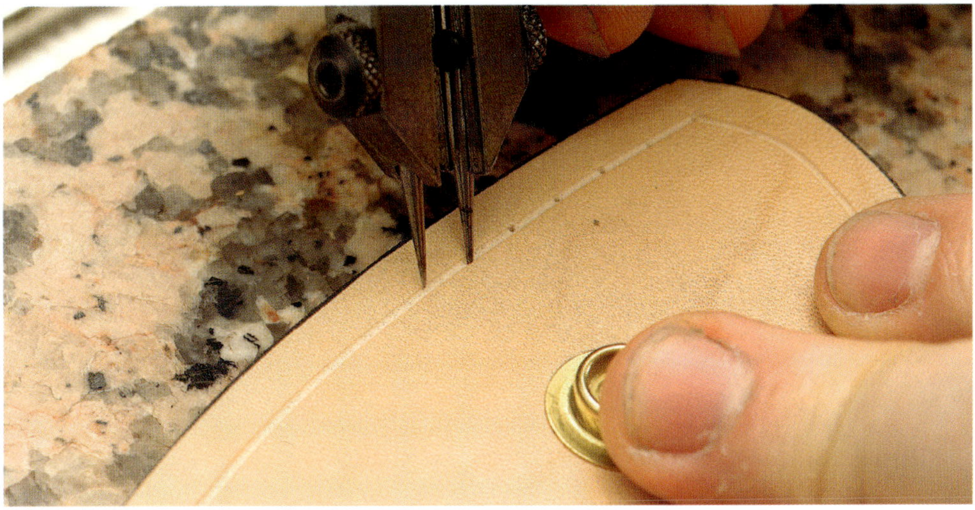

Mit dem Zirkel wird der Nahtabstand markiert. Die Spitzenweite des Zirkels haben wir auf rund sechs Millimeter eingestellt.

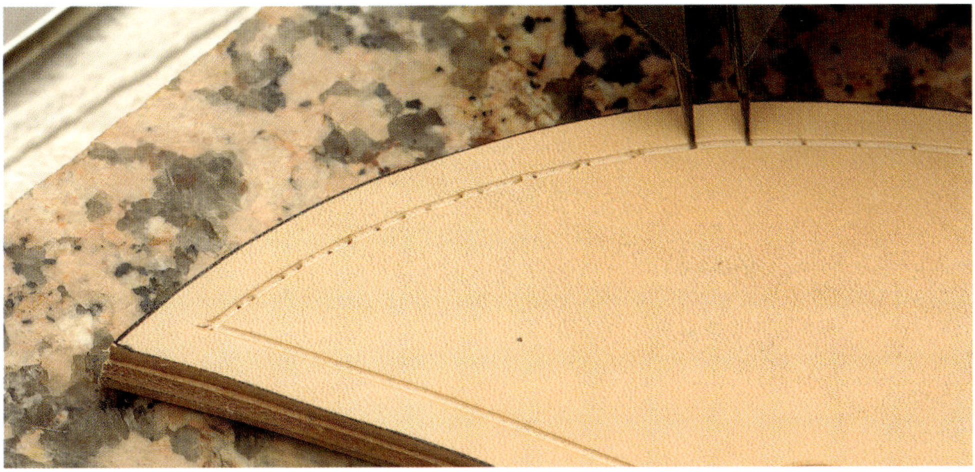

Geht es mit dem Nahtabstand am Ende nicht ganz aus, kann man ein wenig schummeln und den Nahtabstand um ein paar Zehntel Millimeter verkleinern.

Jetzt stechen wir die Nahtlöcher mit der Schwertahle vor. Als Unterlage verwenden wir einen Filzklotz, man kann aber auch Kork nehmen. Das Leder ist nun etwas dicker als bei der Gürtelschlaufe. Prüfen Sie die Schärfe der Ahlenspitze. Je schärfer die Schneide, desto einfacher geht das Durchstechen des Leders. Wir beginnen im oberen Bereich der Lederscheide und folgen dabei dem Schwung der Nahtversenkung. Wie beim Stechen der Nahtlöcher der Gürtelschlaufe ist auch hier auf die Winkel der Nahtlöcher zu achten.

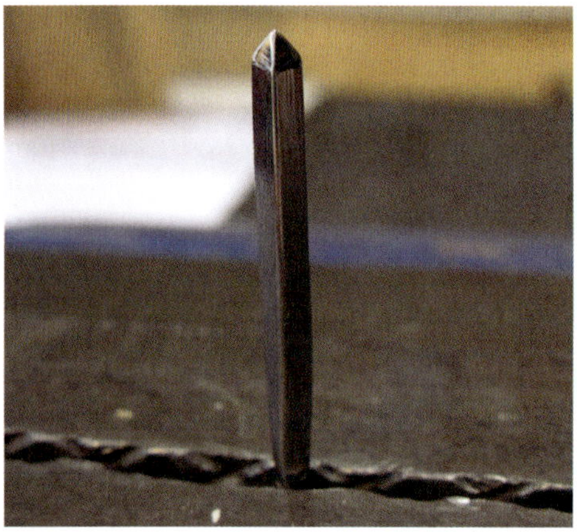

So sieht eine ordentlich geschärfte Schwertahle in der Nahaufnahme aus.

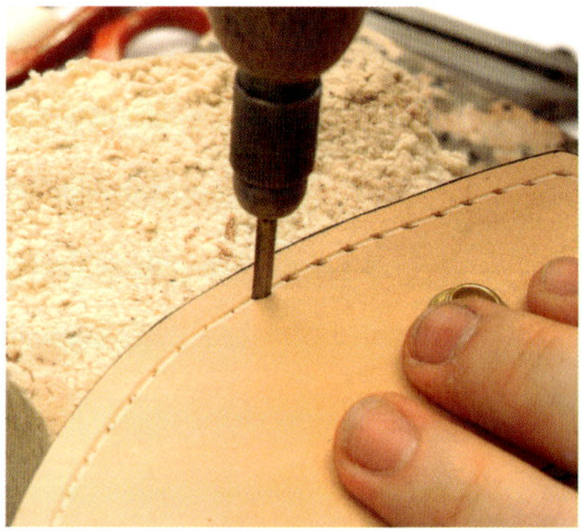

Die Nahtlöcher werden mit der Schwertahle vorgestochen. Dabei ist darauf zu achten, dass die Schwertahle um 30° zur Laufrichtung gedreht steht.

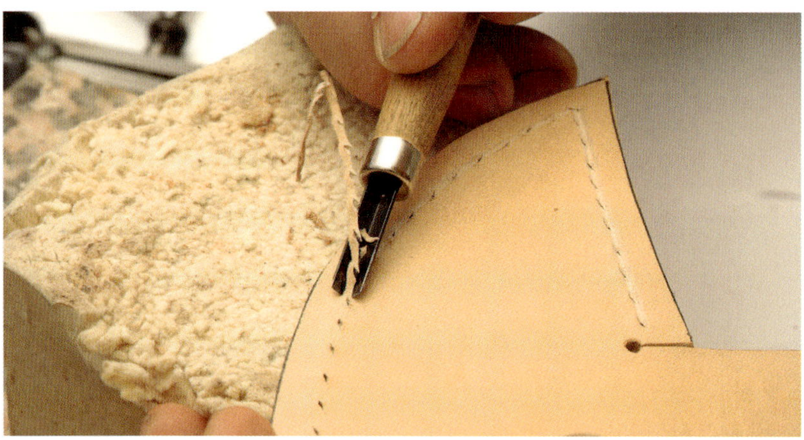

Auf der Rückseite der Scheide wird der Nahtverlauf mit dem V-Eisen versenkt.

Wir drehen die Scheide um und versenken die Naht, indem wir die einzelnen Stiche mit dem V-Eisen verbinden. Wir bereiten den Faden vor. Zum Nähen der Scheide verwenden wir Kunstsehne.

Es geht mit dem Vernähen der Lederscheide weiter. Nadel und Faden bereiten wir wie in Kapitel 2 beschrieben vor. Wir beginnen mit dem Sattlerstich bei der Kedernase, wobei wir die ersten beiden Stiche doppelt setzen, um die Naht zu verstärken. Nun nähen wir Stich für Stich bis zur Scheidenspitze, anschließend den Scheidenrücken hoch bis zum letzten Nahtloch. Dort angekommen nähen wir zur Verstärkung zwei Stiche zurück, so dass die Kunstsehnenenden auf der Scheidenrückseite aus dem zweiten und dritten Loch von oben herauskommen.

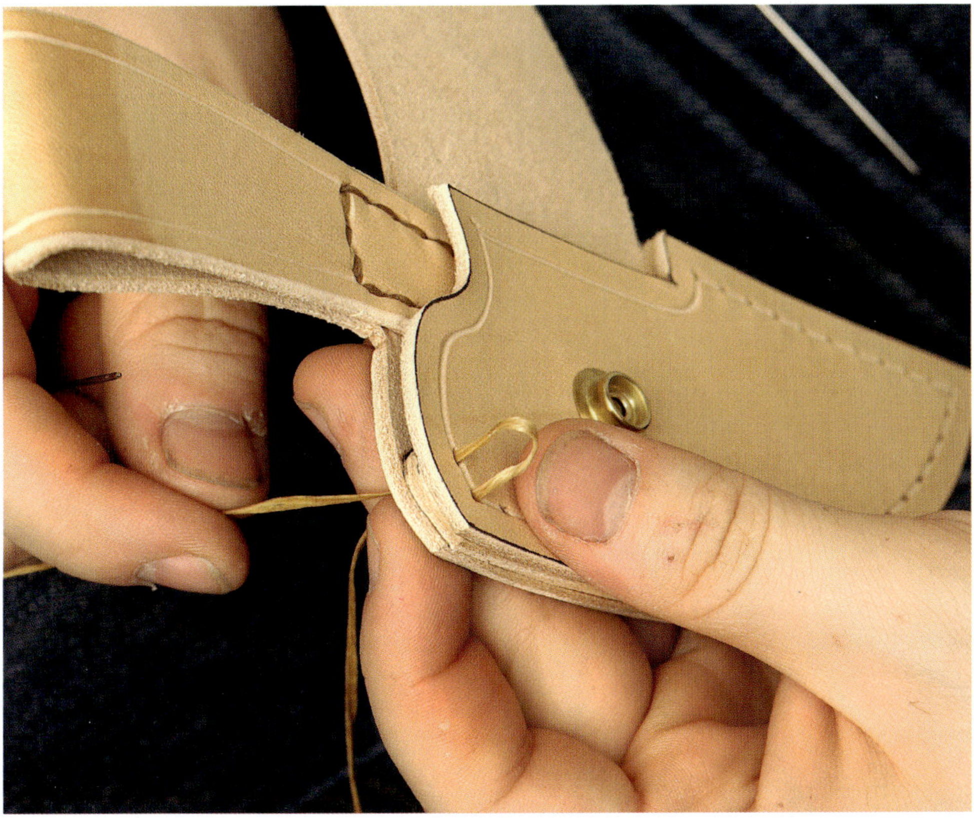

Wir vernähen die Scheide mit Kunstsehne und wenden dabei den klassischen Sattlerstich an. Die erste Naht setzen wir zur Verstärkung doppelt.

Die Enden der Kunstsehne ziehen wir auf die Rückseite der Scheide. Dort schneiden wir sie mit einem Überstand von drei bis fünf Millimetern ab und verschmelzen sie anschließend mit dem Feuerzeug.

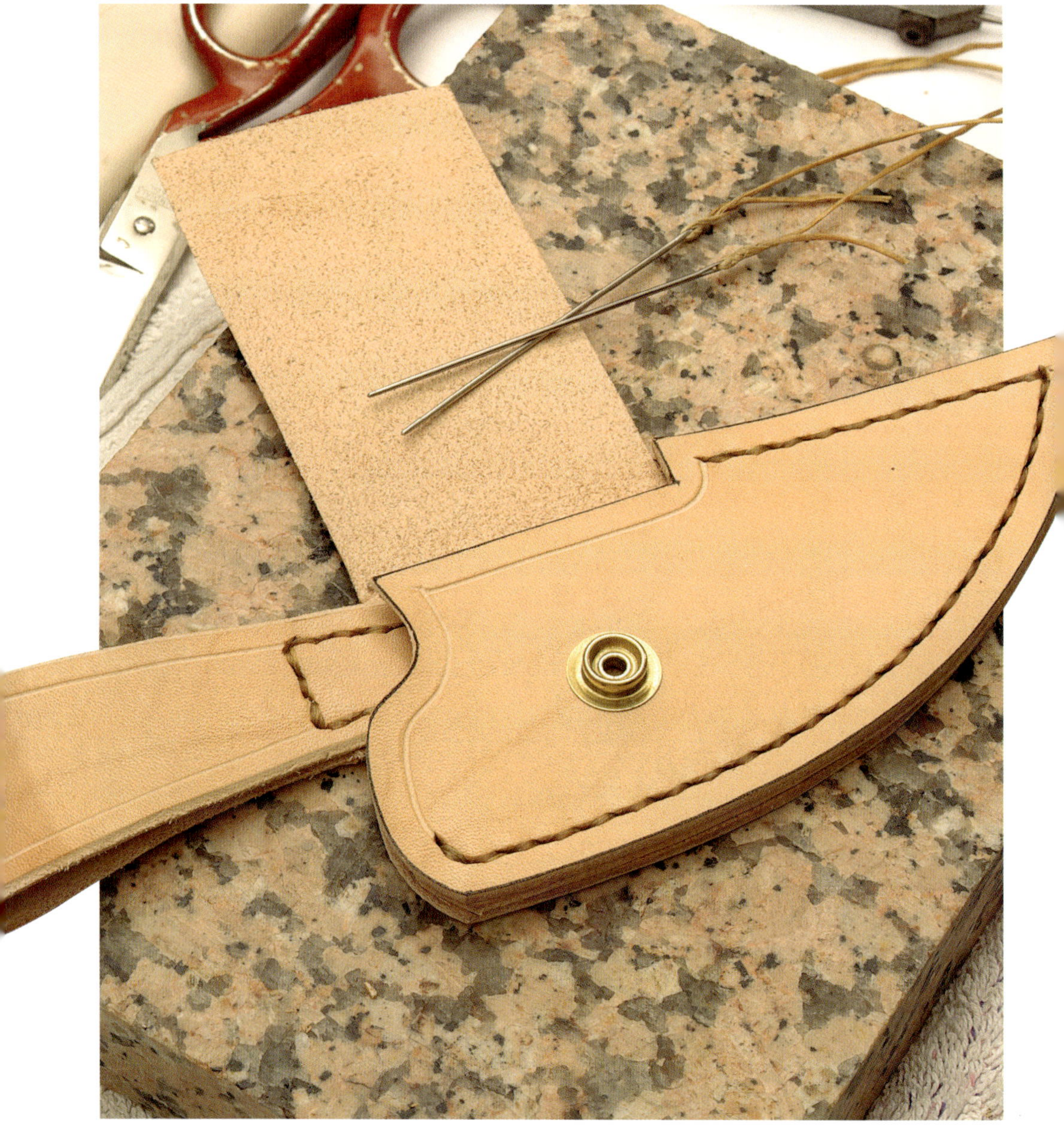

Unsere fertig vernähte Scheide.

2.5 Versäubern der Schnittkanten

Die Bauteile der vernähten Scheide werden bündig geschliffen. Danach brechen wir die Schnittkanten mit dem Kantenschneider der Größe 4. Die inneren Schnittkanten werden mit dem Kantenschneider der Größe 3 bearbeitet. An unzugänglichen Stellen arbeiten wir vorsichtig mit dem Schustermesser nach.

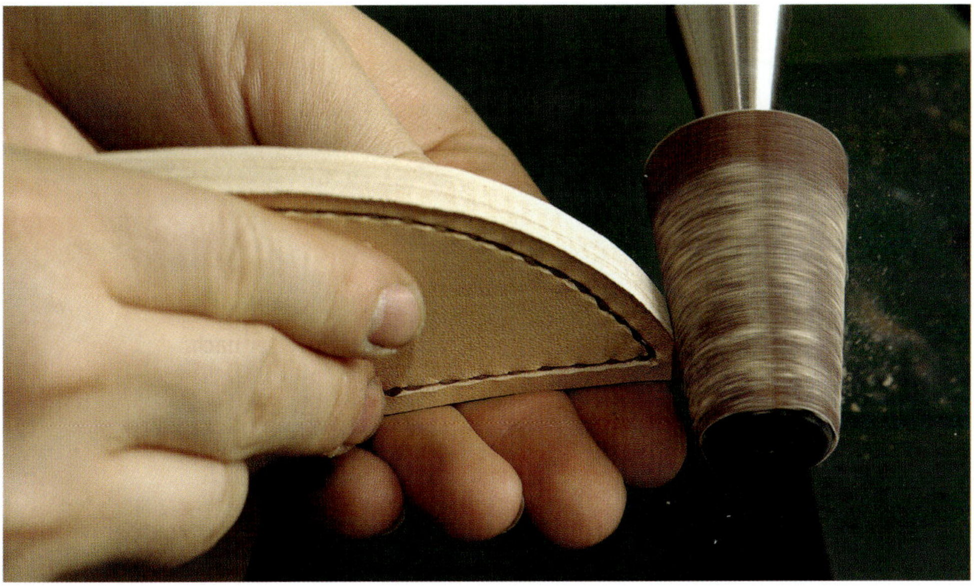

An der Schleifmaschine schleifen wir die Bauteile bündig, beginnend mit Körnung 80 und endend mit Körnung 240.

SCHLEIFEN MIT DER MASCHINE

Zum Schleifen von Leder kann auch eine Schleifmaschine genutzt werden. Dabei ist es wichtig, frisches und scharfes Schleifpapier zu benutzen. Die Schleifgeschwindigkeit der Maschine darf nicht zu hoch sein, da es sonst schnell passiert, dass das Leder beim Schleifen verbrennt und eine dunkelbraune bis schwarze Kruste bekommt, die sich nur schwer entfernen lässt. Für starke Unebenheiten eignet sich Korn 80 für den Vorschliff. Der Feinschliff sollte mit 240er Körnung ausgeführt werden, da eine zu grobe Schlifffläche später nicht poliert werden kann.

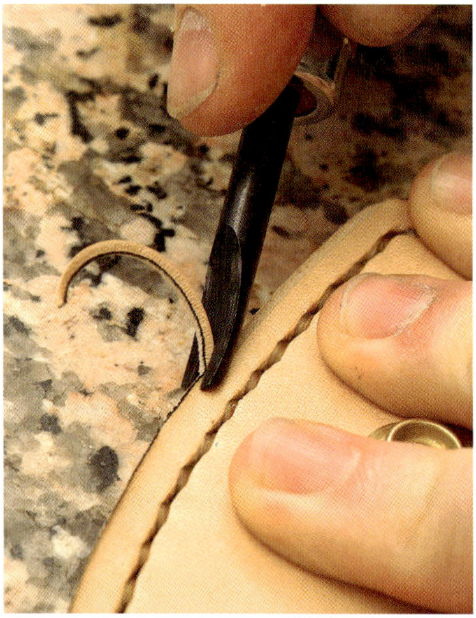

Die Kanten brechen wir mit dem Kantenschneider Größe 4.

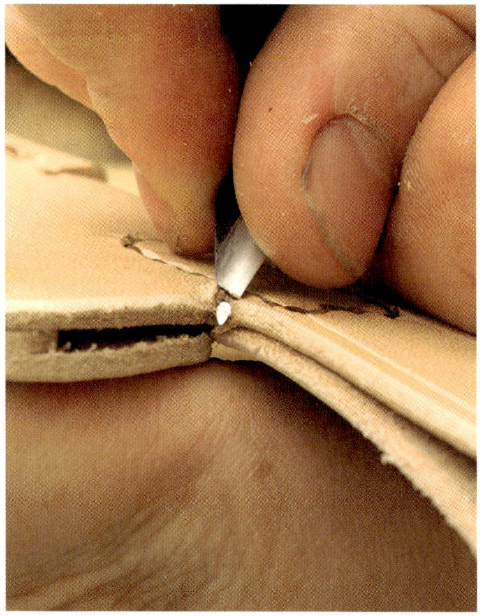

In den Ecken arbeiten wir vorsichtig mit dem Schustermesser nach.

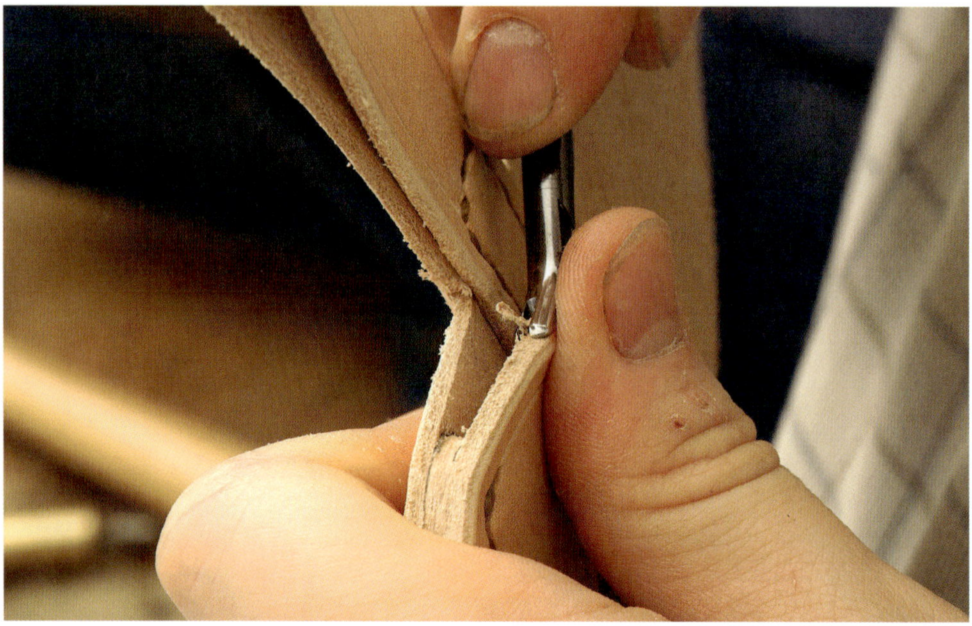

Mit dem Kantenschneider Größe 3 werden auch die inneren Kanten der Scheide gebrochen.

Da die Lederkante am Übergang vom Scheidenrücken zur Sicherungslasche später stören könnte, runden wir sie mit einem leichten Radius ab. Dazu verwenden wir das Schustermesser und schneiden – ohne die Sicherungslasche zu beschädigen – die Kante rund.

Wir machen uns ans Versäubern der Scheide und entgraten die Scheidenspitze mit dem Schustermesser. Mit dem Schwamm feuchten wir die Schnittkanten der Scheide an und verrunden diese mit unserem Hornwerkzeug. Im Anschluss reiben wir die Lederkanten, bis diese Glanz bekommen.

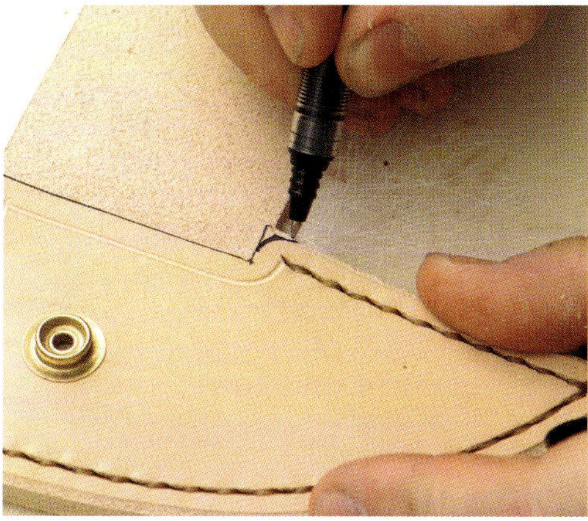

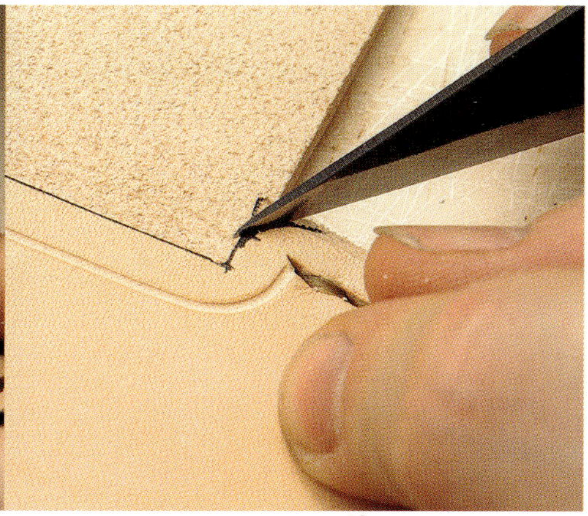

Damit man später nicht hängen bleiben kann, runden wir die Kante am Übergang zur Sicherungslasche ab.

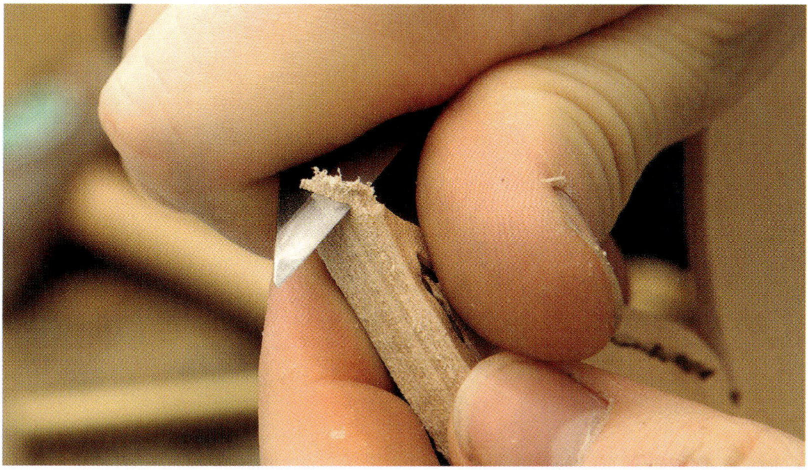

Auch die anderen Kanten werden sanft entgratet.

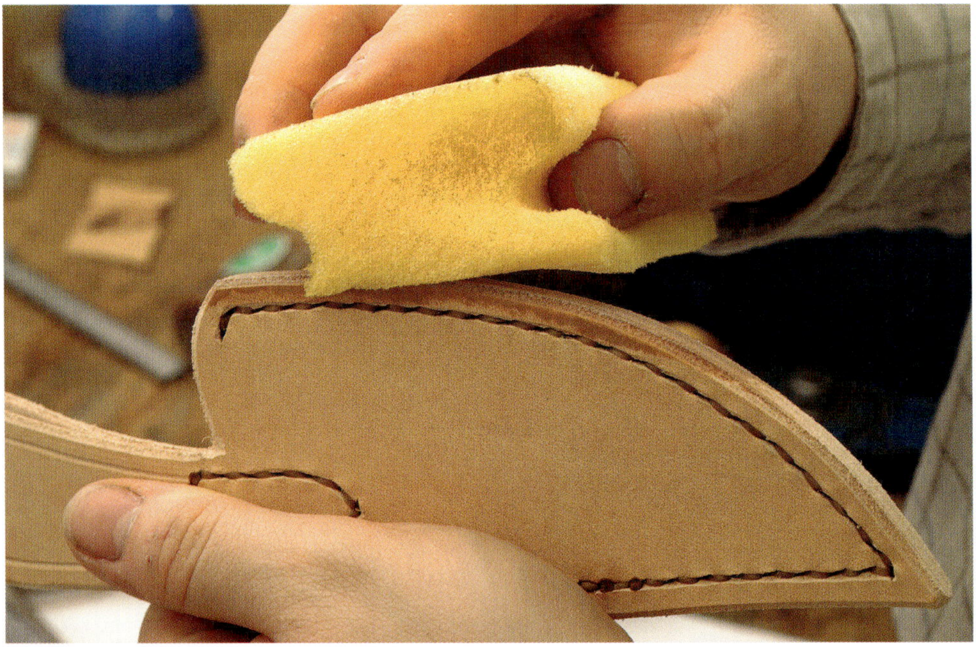

Mit dem Schwamm feuchten wir die Schnittkanten an.

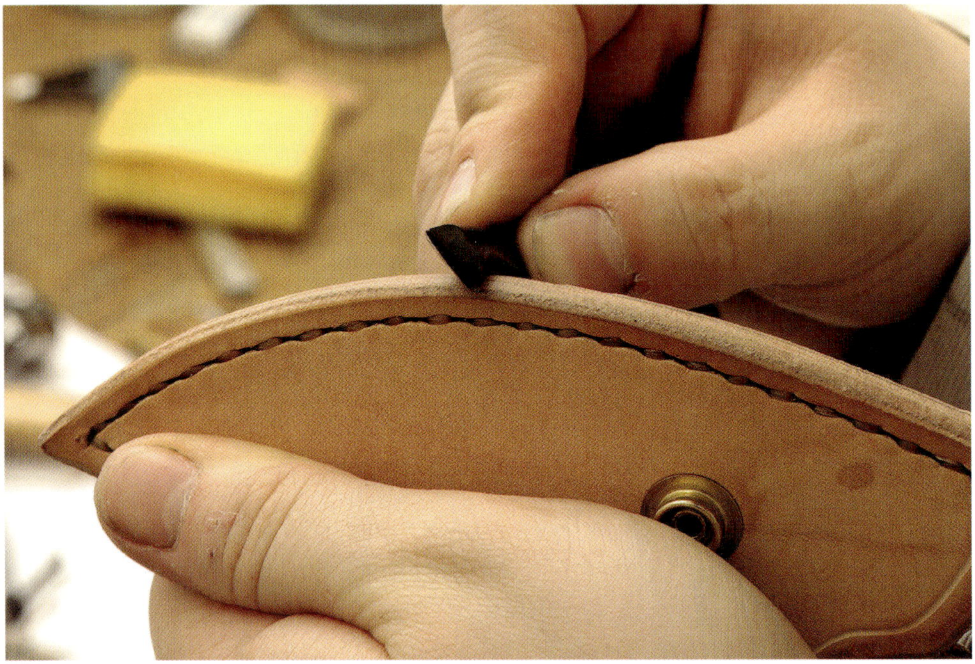

Diese werden anschließend mit dem Hornwerkzeug gerundet und auf Glanz gebracht.

2.6 Zurichten der Verschlusslasche

Zum Anformen der Verschlusslasche feuchten wir diese kräftig mit dem Schwamm an. Damit unsere Scheide später keine unschönen Wasserflecken bekommt, feuchten wir auch den Rest der Scheide leicht an.

Die Lasche wird entlang des Scheidenrückens auf die Scheidenvorderseite gebogen. Wir platzieren als erstes das Oberteil des Druckknopfs. Dazu schaut man seitlich durchs Leder und sucht mit der Ahlenspitze den Mittelpunkt des Druckknopfs. Beide Teile sollen später exakt übereinander liegen und die Klinge festhalten.

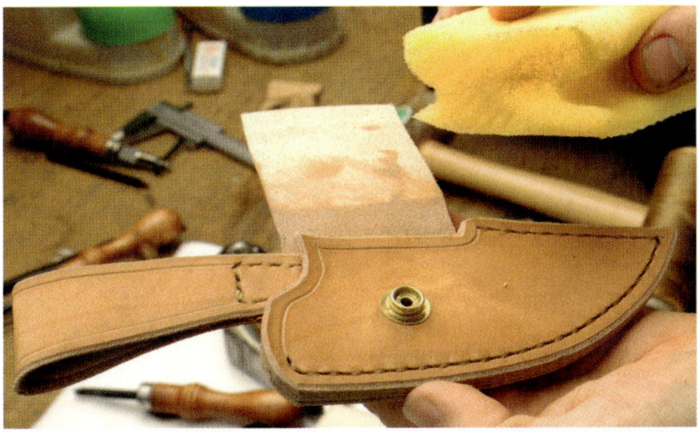

Um die Verschlusslasche biegen und anformen zu können, feuchten wir sie mit dem Schwamm an. Da unsere Scheide naturfarben bleiben soll und später eventuell Wasserflecken zurückbleiben könnten, feuchten wir auch den Rest der Scheide gleichmäßig an.

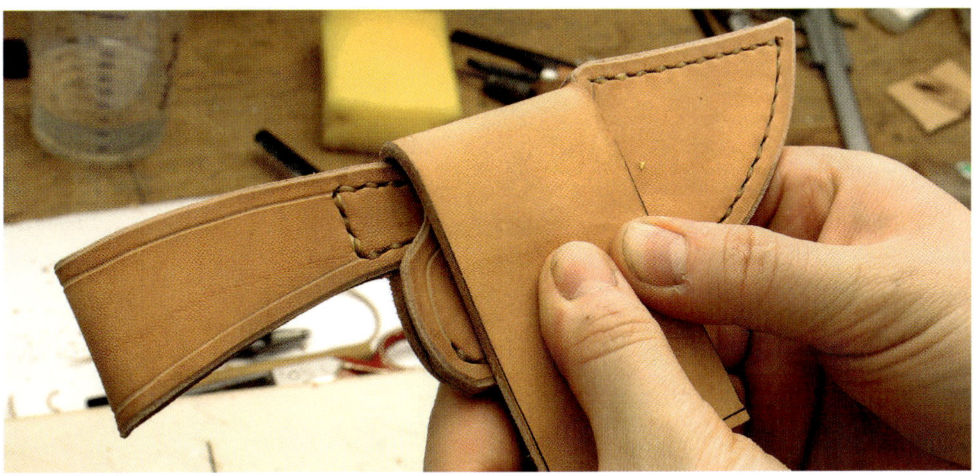

Die feuchte Verschlusslasche wird umgeklappt.

Die markierte Stelle wird mit der 4-Millimeter-Lochpfeife ausgestanzt. Der Kopf der Hohlniete wird von der Lederoberseite her eingesteckt. Den entstandenen Grat drücken wir von der Lederunterseite mit unserem Hornwerkzeug zurück.

Zum Setzen des Druckknopfoberteils benötigen wir ein Näpfchen, damit der Nietkopf nicht beschädigt wird. Dieses spannen wir mit Alubacken in den Schraubstock, um einen guten Gegenhalt zu bekommen. Das Oberteil des Druckknopfs wird auf die Hohlniete gesteckt und der Nietkopf in das Näpfchen gelegt. Es ist wichtig, dass der Nietkopf mittig im Napf liegt, da sich bei einem Verrutschen der Rand auf dem Nietkopf abzeichnet. Nun vernieten wir beide Teile mit Hilfe der Setzmatritze.

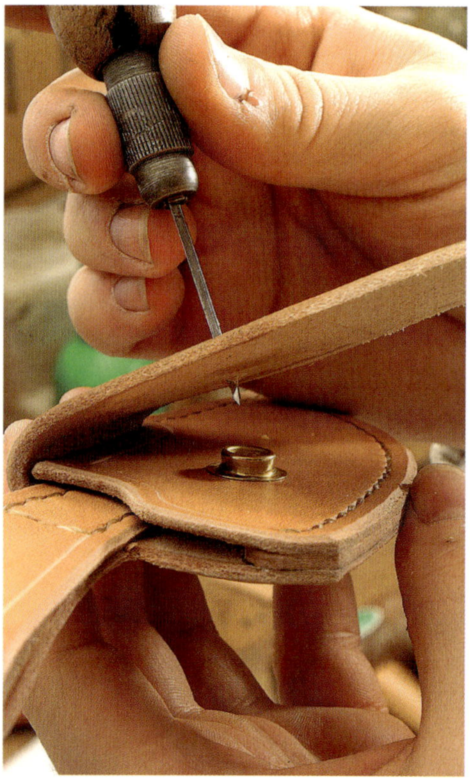

Mit der Ahle stechen wir exakt am Mittelpunkt des unteren Druckknopfs durch das Oberleder.

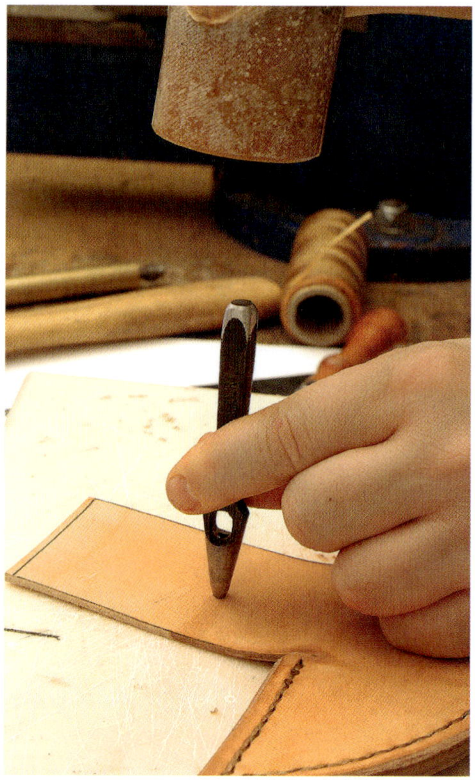

Mit der 4-Millimeter-Lochpfeife stanzen wir ein Loch aus.

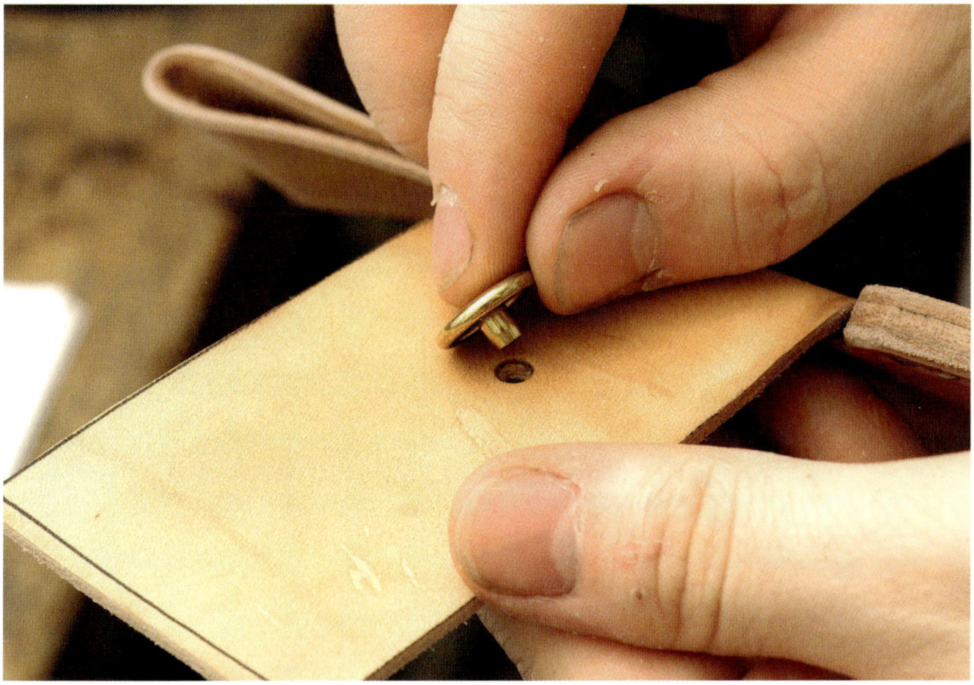

Der Nietkopf wird von der Narbenseite her ins Loch gedrückt.

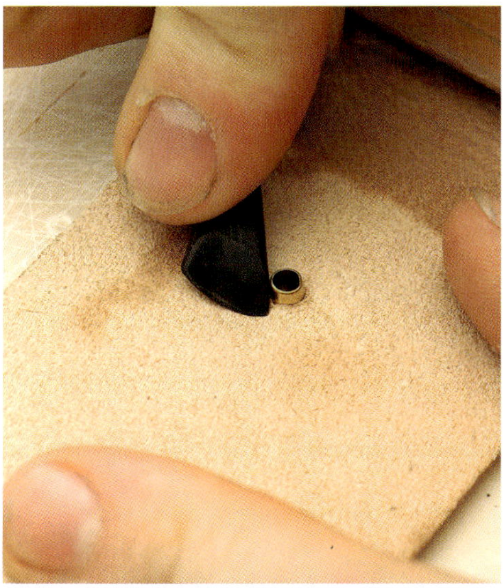

Den dabei entstandenen Lederwulst drücken wir mit unserem Hornwerkzeug zurück.

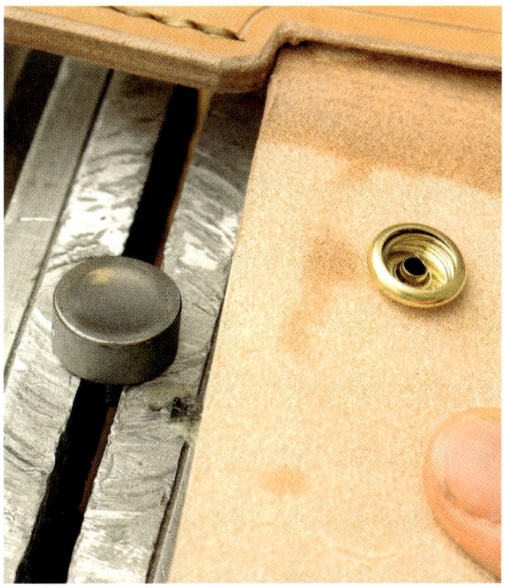

In den Schraubstock wird die Setzmatritze für den Nietkopf eingespannt.

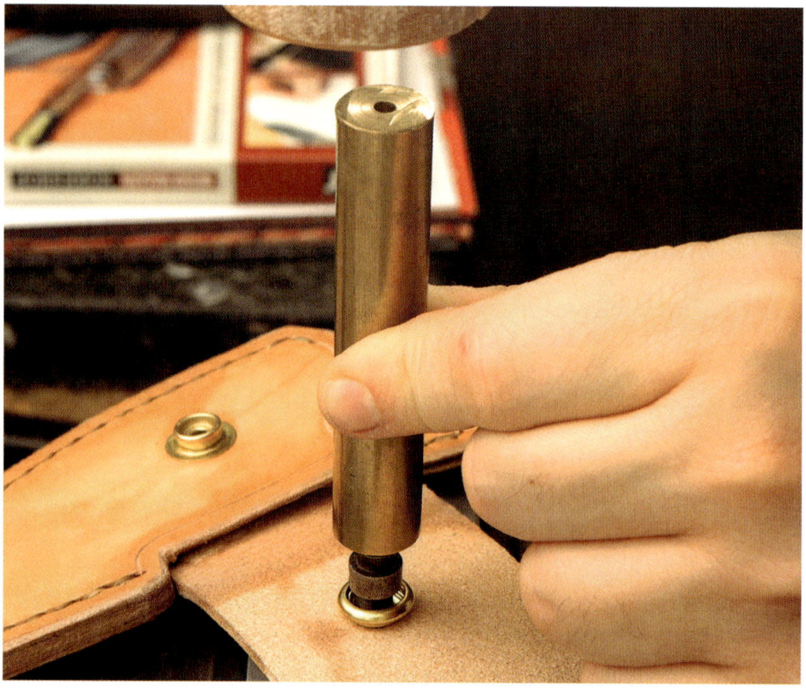

Der Nietkopf wird aufgelegt und das eingelegte Oberteil des Druckknopfs mit Hilfe der Setzmatritze vernietet.

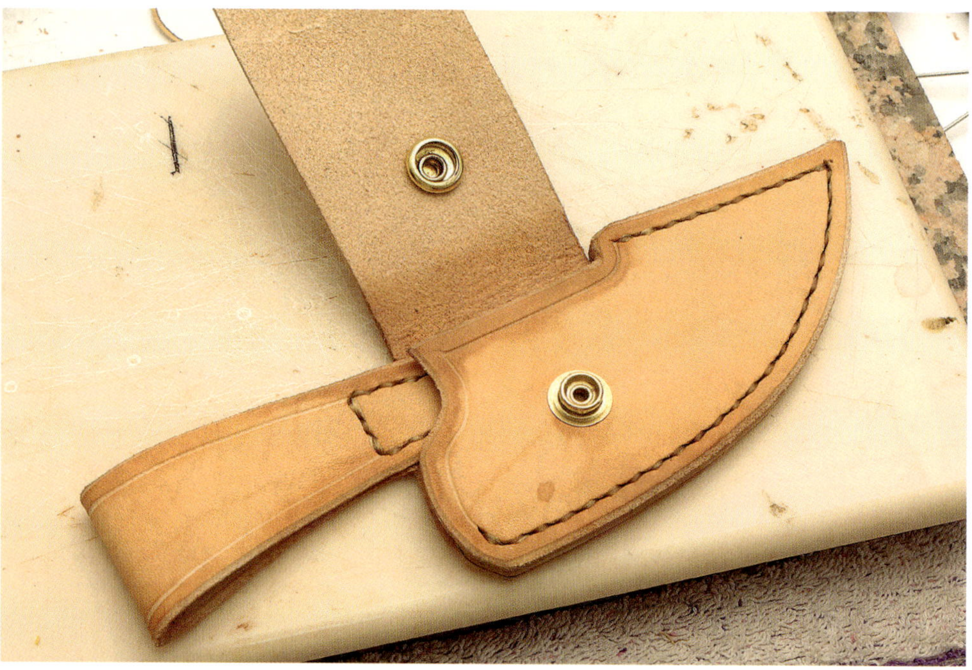

Fertig ist der Druckknopfverschluss.

Wir zeichnen den Verlauf der Sicherungslasche auf die Vordersite des Leders. Mit dem Schustermesser schneiden wir das überschüssige Leder ab. Die Form der Lasche wird nochmals kontrolliert. Sie sollte nicht so groß sein, dass man daran hängen bleiben kann, aber auch nicht zu klein, damit sie gut zu öffnen ist.

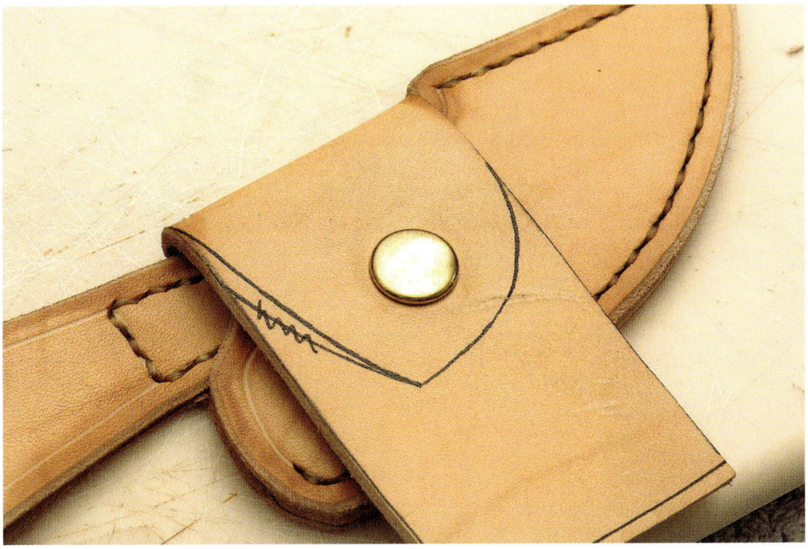

Der Umriss der Sicherungslasche wird aufgezeichnet.

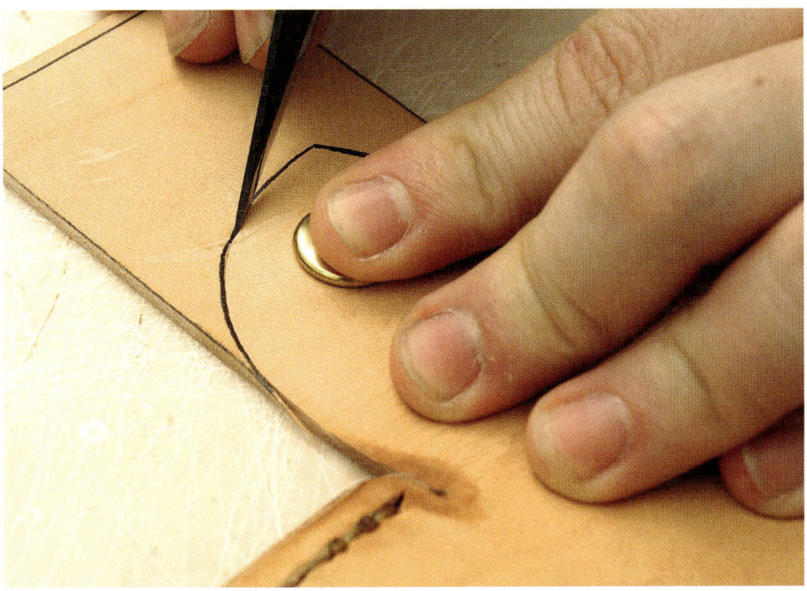

Mit dem Schustermesser wird der Umriss zugeschnitten.

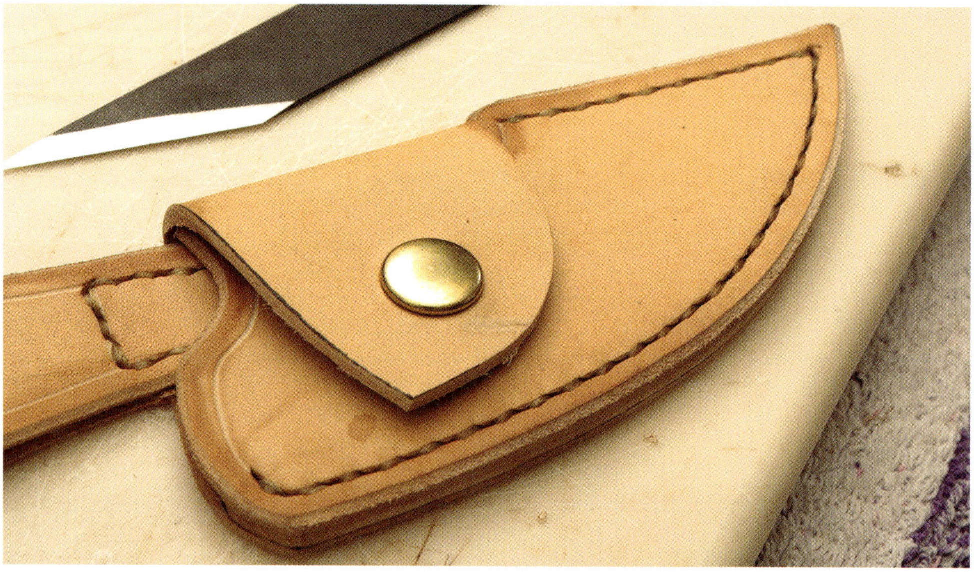

Die Form der Lasche wird nochmals kontrolliert. Sie kann gegebenenfalls nachgearbeitet werden.

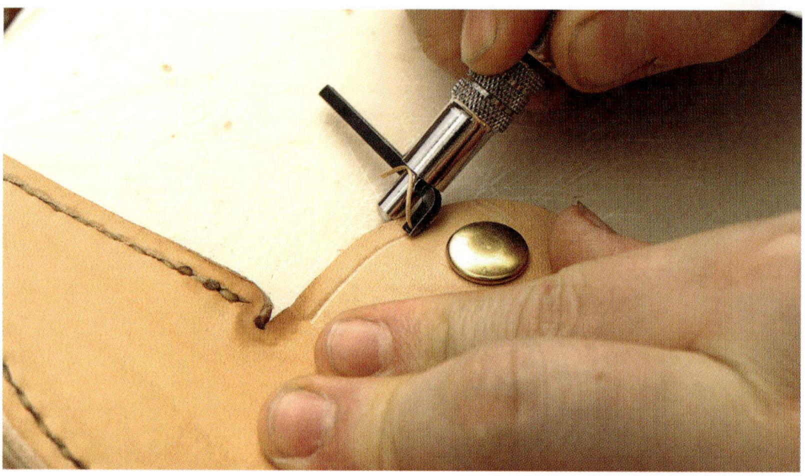

Den Nahtversenker auf vier Millimeter eingestellt, ziehen wir auf der Oberseite der Sicherungslasche eine Ziernaht.

Mit dem Nahtversenker ziehen wir eine Ziernaht im Abstand von vier Millimetern entlang der Sicherungslasche. Die Kanten brechen wir auf der Narben- und Fleischseite mit dem Kantenschneider der Größe 3. Mit dem Schwamm feuchten wir die Schnittkanten an und runden sie mit unserem Hornwerkzeug ab, bevor wir sie auf Glanz bringen.

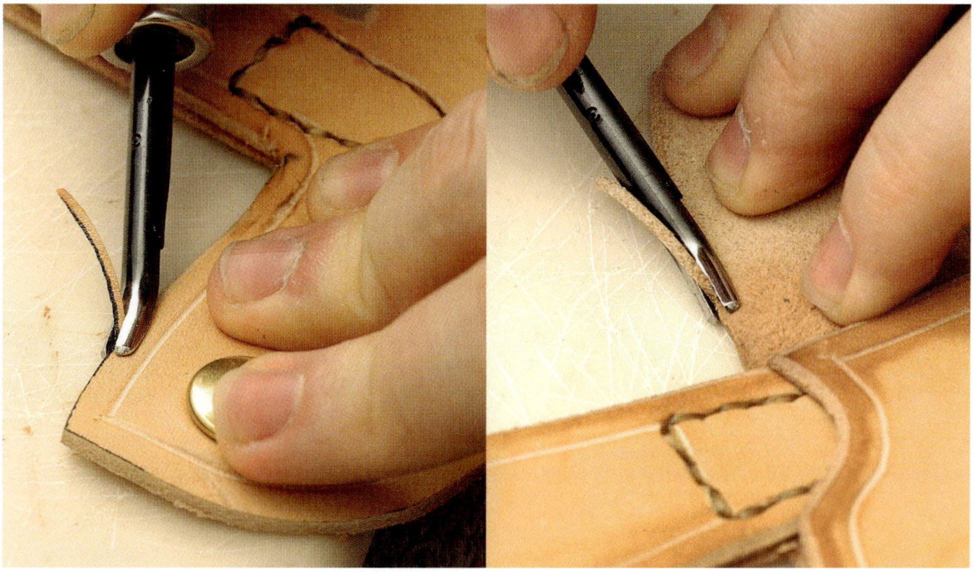

Die Schnittkanten brechen wir mit dem Kantenschneider der Größe 3.

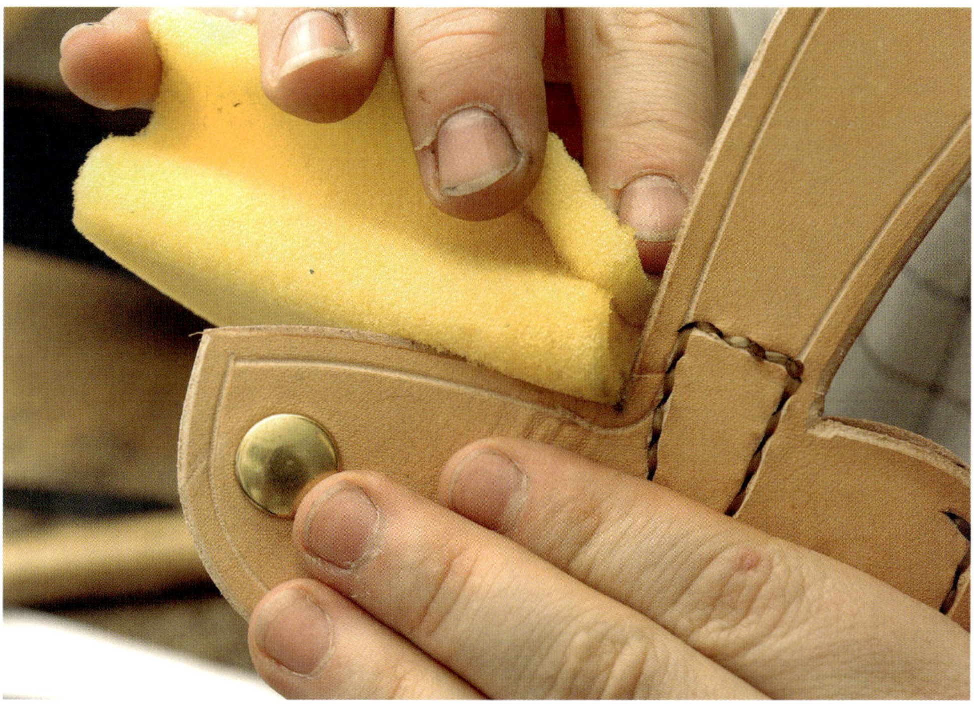

Mit dem Schwamm werden die Schnittkanten gleichmäßig angefeuchtet und anschließend mit dem Hornwerkzeug versäubert.

Damit unser Messer während der Trocknungszeit keinen Schaden durch die nasse Lederscheide nimmt, packen wir es in Frischhaltefolie ein. Das Messer wird in die Scheide gesteckt und die Sicherungsschlaufe geschlossen. Nun muss die Scheide mehrere Tage lang trocknen, bevor wir uns an den nächsten Arbeitsschritt machen können.

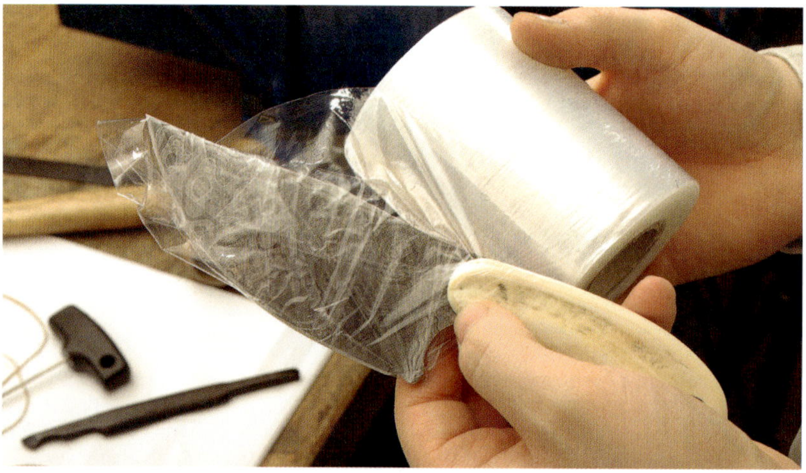

Damit das Messer während des Trocknens der Lederscheide keinen Flugrost ansetzt, wickeln wir es in Frischhaltefolie ein.

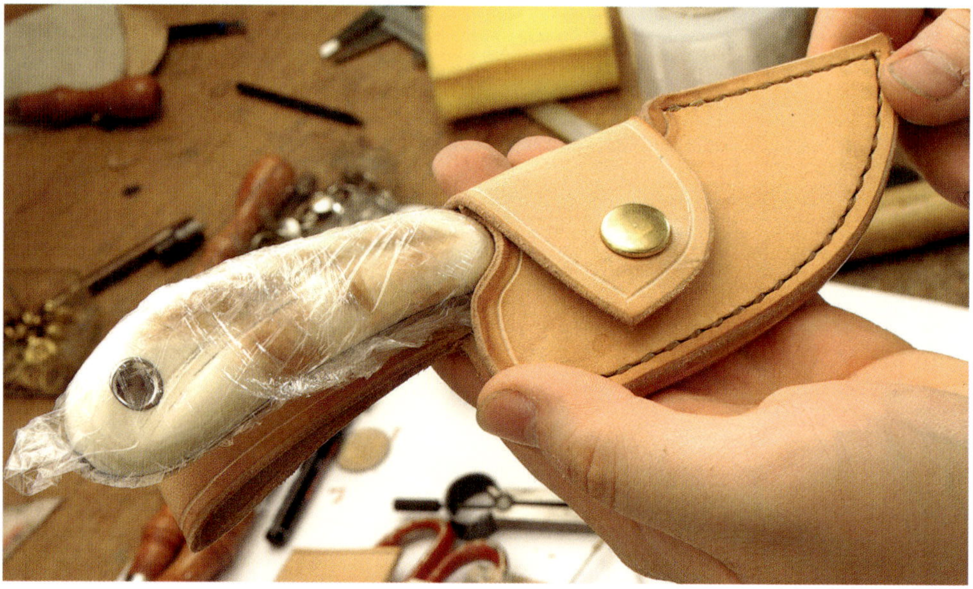

Wir stecken das Messer in die Scheide und schließen die Sicherungslasche. Nun kann sie einige Tage lang trocknen.

2.7 Kantenversiegelung und Imprägnieren

Unsere Lederscheide soll naturfarben bleiben, weshalb wir mit klassischer Technik arbeiten. Wir bereiten unseren Arbeitsplatz vor und legen die benötigten Materialien und Werkzeuge zurecht. Die Schnittkanten werden mit Bienenwachs versiegelt. Es wird mit Druck auf die Kanten aufgetragen und ins Leder eingearbeitet. Durch Reiben mit dem Falzbein entsteht Wärme, die das Bienenwachs zum Schmelzen bringt und ins Leder eindringen lässt. Alle Kanten, auch die Sicherungslasche und die Gürtelschlaufe, werden auf diese Weise behandelt.

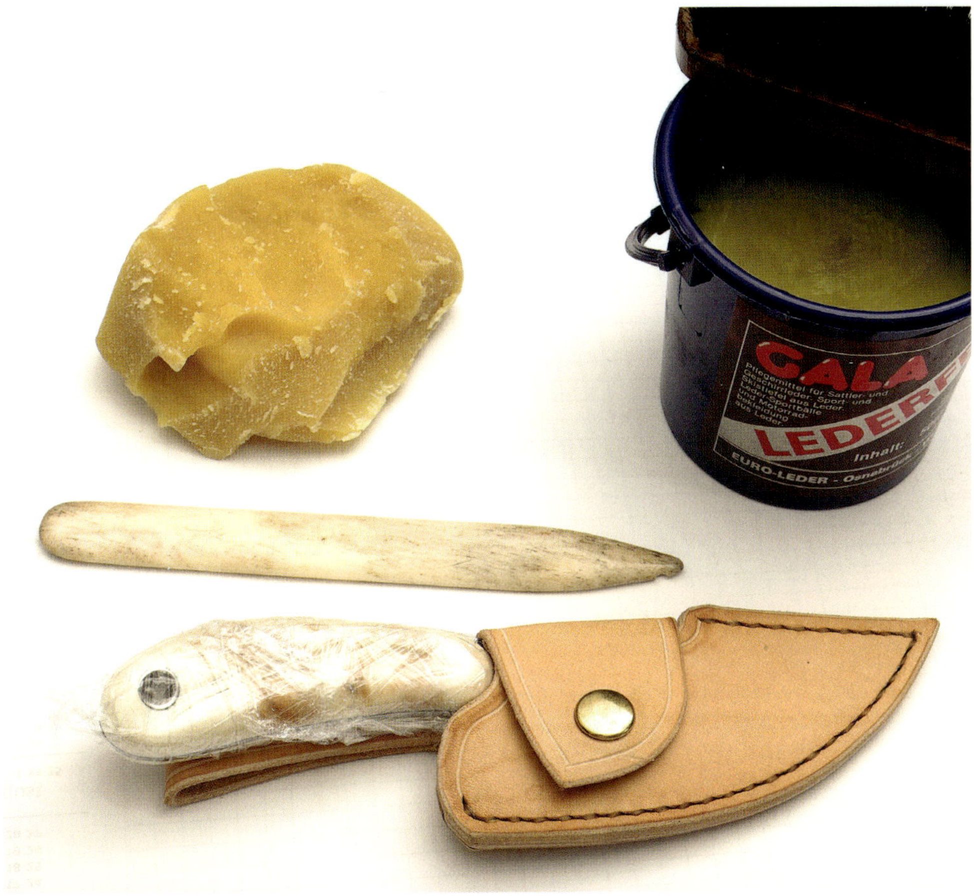

Der Arbeitsplatz wird vorbereitet und alle benötigten Materialien und Werkzeuge bereitgelegt.

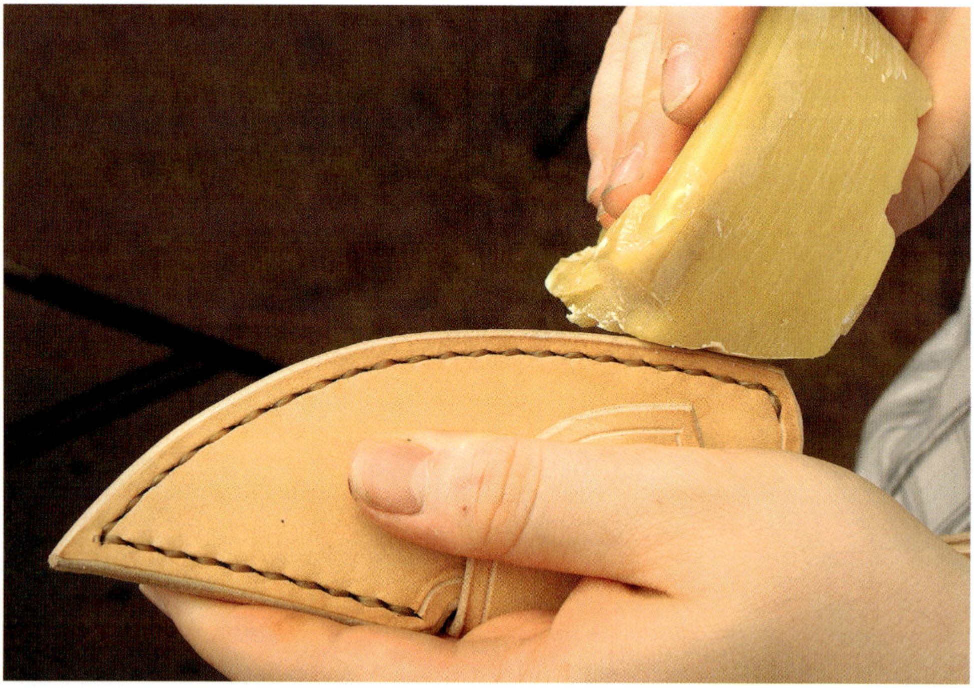

Mit einem Block Bienenwachs werden die Schnittkanten eingerieben.

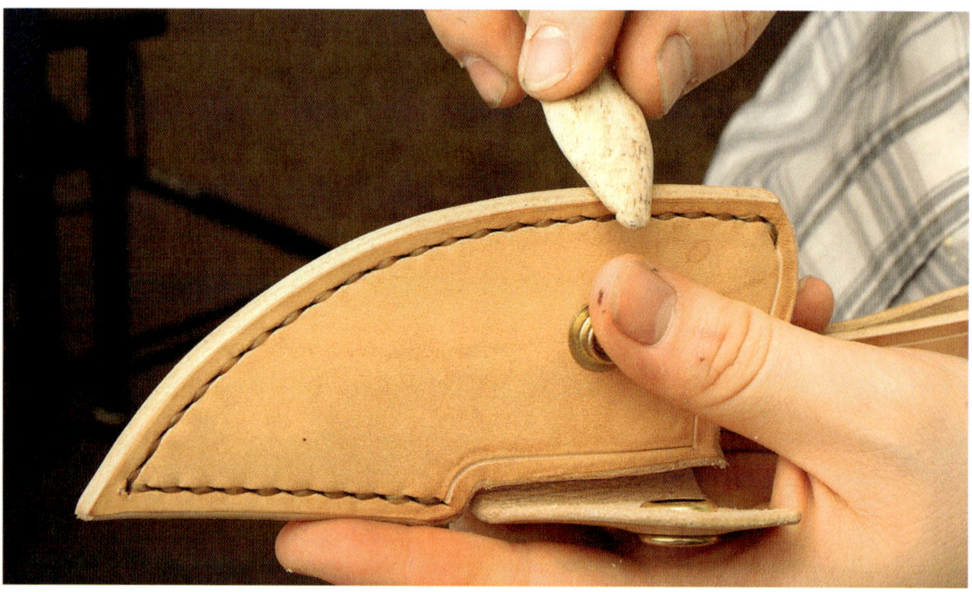

Beim Reiben des Leders mit dem Falzbein entsteht Wärme, die das Wachs ins Leder einziehen lässt.

Im Anschluss imprägnieren wir die Scheide mit Lederfett. Es zieht tief ins Leder ein und dunkelt es ein wenig nach. Das Imprägnieren muss je nach Leder mehrmals erfolgen, bis es kein Fett mehr aufnimmt. Damit auch das im Lederfett enthaltene Bienenwachs in die Poren des Leders einziehen kann, wird die Scheide mit dem Heißluftfön erwärmt, bis das Bienenwachs schmilzt. Aber Vorsicht! Das Leder darf dabei nicht zu heiß werden, da es sonst Schaden nimmt. Mit einem Tuch entfernen wir abschließend überschüssiges Wachs von der Lederoberfläche und bringen die Scheide auf Glanz.

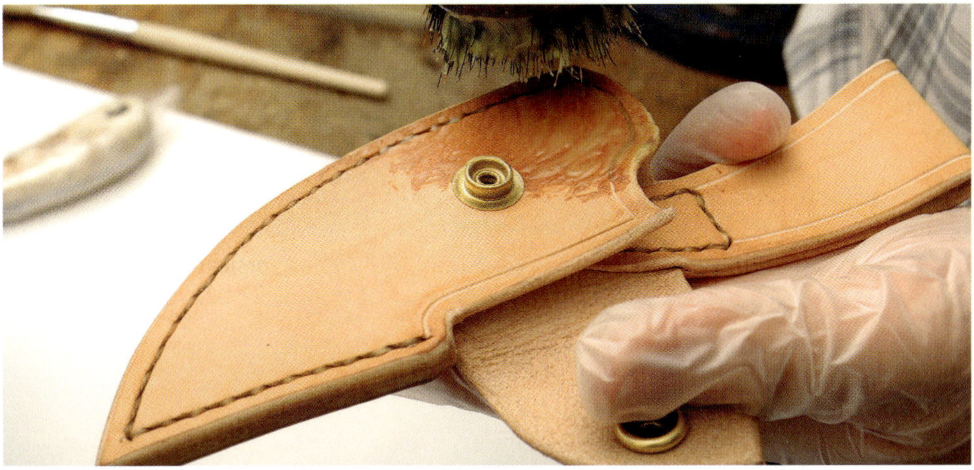

Die Scheide wird mit Lederfett eingerieben.

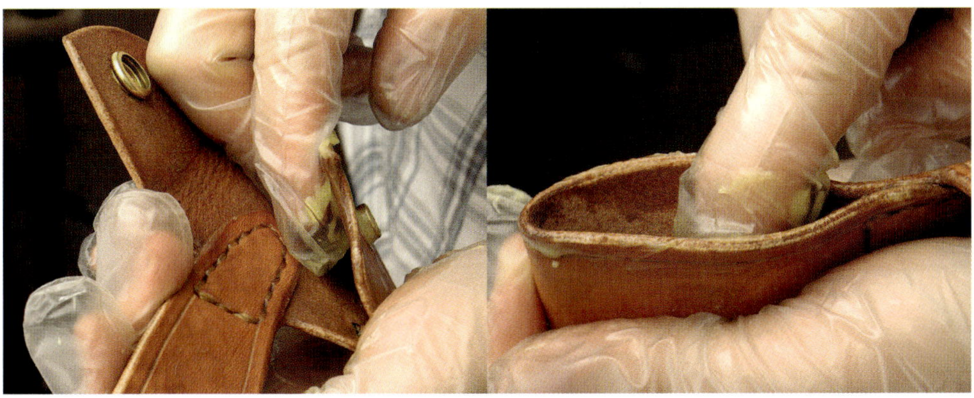

Auch der innere Bereich der Scheide wird imprägniert, in die Gürtelschlaufe kommt ebenfalls Lederfett.

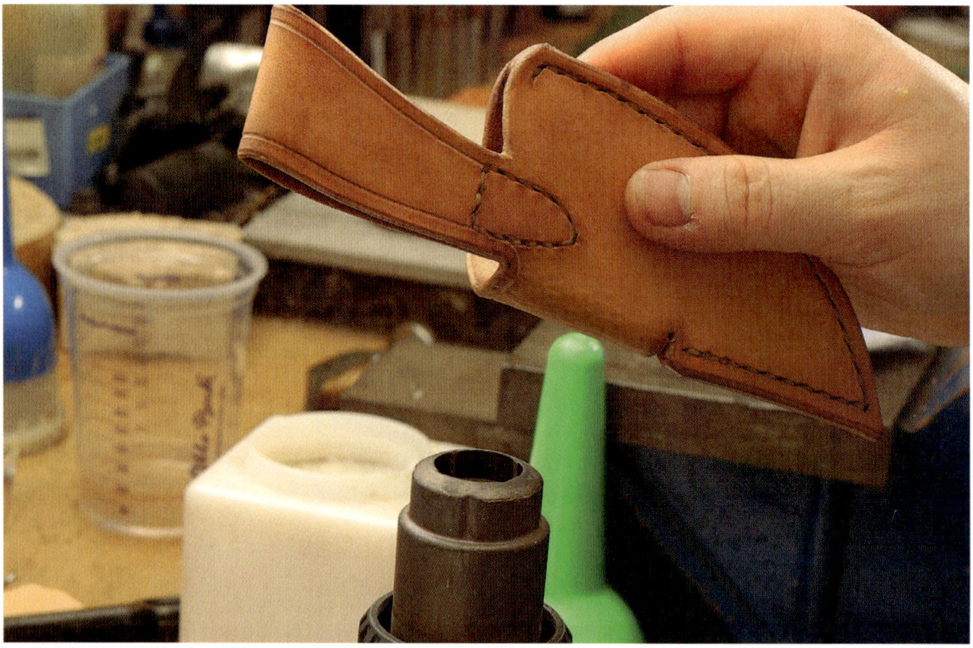

Damit das Bienenwachs tiefer ins Leder einziehen kann, wird es vorsichtig mit dem Heißluftfön erwärmt.

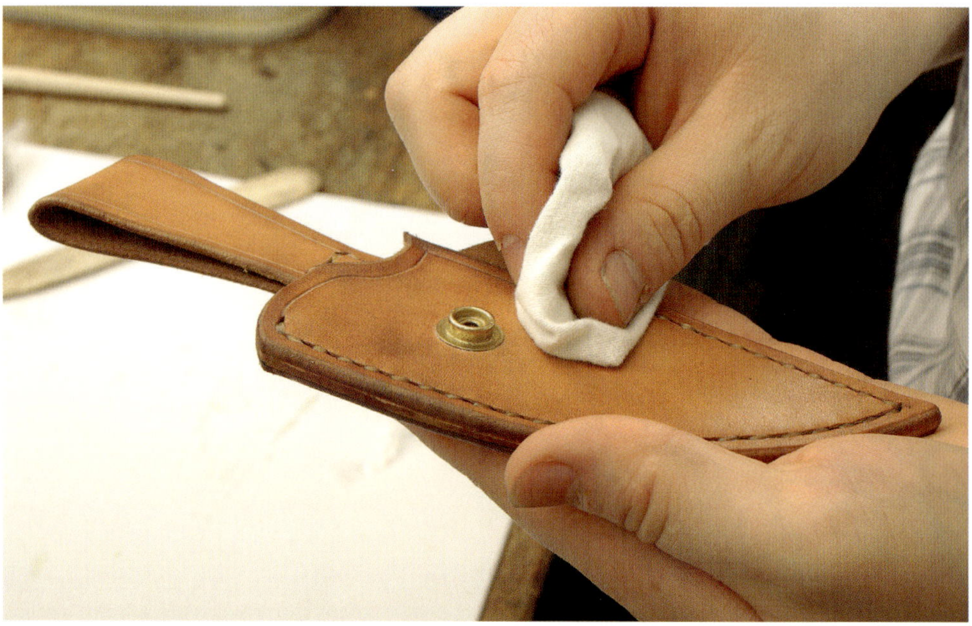

Das überschüssige Wachs wird mit einem Tuch wegpoliert.

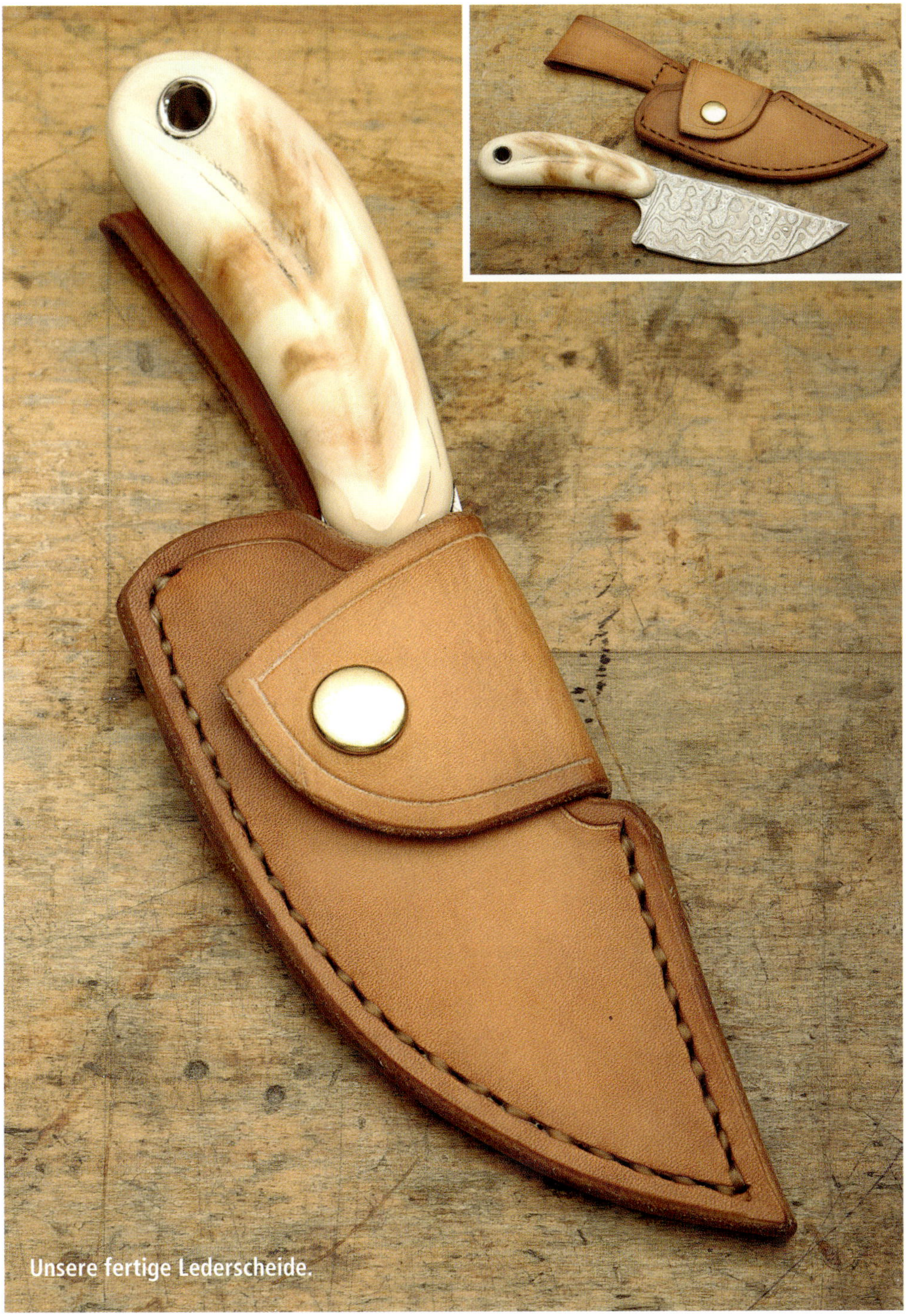

Unsere fertige Lederscheide.

GRUNDLAGEN

Materialauswahl

Leder ist seit jeher ein begehrter und vielseitig einsetzbarer Werkstoff. Durch verschiedene Gerbverfahren und Veredelungstechniken kann man dem Leder je nach Bedarf unterschiedliche Eigenschaften und Oberflächen verleihen. Es kann hart und steif wie Blech oder samtig weich wie Seide sein – ein einzigartiges Naturprodukt.

Welches Leder für Lederscheiden?

Für Lederscheiden eignen sich alle Leder, die eine ausreichende Steifigkeit und Festigkeit aufweisen. Besonders zu empfehlen sind pflanzlich gegerbte Ledersorten, da sie im Gegensatz zu chemisch gegerbtem Leder keine aggressiven Bestandteile wie Chromoxyd enthalten, die zu Korrosion führen können. Das Leder wird nach dem Gerben in verschiedene Abschnitte aufgeteilt. Das Kernstück, der Rücken, in der Fachsprache als Croupon bezeichnet, ist das beste und teuerste Stück und wird meist vor dem Gerben zuge-

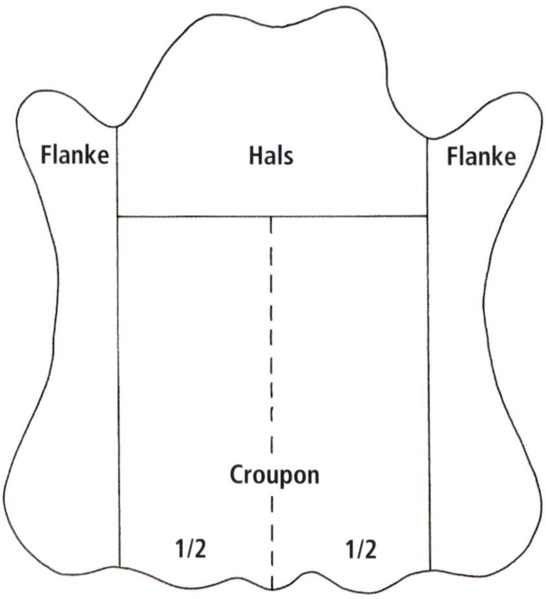

Aufteilung des Leders in die verschiedenen Abschnitte: Croupon, Hals und Flanken.

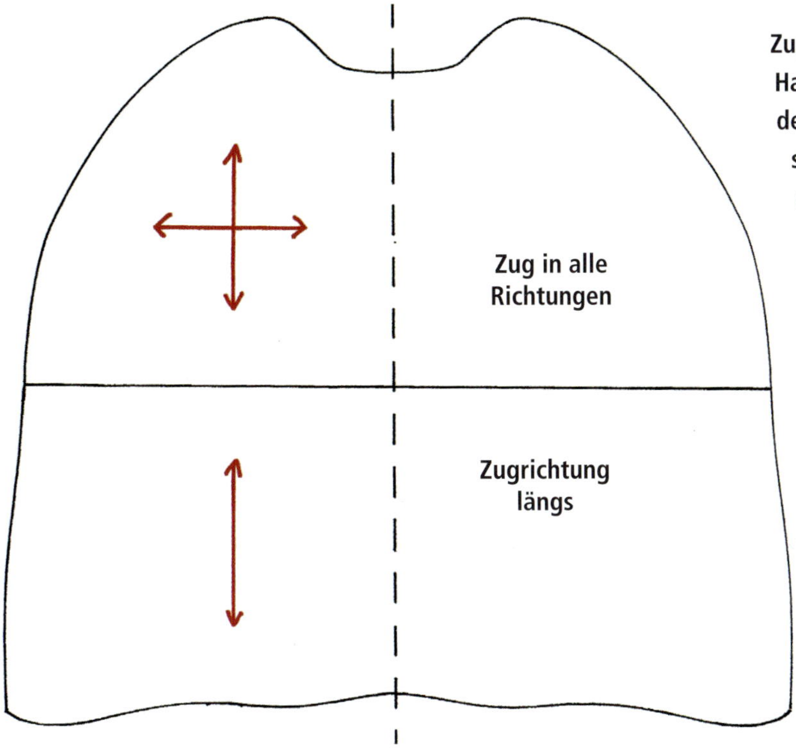

Zugrichtungen des Halses: In der vorderen Hälfte zieht sich das Leder in alle Richtungen, in der hinteren nur in Längsrichtung.

schnitten und nochmals der Länge halbiert. Der Croupon zeichnet sich durch seine großflächige und gleichmäßige Lederstruktur aus. Der Hals ist das Nackenstück und lässt sich vielseitig verwenden. Die Flanken haben eine meist sehr lockere Hautstruktur und werden daher für Unterfütterungen und andere nicht beanspruchte Bauteile verwendet.

Vorzugsweise sollte man vegetabil (pflanzlich) gegerbte Blankleder-Hälse verwenden, da dieses Material optimale Eigenschaften für Lederscheiden aufweist. Zudem ist es sehr gutmütig in der Verarbeitung und Veredelung. Es ist von einem bis fünf Millimeter Stärke erhältlich.

Beim Zuschnitt muss man auf die Zugrichtung achten. Die Zugrichtung des Leders hängt von der ursprünglichen Beschaffenheit der Haut und ihren Dehnungseigenschaften ab. Speziell bei Lederscheiden mit Gürtelschlaufen und Riemen sind die auf Zug belasteten Bereiche im Winkel von 90° zur Zugrichtung (die Richtung, in der sich das Leder beim Ziehen dehnt) zu

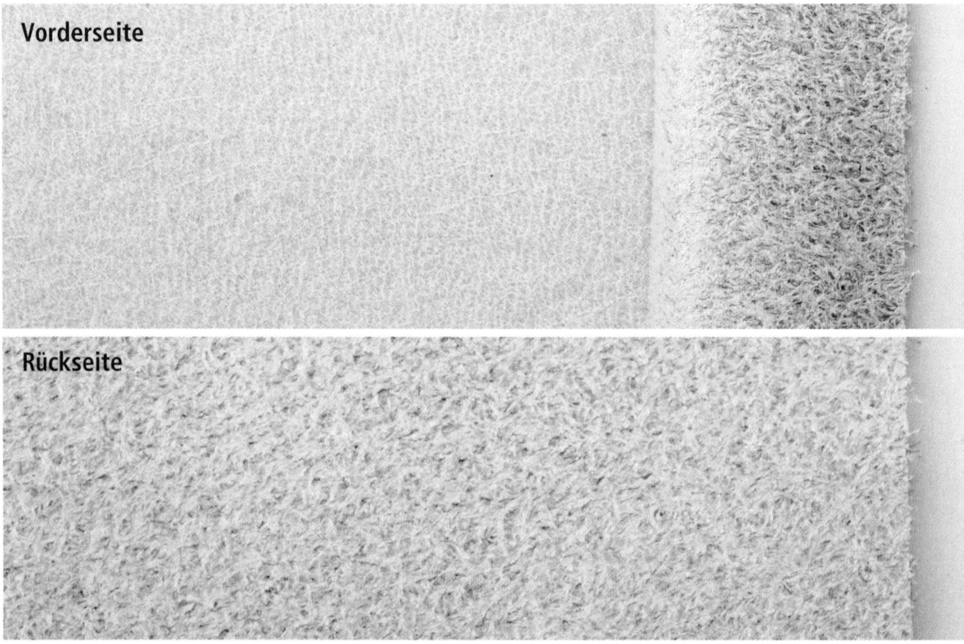

Haar- und Fleischseite eines Blanklederhalses mit besonders dichter Faserstruktur.

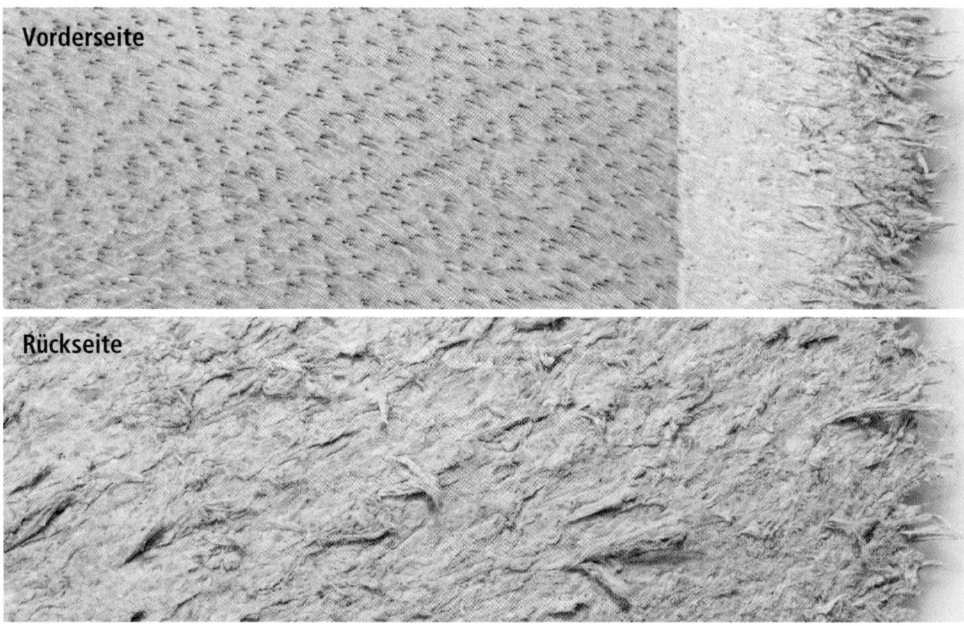

Haar- und Fleischseite eines Blanklederhalses mit lockerer Faserstruktur, ungeeignet für Lederscheiden.

schneiden. Dadurch kann man ein späteres Ausleiern der Riemen im Gebrauch vermeiden.

Die hintere Hälfte des Halses eignet sich dafür besonders gut, da die Zugrichtung längs zum Hals verläuft. In der vorderen Hälfte zieht sich das Leder hingegen in alle Richtungen. Der vordere Teil eignet sich deshalb besonders für Lederscheiden mit aufgesetzten Gürtelschlaufen oder Riemen, da er sich besonders gut anformen lässt.

Worauf beim Lederkauf achten?

Bei der Auswahl des richtigen Leders sollte man besonderes Augenmerk auf die Qualität des Materials legen. Ein hochwertiges Leder erleichtert die Arbeit und garantiert, dass die Lederarbeit über lange Jahre ihren Zweck erfüllen kann. Beim Kauf sollte man besonders auf eine dichte und feste Struktur der Fleischseite (Unterseite) achten. Sie sollte in keinem Fall locker und fransig sein. Außerdem sollten Haarseite (Oberseite) und Fleischseite eine feste Einheit bilden und sich nicht voneinander lösen.

Welches Garn zum Nähen?

Zum Vernähen von Leder gibt es verschiedene Materialien. Natürliche Garne wie Leinen-, Hanf- und Baumwollzwirn, aber auch Sehnen werden seit jeher verarbeitet. Moderne Garne aus Kunstfasern haben diese aufgrund ihrer besseren Eigenschaften jedoch größtenteils abgelöst. Sogenanntes Forellengarn wird wegen seiner hohen Zugfestigkeit und interessanten Optik gerne verwendet. Es handelt sich um ein geflochtenes Nähgarn aus zehn bis 20 Einzelfäden, das in verschiedenen Stärken und Farben angeboten wird. Auch Kunstsehne aus einer Vielzahl gewachster Endlosfasern kommt oft zum Einsatz. Sie hat den Vorteil, dass man die Fadenstärke durch Halbieren oder Verdoppeln individuell einstellen kann.

Welchen Klebstoff zum Kleben?

Zum Kleben von Leder eignen sich sogenannte Kontaktkleber – Klebstoffe, die erst nach dem Antrocknen und Zusammenfügen kleben. Zur Verarbeitung dieser Klebstoffe werden die zu verklebenden Lederoberflächen an-

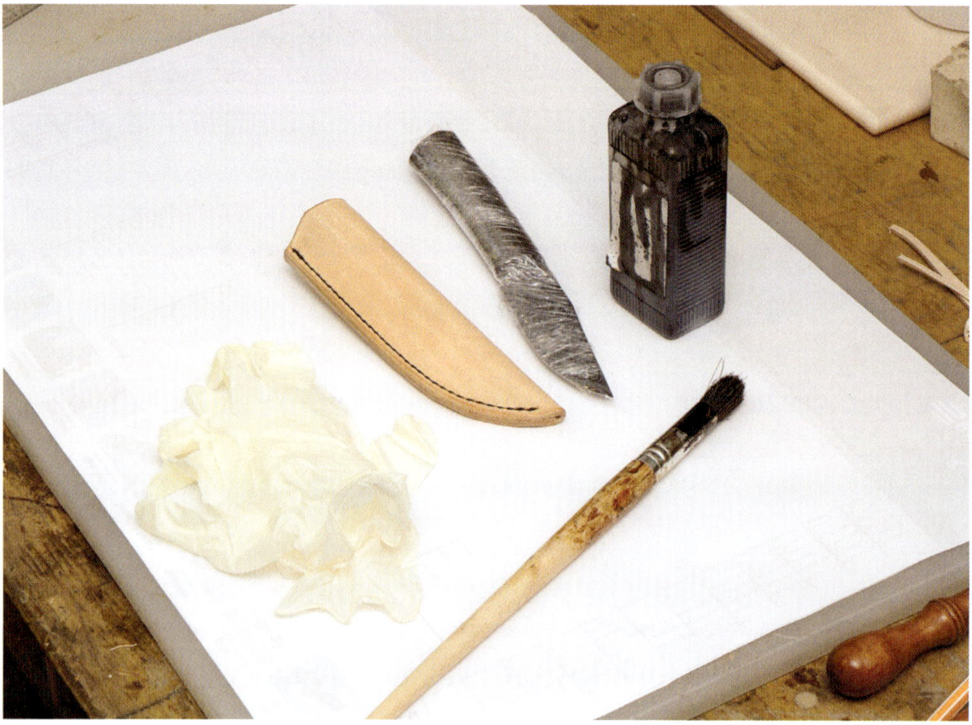

Für Klebe-, Färbe- und Imprägnierarbeiten wird der Arbeitsplatz mit Papier abgedeckt.

geraut und anschließend dünn und gleichmäßig mit Kontaktkleber eingestrichen. Nach dem Antrocknen des Klebers werden die Flächen aufeinander gelegt und mit den Fingern oder mit sanften Schlägen eines Hammers zusammengedrückt. Bei lösungsmittelhaltigen Klebstoffen sollte man unbedingt auf eine gute Belüftung des Arbeitsraums achten!

Welche Lederfarben zum Färben?

Zum Färben von Leder eignen sich besonders Lederfarben auf Spiritusbasis. Aber auch Holzbeizen auf Spiritusbasis können verwendet werden. Vor dem Färben des Leders sollte man die Farbe unbedingt an einem Reststück testen. Dazu schneidet man ein kleines Stück des zu verarbeitenden Leders ab und färbt es mit der Lederfarbe. Nach dem Trocknen imprägniert man das Teststück, wie es bei der Lederscheide vorgesehen ist. Durch das Imprägnieren des Leders werden die Farben meist noch kräftiger und dunkeln etwas nach.

Welches Mittel zum Versiegeln der Schnittkanten?

Um ein Ausfransen des Leders an den Schnittkanten zu vermeiden, bedarf es eines besonderen Schutzes. Für diesen Zweck eignen sich besonders Kantenversiegler auf Schelllackbasis, sowie reiner Schellack oder Wachse wie Bienen- oder Carnaubawachs. Es vernetzt die Lederfasern zusätzlich und macht die Schnittkanten besonders widerstandsfähig gegen mechanische Beanspruchung und Abnutzung.

Werkzeugkunde

Arbeitsplatzvorbereitung

Als Arbeitsfläche genügt ein Holztisch mit einem Stuhl und guter Beleuchtung. Zum Ausschneiden des Leders wird ein Holz- oder Kunststoffbrett benötigt, sowie für Ausschärfarbeiten ein glattes Kunststoffbrett oder eine Steinunterlage.

Wichtig ist, dass die Unterlage keine scharfen oder spitzen Kanten hat, da diese ungewollte Kratzer im Leder verursachen können. Bei Klebe-, Färbe- und Imprägnierarbeiten muss der Arbeitsplatz mit Papier abgedeckt werden. Man sollte immer penibel auf Sauberkeit achten, denn Metallstaub und -späne können dunkle Flecken im Leder verursachen, die nicht mehr entfernt werden können.

Schneidwerkzeuge

In der Lederverarbeitung kommt eine Vielzahl unterschiedlicher Werkzeuge zum Einsatz. Einige davon finden sich in jedem Haushalt, einige gibt es im Fachhandel, und andere macht man sich bei Bedarf selbst.

Unter den Schneidwerkzeugen ist das Schustermesser das bekannteste. Es hat eine kurze, etwa zwei bis drei Millimeter starke Klinge. Meist besitzt es einen beidseitigen Anschliff, aber es gibt auch Varianten mit rechtem oder linkem Anschliff für bestimmte Aufgaben.

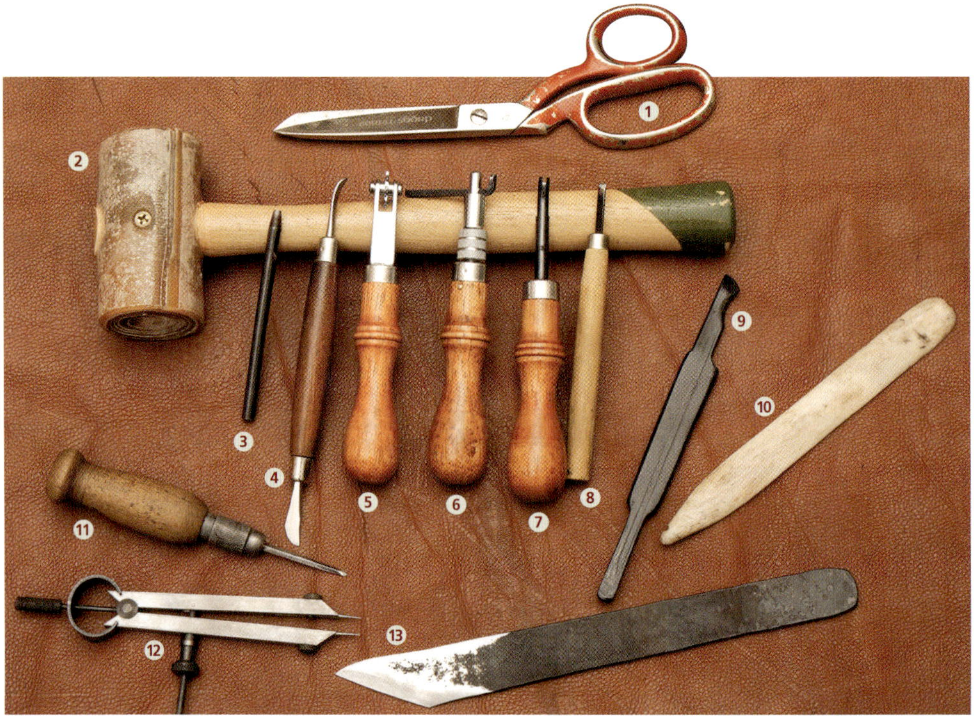

Leichte Lederschere (1), Rohhauthammer (2), 3-mm-Lochpfeife (3), Modelliereisen (4), Pickrad (5), Nahtversenker (6), Kantenbrecher (7), V-Eisen (8), selbstgebautes Formwerkzeug (9), Falzbein (10), Ahlenheft mit Schwertahle (11), Zirkel (12), Schustermesser (13).

Die Schwertahle ist in verschiedenen Größen erhältlich und wird je nach Fadenstärke ausgewählt. Sie hat einen rautenförmigen Querschnitt und wird zusammen mit einem Ahlenheft verwendet. Die Schwertahle ist an der Spitze mit vier scharfen Fasen versehen, um das Leder präzise und ohne großen Kraftaufwand zu durchschneiden.

Die Lederschere ist eine etwas kräftigere Schere, die auf einer Klingenseite feine bis grobe Zähne hat, um das Schnittgut beim Schneiden festzuhalten.

Der Kantenschneider ist ein spezielles Werkzeug zum Brechen der Lederkanten. Es gibt ihn in verschiedenen Größen je nach Lederdicke und gewünschtem Kantenradius.

Das V-Eisen wird auch verwendet, um Linoleum zu schnitzen. In der Lederverarbeitung wird es überwiegend zum Versenken von Nähten eingesetzt.

Der Nahtversenker dient dazu, Nuten in einem bestimmten Abstand zum Rand des Leders auszuheben. Er wird meist für Ziernuten oder zum Versenken von Nähten verwendet.

Bei allen Schneidwerkzeugen ist darauf zu achten, dass sie so scharf wie möglich sind, um das Leder ohne Ausfransen schneiden zu können.

Formwerkzeuge

Das Falzbein ist eines der wichtigsten Formwerkzeuge in der Lederbearbeitung. Es besteht oft aus Knochen, doch auch Horn oder Kunststoff kommen zum Einsatz. Es hat meist eine runde und eine etwas angespitzte Seite, um damit nasses Leder anzuformen. Dieses Werkzeug kann man auch leicht selbst bauen. Eine Auswahl verschieden gerundeter Falzbeine ist bei der Arbeit hilfreich.

Das Modelliereisen ist ebenfalls ein vielseitiges Hilfsmittel zum Anformen. Es ist in verschiedenen Varianten in Handel erhältlich.

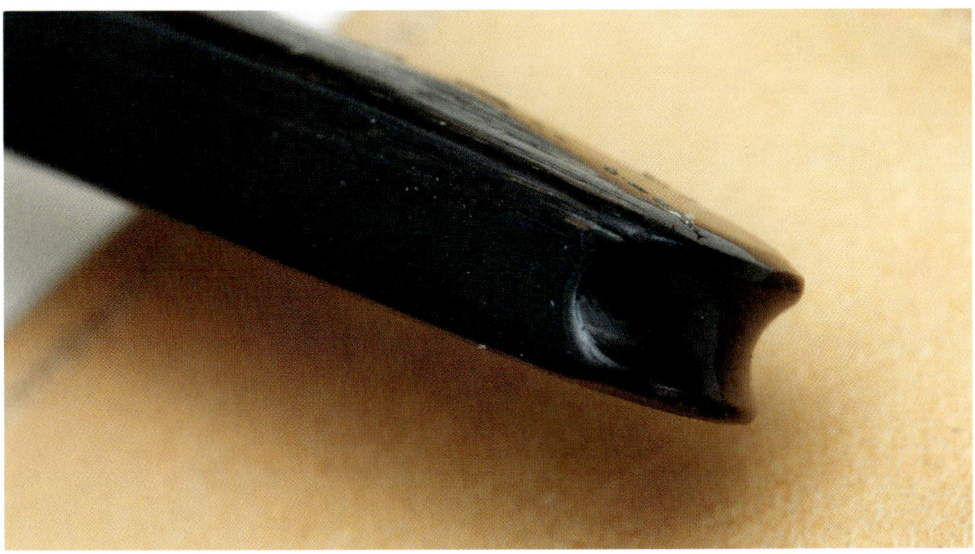

Selbstgebautes Kantenformwerkzeug zur Lederbearbeitung aus Horn.

Zum Kantenrunden verwenden wir ein selbst gebautes Werkzeug aus Horn oder Knochen. Es besitzt an der Spitze eine mit der Rundfeile und mit Schleifpapier polierte Kehle, mit der sich Ränder schön runden lassen.

Bei allen Formwerkzeugen ist darauf zu achten, dass sie keine scharfen Kanten haben. Die Oberflächen sollten glatt poliert sein, um das Leder bei der Bearbeitung nicht zu verletzen.

Sonstige Werkzeuge

Eines der wichtigsten Werkzeuge ist die Sattlernadel. Das Besondere daran: Sie hat keine scharfe Spitze, sondern ist gerundet. Dadurch wird beim gegenläufigen Nähen der Faden nicht durchtrennt. Es gibt sie in verschiedenen Durchmessern und Längen, mit gerader und gebogener Form.

Das Prickrad wird zum Markieren des Nahtabstands verwendet, es gibt verschiedene Varianten. Am gebräuchlichsten ist die Ausführung mit Wechselrädern und verschiedenen Dornabständen. Das Prickrad kann auch für dekorative Scheinnähte eingesetzt werden.

MINI-LEXIKON

Fleischseite: Unterseite des Leders
Narben- oder Haarseite: Oberseite des Leders
Blatt: Zuschnitt für den Scheidengrundkörper
Vorderes Blatt: Zuschnitt für die Vorderseite des Scheidengrundkörpers
Hinteres Blatt: Zuschnitt für die Hinterseite des Scheidengrundkörpers
Keder: Schnittschutz, der das Durchtrennen der Naht verhindert
Ausputzen: Entfernen von Unebenheiten und abstehenden Lederfasern
Ausschärfen: Partielles Ausdünnen des Leders zur Schnittkante hin
Punzieren: Verzieren der Lederoberfläche mit Punzen (Stempeln)
Verzwirlen: Verdrehen von Garn zu einem Faden

Lochpfeifen und Locheisen sind Stanzwerkzeuge zum Ausschlagen von Löchern oder zum Herstellen von Plättchen. Lochpfeifen werden aus Rundmaterial hergestellt und haben einen seitlich eingefrästen Auswurf. Sie werden von 1,0 bis 10,0 mm Lochdurchmesser angeboten und eignen sich besonders für kleine Löcher. Locheisen oder auch Henkellocheisen sind meist gesenkgeschmiedet und an ihren henkelförmigen, doppelseitigem Auswurf erkennbar. Es gibt sie ab fünf Millimeter Lochdurchmesser. Verwendung finden überwiegend die größeren Durchmesser zum Stanzen von Plättchen. Es gibt auch Sonderformen wie das Langlocheisen oder solche mit teils offenen Formen zum Stanzen bestimmter Bauteile.

LIEFERANTEN

Bei diesen Lieferanten erhalten Sie Material und Werkzeug:

Der kleine Messerladen
Uwe Dostert, Matthias-Erzberger-Str. 14b, D-56564 Neuwied
Tel. 02631-9392422, info@der-kleine-messerladen.de
www.der-kleine-messerladen.de

Dhan-Blades and More
D. Andre Olbricht, Schmiedebergstr.13, 34593 Knüllwald
Tel. 05686-930108, mail@bladesandmore.de
www.bladesandmore.de

DICTUM GmbH
Donaustraße 51, 94526 Metten
Tel. 0991-9109100, info@dictum.com
www.mehr-als-werkzeug.de, www.dictum.com

Jürgen Schanz, Schneidwerkzeugmechanikermeister
Karlsfeldstraße 13, D-76297 Stutensee
Tel. 07249-952509, mobil 0172-7258633, info@schanz.messer.de
www.schanz-messer.de

Messerwerkstatt Steigerwald
Schwander Str. 12a, 90530 Wendelstein
Tel. 09129-402151, info@steigerwald-messer.de
www.steigerwald-messer.de

Nordisches Handwerk
Janet Fischer, Dorothea-Erxleben-Str. 46, 23562 Lübeck
Tel. 0451-3992797, kontakt@nordisches-handwerk.de
www.nordisches-handwerk.de

Rudolf Weber Jr. Stahlwarenfabrik
Gartenstraße 36, 42653 Solingen
Tel. 0212-592136, info@weberknives.de
www.weberknives.de

Via Claudia Messermanufaktur
Rupert Linder, Bahnhofstr. 9, 86981 Kinsau
Tel. 08869-921495
www.nordische-messer.de

Wolf Borger
Benzstraße 8, 76676 Graben-Neudorf
Tel. 07255-72303, wolf@messerschmied.de
www.wolf-borger-messer.de

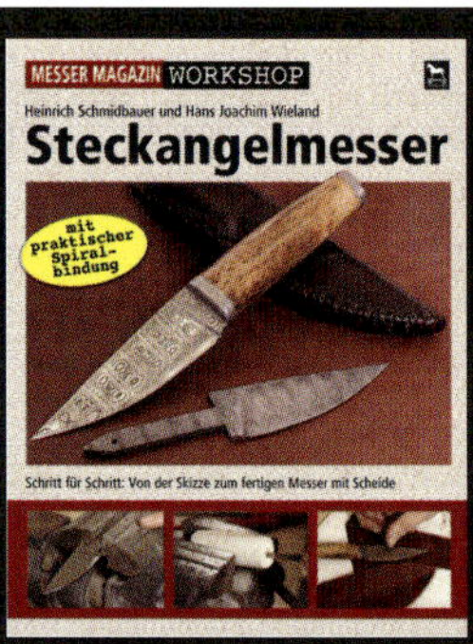

Heinrich Schmidbauer
und Hans J. Wieland
STECKANGELMESSER
Schritt für Schritt: Von der Skizze zum fertigen Messer mit Scheide
112 Seiten
Format 160 x 230 mm
Softcover mit Spiralbindung
ISBN 978-3-938711-20-0
EUR 24,80

Die Autoren zeigen, wie ein feststehendes Messer in Steckangelbauweise entsteht – vom Entwurf über das Feilen und Schleifen der Klinge per Hand über das Ätzen des Damaststahls bis hin zur Anfertigung und Montage des Griffs und der Herstellung einer passenden Lederscheide. Alle Arbeitsschritte werden leicht verständlich erklärt und in zahlreichen Fotos dargestellt. Die Anforderungen an die Werkstatt-Ausrüstung sind minimal. Es sind auch keine Vorkenntnisse notwendig.

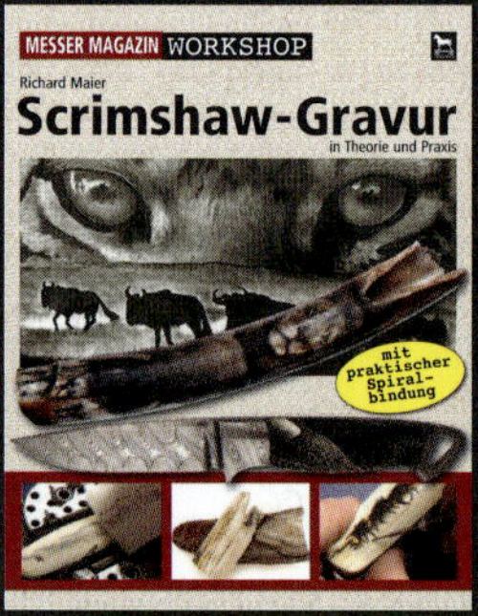

Richard Maier
SCRIMSHAW-GRAVUR
Die Kunst der Scrimshaw-Gravur in Theorie und Praxis
144 Seiten
Format 160 x 230 mm
Softcover mit Spiralbindung
ISBN 978-3-938711-38-5
EUR 29,80

Richard „Ritchi" Maier ist der bekannteste Scrimshaw-Künstler in Deutschland. Der gelernte Graveur erläutert in diesem Band die Geschichte und Arbeitstechnik der Scrimshaw-Gravur. Der Hauptteil des Buchs ist eine praktische Anleitung für alle Interessierten, die sich selbst daran versuchen wollen. Die Arbeitstechniken werden anhand von Fotos und Illustrationen erläutert, viele Beispiele dienen als Anregungen und Vorbild.

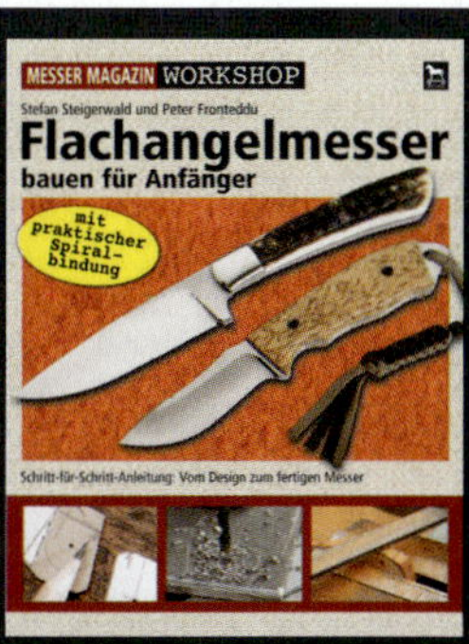

Stefan Steigerwald und Peter Fronteddu
FLACHANGELMESSER BAUEN FÜR ANFÄNGER
Traditionelle Klappmesser mit einfacher Technik
128 Seiten
Format 160 x 230 mm
Softcover
ISBN 978-3-938711-47-7
EUR 29,80

Die Flachangelbauweise ist eine der beiden am weitesten verbreiteten Konstruktionen für ein feststehendes Messer. Dieses Thema eignet sich hervorragend zum Einstieg ins Messerbau-Hobby. Es sind keine Vorkenntnisse erforderlich. Die Anforderungen an Werkstatt und Werkzeug sind minimal, und die Autoren erklären jeden Arbeitsschritt detailliert in Text und Bild. Dabei werden auf Basis eines Grundentwurfs mehrere Varianten mit unterschiedlichen Details und Griffmaterialien gebaut.

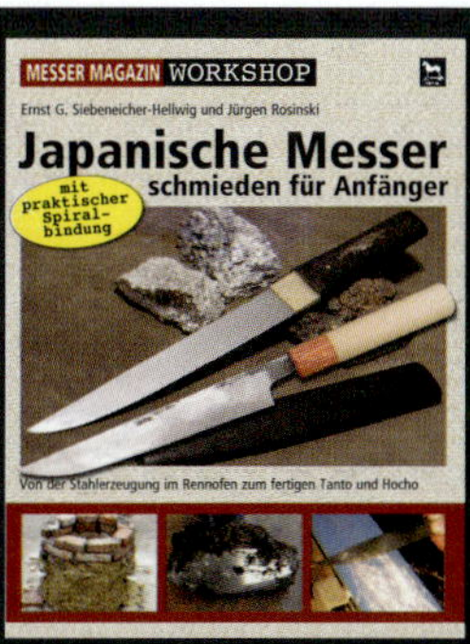

E. G. Siebeneicher-Hellwig und Jürgen Rosinski
JAPANISCHE MESSER SCHMIEDEN FÜR ANFÄNGER
Von der Stahlerzeugung im Rennofen zum fertigen Tanto und Hocho
128 Seiten
Format 160 x 230 mm
Softcover
ISBN 978-3-938711-48-4
EUR 29,80

Die Autoren zeigen, wie Sie mit einfachen Mitteln
- selbst Eisenerz suchen
- einen Rennofen aufbauen und Stahl erzeugen
- aus diesem Material je eine Klinge für ein Tanto (Dolch) und Hocho (Kochmesser) schmieden und differenziell härten
- beide Messer mit Griffen komplettieren

Jeder Arbeitsgang wird in Wort und Bild erläutert. Zahlreiche Skizzen verdeutlichen den Aufbau der Klingen und die Konstruktion der Messer. Praktische Tipps für die Pflege runden den Band ab.

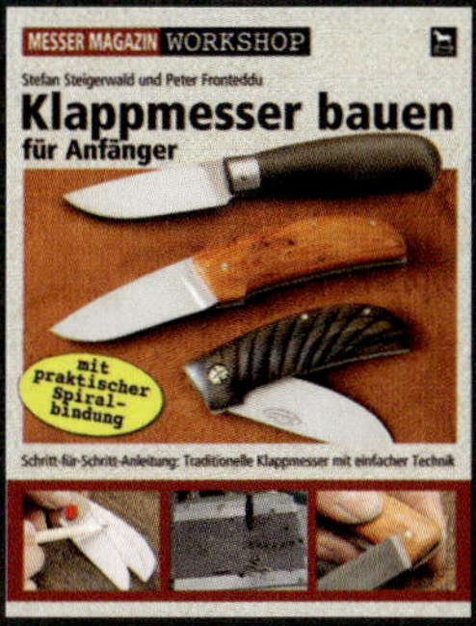

Stefan Steigerwald und Peter Fronteddu
KLAPPMESSER BAUEN FÜR ANFÄNGER
Traditionelle Klappmesser mit einfacher Technik
128 Seiten
Format 160 x 230 mm
Softcover mit Spiralbindung
ISBN 978-3-938711-33-0
EUR 29,80

Die Autoren zeigen in diesem Workshop-Band, wie man einfache Klappmesser ohne Arretierung konstruiert und anfertigt. Dabei geht es um Slipjoint-Folder, bei denen das Messer mit Federkraft offen gehalten wird, und um sogenannte Friction-Folder, die nur mit Reibungskraft arbeiten. Es werden verschiedene Varianten vorgestellt. Der Leser bekommt eine detaillierte Anleitung, bei der jeder Arbeitsschritt im Bild dargestellt ist. Sie beginnt beim Design und der Konstruktion und führt über das Herstellen der Klinge und anderen Bauteilen mit einfachen Mitteln bis zum fertigen Messer.

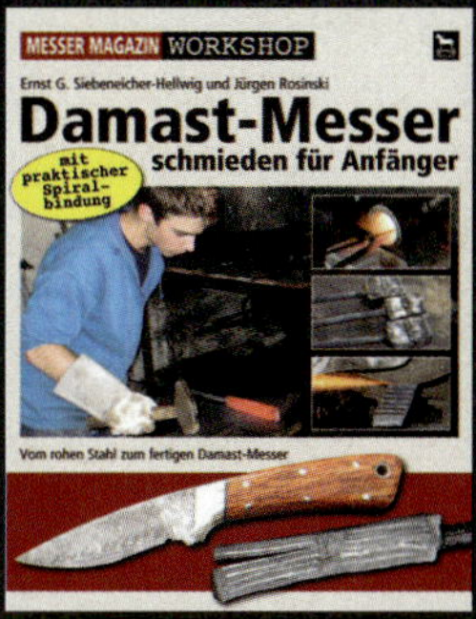

E. G. Siebeneicher-Hellwig und Jürgen Rosinski
DAMAST-MESSER SCHMIEDEN FÜR ANFÄNGER
Vom rohen Stahl zum fertigen Damast-Messer
104 Seiten
Format 160 x 230 mm
Softcover mit Spiralbindung
ISBN 978-3-938711-36-1
EUR 24,80

In diesem Band geht es um Klingen aus Damaszenerstahl. Der Leser erfährt, was Damaszenerstahl ist und wie er hergestellt wird. Im praktischen Teil werden dann verschiedene Stahlsorten im Schmiedefeuer zu Damast verschweißt und daraus eine Klinge geschmiedet. Diese wird mit einem Griff versehen und zu einem kompletten Messer fertiggestellt. Die wichigsten Werkzeuge und die Schmiedeesse werden zuvor selbst mit einfachen Mitteln gebaut.

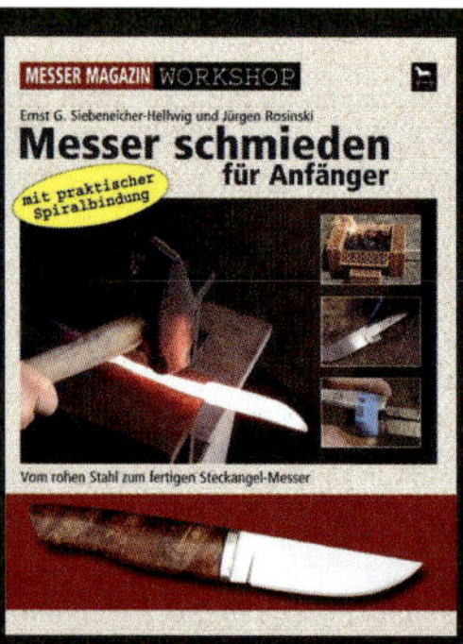

E. G. Siebeneicher-Hellwig
und Jürgen Rosinski
MESSER SCHMIEDEN FÜR ANFÄNGER
Vom rohen Stahl zum fertigen Steckangel-Messer
128 Seiten
Format 160 x 230 mm
Softcover mit Spiralbindung
ISBN 978-3-938711-10-1
EUR 29,80

In diesem Workshop-Band erläutern die Autoren:

- die wichtigsten theoretischen Grundlagen des Messerschmiedens
- den Bau einer einfachen Esse
- das Schmieden einer Klinge
- die Wärmebehandlung
- den Bau eines fertigen Steckangelmessers

Der Leser erfährt, wie man mit einfachsten Mitteln ohne großen Aufwand mit dem Schmiedehobby beginnen kann. Alle Schritte werden leicht verständlich in Wort und Bild erklärt. Material- und Werkzeugübersichten runden den Band ab.

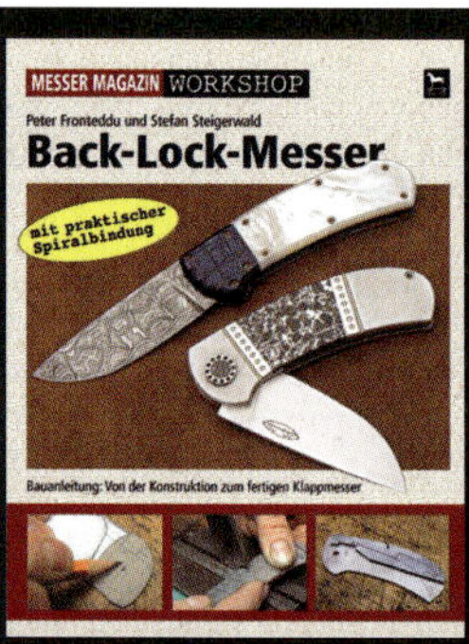

Peter Fronteddu und
Stefan Steigerwald
BACK-LOCK-MESSER
Bauanleitung: Von der Konstruktion zum fertigen Messer
144 Seiten
Format 160 x 230 mm
Softcover mit Spiralbindung
ISBN 978-3-938711-14-9
EUR 29,80

Die Autoren zeigen in diesem Workshop-Band:

- wie man ein Back-Lock-Messer konstruiert
- wie man eine Funktionsschablone herstellt
- wie man die Bauteile anfertigt
- wie man für einwandfreie Funktion sorgt

Dabei erläutern sie die Grundprinzipien und stellen verschiedene Varianten für technische Lösungen vor, die auf die Werkstattausrüstung und die Vorlieben jedes Messermachers abgestimmt sind. Jeder Schritt, von der ersten Designskizze bis zum Finish, wird erklärt. Funktionszeichnungen und Grafiken machen die Zusammenhänge deutlich.

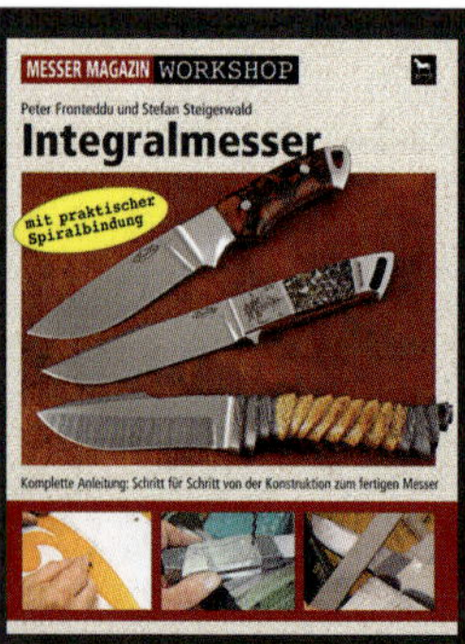

Peter Fronteddu und
Stefan Steigerwald
INTEGRALMESSER
Komplette Anleitung: Schritt für Schritt von der Konstruktion zum fertigen Messer
144 Seiten
Format 160 x 230 mm
Softcover mit Spiralbindung
ISBN 978-3-938711-22-4
EUR 29,80

Die Autoren zeigen in diesem Workshop-Band:

- wie man ein Integralmesser konstruiert
- wie man die nötige Schablone herstellt
- wie man die Klinge und übrigen Teile anfertigt
- wie man ein fertiges Messer baut

Dabei stellen sie verschiedene Varianten und technische Lösungen vor, die auf die Werkstattausrüstung und die Vorlieben jedes Messermachers abgestimmt sind. Dadurch kann der Leser nicht nur ein bestimmtes Messer bauen, sondern bekommt eine Anleitung für die selbstständige Arbeit.

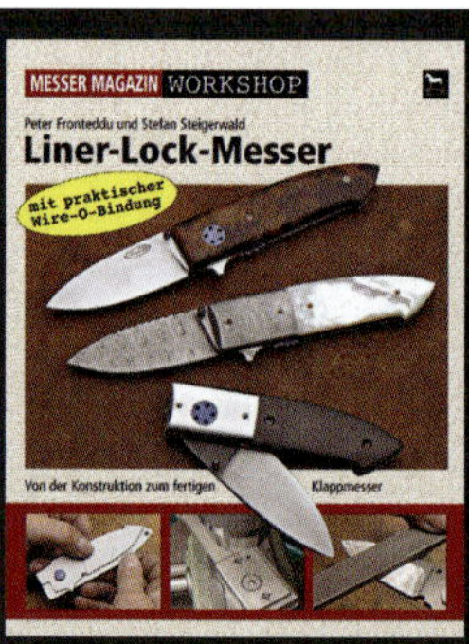

Peter Fronteddu und
Stefan Steigerwald
LINER-LOCK-MESSER
Von der Konstruktion zum fertigen Klappmesser
128 Seiten
Format 160 x 230 mm
Softcover mit Spiralbindung
ISBN 978-3-3-938711-09-5
EUR 29,80

In diesem Workshop-Band erfahren Sie:

- wie man ein Messer mit Liner-Lock-Arretierung konstruiert
- wie man eine Funktionsschablone herstellt
- wie man die Bauteile anfertigt
- wie man daraus ein komplettes Messer macht

Es werden die Grundprinzipien erläutert und verschiedene Varianten vorgestellt. Jeder Schritt, von der Designskizze bis zum Finish, wird leicht verständlich erklärt. Ergänzende Funktionszeichnungen und Grafiken machen die wichtigen Zusammenhänge klar.

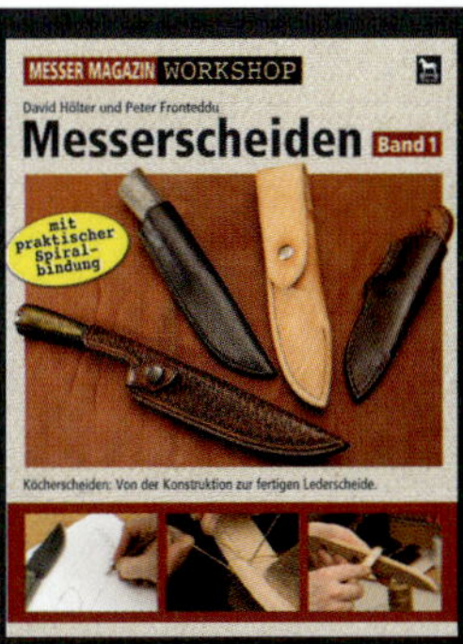

David Hölter und Peter Fronteddu
MESSERSCHEIDEN BAND 1
Köcherscheiden: Von der Konstruktion zur fertigen Lederscheide
144 Seiten
Format 160 x 230 mm
Softcover mit Spiralbindung
ISBN 978-3-938711-28-6
EUR 29,80

In diesem Band wird gezeigt, wie man eine Leder-Köcherscheide für ein feststehendes Messer anfertigt. Dabei werden die Grundprinzipien erläutert und verschiedene Varianten vorgestellt. Dadurch bekommt der Leser eine Anleitung für die selbstständige Arbeit mit eigenen Entwürfen.
Jeder Arbeitsschritt wird in Wort und Bild ausführlich erläutert, ebenso die wichtigsten Grundkenntnisse für die Arbeit mit Leder. Skizzen und Schnittmuster für mehreren Scheidentypen runden die praktische Anleitung ab.

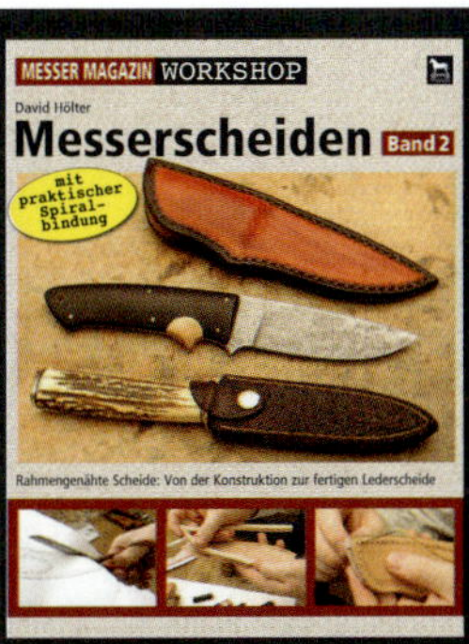

David Hölter
MESSERSCHEIDEN BAND 2
Rahmengenähte Scheide: Von der Konstruktion zur fertigen Lederscheide
144 Seiten, zahlr. farb. Abb. und Grafiken,
Format 160 x 230 mm,
Softcover mit Spiral-bindung
ISBN 978-3-938711-37-8
EUR 29,80

David Hölter zeigt, wie man eine Lederscheide in Rahmenbauweise für ein feststehendes Messer entwirft und anfertigt. Dabei erläutert er die Grundprinzipien und stellt verschiedene Varianten in unterschiedlicher Ausführung vor. Zwei Messerscheiden werden ausführlich dargestellt:

- Rahmengenähte Scheide mit aufgesetzter Gürtel-schlaufe
- Rahmengenähte Scheide mit Gürtelclip und Sicherungslasche

Jeder Schritt wird in Wort und Bild erklärt. Für beide Projekte sind Schnittmuster enthalten, ebenso die wichtigsten Grundlagen zu Material und Werkzeugen.

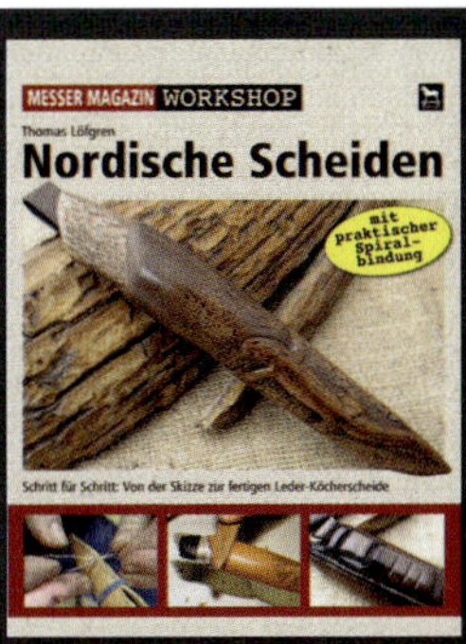

Thomas Löfgren
NORDISCHE SCHEIDEN
Schritt für Schritt: Von der Skizze zur fertigen Leder-Köcherscheide
80 Seiten
Format 160 x 230 mm
Softcover mit Spiralbindung
ISBN 978-3-938711-45-3
EUR 19,80

Thomas Löfgren ist ein bekannter Messermacher aus Schweden. In diesem Workshop-Band stellt er seine Methode vor, um eine typisch skandinavische Köcher-Lederscheide für ein feststehendes Messer anzufertigen. Darin werden alle Arbeitsgänge im Text beschrieben und in Fotos dokumentiert. Eingeschlossen ist die Herstellung einer dreidimensionalen Zierprägung auf der Scheide. Alle Arbeitsschritte werden von Hand ausgeführt und verlangen keine aufwändige Werkstatt-ausrüstung.

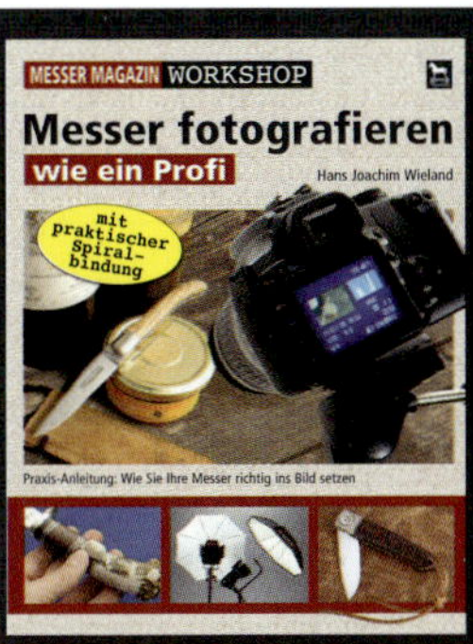

Hans Joachim Wieland
MESSER FOTO-GRAFIEREN WIE EIN PROFI
Wie Sie Ihre Messer richtig ins Bild setzen
128 Seiten
Format 160 x 230 mm
Softcover mit Spiralbindung
ISBN 978-3-938711-40-8
EUR 29,80

Wer schöne Messer besitzt, möchte sie auch gern fotografisch festhalten. Doch das ist alles andere als einfach. Warum das so ist, und wie man die Probleme meistern kann, erläutert dieser neue Band. Der Leser bekommt einen Überblick über die Grundlagen der Fotografie (analog und digital) und viele Tipps für die praktische Arbeit bei der Messerfotografie – von der Beleuchtung bis zur künstlerischen Bildkomposition.

Stefan Steigerwald und Peter Fronteddu
MESSERSCHÄRFEN LEICHT GEMACHT
Praktische Tipps für Anfänger und Profis
128 Seiten
Format 135 x 195 mm
Softcover
ISBN 978-3-938711-52-1
EUR 9,95

Jeder hat zu Hause eine Auswahl von Messern. Und jeder hat das gleiche Problem: Wie bekomme ich meine Messer wieder scharf, wenn die Klinge stumpf wird? Peter Fronteddu und Stefan Steigerwald geben die Antwort. Sie erläutern, was beim Schärfen einer Klinge eigentlich passiert, worauf man in der Praxis achten muss, welches Hilfsmittel bei welchem Messer am besten funktioniert, und was ganz sicher nicht geht.
Sie stellen eine Reihe von verschiedenen Methoden im Detail vor und geben dazu eine exakte Schritt-für-Schritt-Anleitung in Wort und Bild. Die Autoren vermitteln dem Leser auch die theoretischen Grundlagen des Messerschärfens.

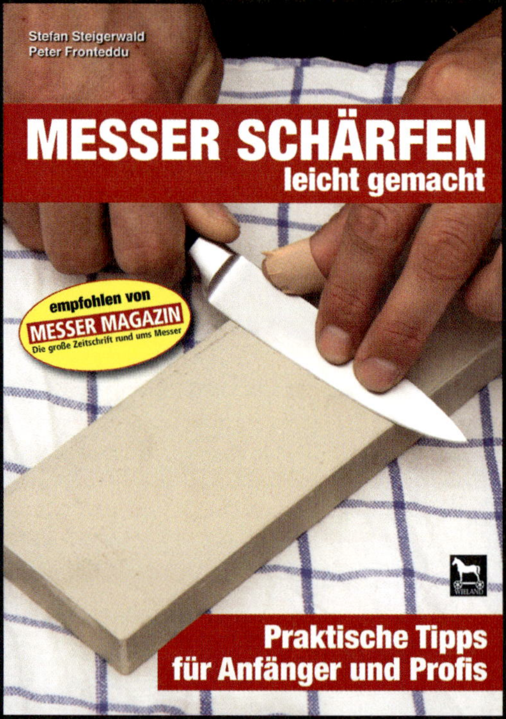

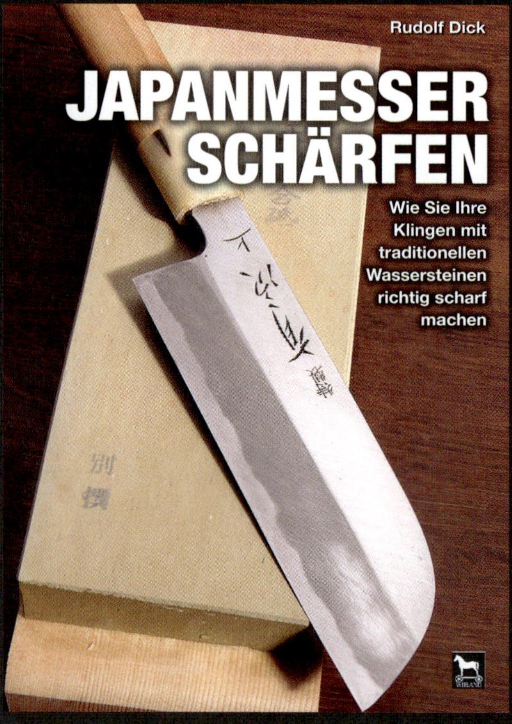

Rudolf Dick
JAPANMESSER SCHÄRFEN
Wie Sie Ihre Klingen mit traditionellen Wassersteinen richtig scharf machen
128 Seiten
Format 160 x 230 mm
Hardcover
ISBN 978-3-938711-55-2
EUR 19,90

Die ultimative Anleitung zum Schärfen auf Wassersteinen für alle Besitzer japanischer Messer:

- Schritt-für-Schritt-Anleitungen mit Fotos/Grafiken
- genaue Anweisungen für alle Messer-Typen
- fundierte Schleifmittel- und Stahlkunde
- Praxis-Tipps zur Pflege, Reparatur und fachgerechten Anwendung der Messer

Alles, was Sie schon immer über das Schärfen von japanischen Messern wissen wollten: Hier erfahren Sie, wie Sie Ihre Messer richtig scharf machen und die maximale Leistung aus ihnen herausholen.

NOTIZEN